대한민국 CEO
이명박
국가 흑자경영 신화는 있다

대한민국 CEO
이명박
국가 흑자경영 신화는 있다

정선섭 지음

EM리서치

책 머리에

CEO 정신과 경제 철학 속으로

　　2007년 12월 19일, 대한민국은 제17대 대통령으로 이명박을 선택했다. 필자는 그날 오후, 대통령 선거 개표의 순간을 여의도에 있는 한 선술집 벽에 걸린 17인치 TV를 통해 지켜보았다. 이명박의 당선이 확정되었다는 뉴스가 나오자, 거기에 삼삼오오 모여 있던 손님들은 일제히 자리에서 일어나 환호와 박수를 보냈다.

　　그의 당선 소식에 환호를 보낸 사람들 중에는 뜻밖에도 젊은이들이 많았다. 어떤 이는 마치 자기 가족이 대통령에 당선된 것처럼 흥분을 감추지 못하며 두 주먹을 불끈 쥐어 보이기까지 했다. 필자는 혹시 그가 한나라당의 당원이거나 이명박과 특별한 친분이 있는 사람일까 하는 생각이 들어 "한나라당 소속이십니까?"고 물었다. 그러자 그 젊은이는 필자를 아래위로 훑더니 "경제를 살려 주겠다는 대통령이라면 소속이 무슨 상관이에요" 하며 핀잔을 주었다.

　　공연한 질문에 필자는 머쓱해졌다. 비단 그 젊은이만은 아니었다. 이명박의 당선에 박수를 보내는 사람들은 한결같이 그 같은 기대를 가지고 있었다. 아마도 절반에 가까운 유권자들이 그를 대통령으로 선택한 이유일 것이다.

필자는 솔직히 그의 경제 철학을 학문적으로 정의하거나 논리적으로 설명할 만큼 전문적인 식견을 가지고 있지는 않다. 하지만 20여 년 동안 그를 지켜보면서 그의 경제관이 어떤 것인지, 그가 꿈꾸고 있는 한국의 미래가 어떤 것인지는 어렴풋하게 짐작하고 있다.

이명박은 철저하게 CEO(경영인) 정신으로 무장된 사람이다. 언젠가 그에게 CEO 정신이 무엇이냐는 질문을 한 적이 있다. 그의 답변은 간단했다.

"모든 사람들이 잘 먹고, 편안하게 살 수 있도록 해주고자 하는 정신이다. 훌륭한 CEO는 그런 생각을 현실화할 수 있는 능력을 가진 사람이다."

그의 CEO 정신은 실용주의와 현실주의에 바탕을 두고 있다. 철저한 원칙주의와 공정한 경쟁의 룰이 전제되는 시장주의가 그의 경제 철학이다. 그런 CEO 정신은 대통령이 된 그가 국가를 경영하는 데 당연히 적용할 것이라 믿는다. 인사에 있어서나, 예산을 집행하는 데 있어서나, 국책 사업을 추진하는 데 있어서도 그는 철저하게 CEO 정신에 따라 실행할 것이라 확신한다.

이명박은 '신화'라는 말을 싫어한다. 오래 전, 필자는 그의 부탁을 받아 자서전 초안을 쓴 적이 있다. 원고가 완성된 뒤 자서전 제목을 두고 여러 가지 아이디어들이 나왔는데, 그중에서 '이명박 신화'로 제목을 붙이자는 의견이 많았다. 하지만 그는 자서전의 제목으로 '신화는 없다'가 좋겠다고 했다. 나중에 그 이유를 묻자 그는 "성공은 확고한 신념을 가지고 노력을 한다면 누구나 이룰 수 있는 것이다. 성공은 현실이고, 신화는 추상적인 것이다. '성공'을 '신화'로 표현한다면 누군가로부터 선택받은 자만이 성공할 수 있다는 얘기밖에 안 되는 것 아니냐?"고 말했다.

그가 17대 대통령 선거에 출마해 '국민 성공 시대'라는 슬로건을 택한 것도 이런 이유 때문이 아닌가 싶다. 이명박은 누구에게나 성공의 기회가 주어져 있으며, 그 주어진 기회를 성공으로 이어 가느냐 아니냐 하는 것은 개인의 노력 여하에 달려 있다는 생각을 가지고 있는 것이다. 가난뱅이가 대기업의 경영인을 거쳐, 국회의원과 서울시장, 마침내 대통령이 되기까지 그는 주어진 운명을 스스로 극복하고 개척한 사람이다.

〈대한민국 CEO 이명박〉은 경제 이론서이거나 정책 이론서가 아니다. 필자가 이 책을 내놓은 이유는 대한민국의 국가 통치자가 된 이명박이 가진 경제 철학이 무엇이고, 그가 생각하는 'CEO 대통령'이 어떤 것인지를 살펴보고자 함이다.

2008년 1월 15일
정 선 섭

차례

4   책 머리에—CEO 정신과 경제 철학 속으로 · 정선섭

제1장
대한민국 CEO 이명박

15   역사의 종은 울리고…
20   CEO 정신과 상혼
25   뜨거웠던 한나라당 후보 경선
28   이명박과 이회창
32   네거티브 선거전과 BBK 사건
37   기업의 CEO와 공직의 CEO
41   그가 정치인이 된 이유
45   이명박과 박정희
50   존경하는 세계의 지도자들
55   21세기는 3F시대

제2장
홀로 서는 삶의 철학

61   이명박이 본 기업 총수들
64   덕을 쌓아야 만물을 이끈다

70	속도는 성공의 제1법칙
73	서비스 정신과 머슴 의식
76	국회의원과 공짜 골프
78	권력형 비리 사건의 원인들
82	최고의 경쟁력은 건강
85	Linux 창시자 토발즈와 만난 일
91	녹색 혁명가와 환경 파괴자
96	'공수신퇴천지도'라는 말

제3장
〈영웅 시대〉와 〈야망의 세월〉

103	거인 정주영 회장의 타계
108	명박 군, 우리 회사에 올 건가?
112	왜 끝까지 말리지 못했을까?
119	YS의 요구를 거부한 까닭
124	정주영 회장이 본 이명박
127	컴퓨터 불도저와 정주영 경영학
131	논현동 집에 얽힌 사연
135	드라마 〈야망의 세월〉 뒷이야기
143	소 떼를 몰고 북으로 간 까닭
147	정주영의 후계자 선택

제4장
가슴 깊이 묻어 둔 이야기

- 155 현대그룹을 떠나던 날
- 160 이명박과 YS의 인연
- 171 이대성 파일과 북풍 공작
- 177 황소가 되라는 어머니의 가르침
- 182 보통 아버지, 보통 남편
- 186 가출 결심과 어머니의 기도
- 189 드라마와 아내의 짧은 오해
- 192 당신의 작은 눈에 반했어요

제5장
프로페셔널 비즈니스 정부

- 201 해야 할 일과 해서는 안 되는 일
- 206 부동산 정책과 산돼지론
- 209 사고는 보수, 실천은 진보
- 214 정치는 타협의 예술이다
- 220 거대 로마 제국의 통치 비결
- 224 22만 명을 상대로 한 역발상
- 227 감세론과 선순환 경제
- 230 성공은 야망의 크기에 달렸다
- 235 분배 정책과 기빙 문화

제6장
그가 꿈꾸는 그린 대통령

- 241   대운하를 둘러싼 3가지 오해
- 247   청계천 복원 반대론자들의 침묵
- 251   믿은 도끼에 찍힌 발등
- 257   청계천 보고서가 나오기까지
- 260   파리의 센 강과 서울의 청계천
- 265   맑은 공기, 깨끗한 물, 그린 대통령
- 271   사상 최다 득표율에 담긴 민심

제7장
대한민국의 100년 먹을거리

- 279   대한민국 흑자 경영을 위하여
- 282   공한증과 공화증
- 289   이태백과 사오정의 경쟁력
- 296   보드카와 천연 가스
- 300   천연 보물 휴전선 155마일
- 303   대한민국의 100년 먹거리는?
- 306   일류 국가로 가는 길
- 310   이명박의 흑묘백묘론
- 313   국가 시스템의 선진화

제1장
대한민국 CEO 이명박

많은 이익을 창출해 종업원과 주주들을 배부르게 하는 것이 기업가에게 가장 큰 선(善)이다. 그러기 위해서 CEO는 앞날을 내다보는 통찰력과 현실을 직시하는 관찰력, 그리고 자신의 판단을 실행에 옮기는 불굴의 의지를 가져야 할 것이다. 도전 정신은 CEO에게 중요한 요소지만, 도전하려는 목표를 설정할 때는 사전에 치밀한 분석과 객관적인 판단의 근거를 가져야 한다. 바로 그런 것들이 기업가 정신이다.

역사의 종은 울리고…

12월 19일.

이날은 이명박에게 있어 특별한 날이다. 그가 세상에 태어난 날이기도 하고, 아내와 결혼을 한 날이기도 하다. 1941년 겨울, 이역 만리 타국의 차가운 골방에서 태어난 그는 스물아홉의 나이가 되던 1970년 겨울에 사랑스럽고 따뜻한 아내와 결혼을 했다.

그리고 그 후, 37년이 훌쩍 건너뛴 2007년 12월 19일 겨울, 그는 대한민국의 제17대 대통령에 당선되었다.

2007년 12월 19일 오후 3시.

이명박은 제17대 대통령 선거 투표 마감 시간을 3시간 앞두고 부인과 함께 여의도 당사를 나섰다.

피곤이 몰려왔다.

정말 길고 긴 여정이었다. 1년 전, 대통령 선거 출마를 공식 선언한 이후 쉼 없이 달려온 시간들이었다.

젊은 시절, 그는 뜨거운 모래 폭풍을 맞으며 중동의 사막을 뛰어다녔다. 귓불이 떨어져 나갈 듯한 차가운 시베리아의 바람 속을 뚫고 허허벌판을 누빌 때도 피곤함을 느끼지 않았던 그였다.

하지만 오늘만큼은 어디론가 떠나 쉬고 싶었다. 투표일을 앞두고 노심초사하던 어제와는 달리, 차라리 오늘은 마음이 편했다. 아무도 없는 곳으로 가서 마음껏 잠을 청하고 싶었다.

당사를 나서는 그의 등 뒤로 당원들과 지지자들은 소리 높이 외쳤다.

"이명박! 이명박!"

그들의 외침이 아득히 먼 곳에서 들려오는 듯했다.

그는 곰곰이 생각했다.

'저들은 무엇을 원하는 걸까?'

문득 진인사대천명(盡人事待天命)이라는 글귀가 떠올랐다. 그는 이 말을 좋아했다. 최선을 다한 뒤 하늘의 명을 기다리는 것은 인간이 가진 소박한 마음이다.

수억 달러의 건설 공사를 수주하기 위해 경쟁 회사와 치열한 경합을 벌일 때도, 국회의원 선거를 치를 때도, 서울시장 선거를 치를 때도 그는 언제나 최선을 다했다. 그리고는 소박한 마음으로 결과를 기다렸다. 때로는 실패하기도, 좌절하기도 했지만, 하늘은 결코 최선을 다한 자를 아주 외면하지는 않을 것이라고 믿었다.

그의 인생에서 17대 대통령 선거전은 그 어떤 것보다도 힘난하고 힘든 시간이었다.

갖가지 음해와 모함들…….

때로 울화가 치밀어 밤을 꼬박 지새운 적도 있었다. 하늘을 우러러 한 점 부끄러움 없이 살아온 사람은 드물겠지만, 양말 속을 뒤집듯 모든 것을 다 보여 줄 수 있다면 얼마나 좋을까 하는 생각도 수없이 가졌다.

이명박은 마포대교를 건너며 도도히 흐르는 한강을 바라보았다. 한강은 고요의 바다처럼 깊은 침묵에 잠겨 있었다. 얼마나 많은 날들을 보아 온 한강인가. 멀리 강변을 따라 줄지어 선 반포 지역과 압구정동 쪽의 아파트 단지들이 새삼스럽게 눈에 들어왔다.

아주 오래 전, 그는 꽁꽁 언 발로 수없이 한강을 넘나들며 저 아파트를 지었다. 그때도 한강은 말이 없었다. 세계인들은 '한강의 기적'이라는 말을 했다. 이명박은 '한강의 기적'을 이루어 내는 데 자신도 한몫을 했다는 자긍심을 가지고 있다.

역사의 수레바퀴는 그때 그때마다 주인공을 바꾸지만 변함 없이 돌아가는 것이 아닌가. 한강은 그 역사를 고스란히 지켜본 목격자이기도 했다. 문득 그 자신도 한강의 일부분이 되어 역사 속으로 흘러가고 있다는 생각이 들었다.

"당선은 기정사실입니다."

승합차 앞자리에 타고 있던 박형준 의원이 어디선가 걸려 온 휴대폰 통화를 마치면서 고개를 돌려 이명박을 향해 소리쳤다. 그의 목소리는 약간 들떠 있었다. 선거 기간 내내 그의 옆을 지켜 준 그였지만 오늘따라 낯선 사람처럼 느껴졌다.

긴장이 풀리면서 몰려온 잠 때문이었다. 그는 박형준 의원을 향해 생각 없이 고개를 끄덕이고는 짧지만 깊은 잠에 빠졌다. 이명박은 생애에서 가장 많은 꿈을 꾸었다. 선거 유세 기간 동안 만났던 수많은 사람들의 얼굴이 파노라마처럼 지나갔다. 지방의 어느 유세장에서 만난 70세가 넘어 보이는 노인은 그의 손을 꼭 잡으며 이렇게 말했다.

"경제를 살려 주세요."

시골 장터에서 만난 할머니는 그에게 우거지탕을 걸쭉하게 한 그릇 말아 주면서 간절하게 부탁했다.

"대통령이 되어서 국민을 편안하게 해주세요."

이명박은 그런 소리가 들리는 듯해서 눈을 떴다. 옆자리에 앉아 있는 부인은 기도를 하는지, 아니면 잠이 들었는지 눈을 감고 있었다. 누가 먼저랄 것도 없이 부부는 서로의 손을 꼭 잡고 있었다. 평소 남편에게 사소한 것까지 얘기하며 잠시도 심심치 않게 했던 아내였지만, 오늘따라 한마디 말이 없었다.

이명박은 어느덧 곱던 얼굴에 잔주름이 제법 늘어난 아내의 모습을 보며 미안한 마음이 들었다. 성공과 좌절, 그리고 가슴앓이를 하던 그 많았던 날들을 함께해 온 아내였다.

2007년 12월 19일 저녁 6시.

투표 마감 시간이 되자 방송사에서 일제히 '이명박 득표율 50퍼센트대 예상'이라는 출구 조사 내용을 앞다투어 보도했다. 그의 대통령 당선이 확실시된다는 출구 조사 결과에 대한 예측도 이어졌다. 방송을 지켜보던 박형준 의원이 흥분을 감추지 못하고 만세를 불렀다. 나경원 대변인으로부터 방송사 출구 조사 내용을 알려 주는 긴급 전갈이 왔다.

하지만 이명박은 짤막하게 답했다.

"개표를 봐야지……."

그러면서 그는 조용히 무릎을 꿇고 두 손을 모았다. 그리고 다짐했다.

"대한민국이 저를 원한다면 저는 대한민국을 위해 온몸을 바치겠습니다."

어디선가 종소리가 들려왔다.

종소리는 점점 커다란 울림이 되어 방 안 가득히 채워졌고, 밖으로 퍼져 나갔다. 그것은 준엄한 역사의 종소리였다.

CEO 정신과 상혼

'CEO'라는 단어에 대해 이명박이 가지고 있는 확고한 믿음은 실용주의와 현실주의이다. 기업 경영에서 CEO의 중요한 역할은 보다 많은 이익을 창출해 기업과 주주들의 이익을 극대화하는 것이다. 그러기 위해서는 CEO는 실질적이어야 하고, 통계적이어야 한다.

꿈이 없는 CEO는 혼이 없는 육체와 같다. 하지만 그 꿈도 반드시 실용과 현실이 전제되어야 한다. 허구적이고 추상적인 생각에 젖은 CEO가 경영을 맡고 있는 기업은 앞날을 보장받기가 힘들다.

이명박은 현대건설에서 CEO를 지내면서 두 가지 교훈을 얻었다. 첫째는 뿌린 만큼 거둔다는 것이고, 둘째는 성공은 창조적 발상에서 출발한다는 것이다.

현대건설이 창업 20년 만에 한국 최고의 기업으로 성장한 밑거름은 바로 이런 정신 덕분이었다.

1975년 현대건설은 내외부의 많은 장애에도 불구하고 바레인 아스리조선소 공사를 수주했다. 당시에 현대건설의 이 공사 수주는 미국, 일본 등 해외 건설 업체들로부터 비상한 관심을 받을 정도로 큰 건이었다.

하지만 이 공사의 수주 과정에는 남모르는 사연이 있었다.

1971년 1차 오일쇼크로 세계 경제는 매우 어려운 상황이었다. 당연히 현대건설도 돌파구를 찾아야 했다. 이때 정주영 회장은 국내 건설 시장에서는 더 이상 좋은 조건의 공사를 수주하기 어렵다는 판단을 내리고 해외 건설 시장으로 눈길을 돌렸다. 정주영 회장이 진출하기로 마음먹은 곳은 중동이었다. 오일쇼크로 많은 돈을 벌어들이던 중동 국가의 오일머니를 파고들어야 한다는 게 정주영 회장의 생각이었다.

그러나 현대건설의 중동 건설 진출을 두고 회사 내부 경영진들 사이에는 찬반론이 엇갈렸다. 정주영 회장이 중동 진출을 강행하자, 동생인 정인영 사장과 조성근 국내 담당 사장이 반대를 하고 나선 것이었다.

정인영 사장은 "만약 공사에서 실패하면 회사 존립 자체가 위험하다"며 바레인 아스리조선소 공사 수주를 반대했다. 반면에 당시 젊은 경영인이었던 이명박과 이춘림은 정주영 회장의 생각에 동조했다. 이명박은 중동 진출은 위험성이 크지만 도전해 볼 만한 가치가 있다고 판단했다. 좁은 한국 시장에서 머물러 앉아서 죽을 수만은 없지 않느냐는 생각이었다.

결국 정주영 회장은 아스리조선소 공사 수주에 반대하던 정인영, 조성근 사장을 퇴진시키고 이명박과 이춘림을 사장으로 기용해 전열을 정비했다.

　다행스럽게도 천신만고 끝에 아스리조선소 공사는 성공리에 마무리됐다. 아스리조선소 공사가 성공적으로 끝나자 이란의 국영 PGSC 공사와 반다르압바스 동원 훈련소 공사, 사우디아라비아의 주베일 해군 기지 해상 공사(SNEP) 등 대형 공사들이 몰려들었다.

　이명박은 그때의 일들을 생각하면 소름이 돋는다.

　현대건설이 중동 진출을 포기하고 국내에만 머물렀더라면 현대그룹은 한국 최고의 기업으로 성장할 수 없었을지도 모른다. 많은 건설 업체들이 현대건설의 성공을 계기로 중동 시장에 진출해 대한민국의 경제를 일으켰다. 오일머니가 쏟아져 들어오면서 대한민국은 대외 여건의 여러 악재에도 불구하고 연평균 10퍼센트가 넘는 눈부신 발전을 이루었다.

　이것은 CEO의 판단과 결정이 얼마나 중요한지를 보여 주는 대목이다.

　CEO에게는 실수는 있어도, 실패는 없어야 한다는 것이 이명박의 확고한 신념이다. 누구나 일을 수행하는 과정에 작은 실수는 있을 수 있다. 하지만 사소한 과오가 실패로 이어진다면 그런 CEO는 결단코 용서해서는 안 된다. 실수를 극복하고 성공을 이룬다면 그런 CEO는 칭송받아 마땅하다. CEO의 실패는 수많은 임직원들의 일터를 잃게 만들고, 가족을 불행하게 만들기 때문이다.

　필자는 언젠가 그에게 CEO의 정신에 대해 물어 본 적이 있다. 그와 나눈 대화 내용을 간략히 정리해 보면 이렇다.

문—기업가 정신이란 무엇입니까?

답—많은 이익을 창출해 종업원과 주주들을 배부르게 하는 것이 기업가에게 가장 큰 선(善)이지. 그러기 위해서 CEO는 앞날을 내다보는 통찰력과 현실을 직시하는 관찰력, 그리고 자신의 판단을 실행에 옮기는 불굴의 의지를 가져야 할 것이야. 도전 정신은 CEO에게 중요한 요소지만, 도전하려는 목표를 설정할 때는 사전에 치밀한 분석과 객관적인 판단의 근거를 가져야 하겠지. 바로 그런 것들이 기업가 정신이 아닐까 하네.

문—하지만 이익만을 추구하다 보면 경쟁자의 희생이 따르지 않습니까?

답—자신의 이익만을 추구한다면 그것은 개인적인 이기심이지, 진정한 이익을 창출하는 것이 아니라고 보네. 작게는 기업, 크게는 국가, 더 크게는 인류의 공동 이익을 창출할 수 있어야 진정한 기업가 또는 CEO라 할 수 있지. 현대건설이 중동에 진출해서 이익을 창출한 것이 결코 현대건설만의 이익은 아니었지. 우리나라 모든 기업들의 이익이 되었고, 대한민국의 경제 발전에도 크게 기여했으며, 나아가 중동 국가들 역시 발전했던 것처럼 말이야.

문—그렇다면 기업인이나 CEO의 상혼(商魂)은 왜 비판을 받는 것일까요?

답—상혼이라는 말은 원래 중국의 춘추 전국 시대에 있었던 상(商)나라에서 유래한 것이야. 국가라고 말하기엔 아주 조그만 부족 국가 정도였던 이 나라는 춘추 오패라고 불리던 국가들에 비해 보잘것없었지. 항상 외부의 침입에 불안해했고, 언제라도 점령을 당할 수 있었어. 더욱이 상나라는 지리적 위치가 중원의 한가운데에 있었고, 당시 귀중한 품목이던 소금도 많이 생산되어 주변 강대국들이 호시탐탐 노렸지. 이때 상암이라는 사람은 국가의 생존을 위해 사통오달에 위치한 지리적 입지와 소금을 앞세워 강대국과의 거래를 통해 나라를 부유하게 만들었지. 쉽게 말하면 장사를 잘한 것이라고 볼 수 있어. 상나라가 강대국의 틈에서 살아남기 위해 거래를 하던 그 정신이 상혼(商魂)이라고 불리게 되었는데, 나중에 이 말이 '상인의 정신'으로 일컬어지게 된 것이야. 상혼은 결코 비판받을 정신은 아닌 것이지.

뜨거웠던 한나라당 후보 경선

2007년 8월 19일은 이명박에게 잊을 수 없는 날이었다. 한나라당 대통령 후보 선출을 위한 경선에서 그가 대통령 후보로 선출된 날이기 때문이다. 돌이켜보면 그가 대통령에 당선되기까지 가장 피를 말렸던 시기가 당내 경선 기간 때였다.

이명박은 평소에도 당시 경쟁자였던 박근혜 대표에 대해 깊은 존경심을 가지고 있었다. 경선을 치르는 동안에도 이명박은 단 한 번도 그에 대해 비난을 하거나 적대감을 가지지 않았다.

이명박은 자신의 지지자들이 "우리도 네거티브 작전으로 나가자"고 했을 때 이렇게 말했다.

"2002년 16대 대선에서 이회창 후보가 노무현 후보에게 패한 뒤 한나라당은 지리멸렬될 위기에 처했었지만, 이듬해에 있었던 총선에서 박근혜 대표는 130석이나 되는 국회의원을 당선시켜 한나라당을 지켜 냈다. 그를 비난하는 것은 나 스스로를 비난하는 일이 될 것이다."

그런 박근혜 대표와 숙명적으로 맞서야 한다는 사실에 이명박은 몹시 마음이 아팠다. 승리자도, 패배자도 없는 그런 멋진 경선을 치르고 싶었다. 하지만 경선일이 다가올수록 상황은 더욱 가열됐다. '후보 검증'이라는 명분을 앞세워 서로의 치부를 까발리고, 난도질할 때는 쥐구멍에라도 들어가고 싶은 심정이었다. 이명박은 자신의 경선 캠프에 있는 사람들을 불러 "절대 네거티브 공세는 하지 말라. 정책은 비판하되, 박근혜 대표를 몰아세우거나 음해하는 일은 하지 말라"고 당부했다.

이런 당부에도 불구하고 그의 지지자들은 박근혜 대표를 비방했다. 상대방도 가혹하다고 할 만큼 이명박을 몰아세웠다. 그것이 선거전의 생리임을 잘 알지만 마음은 괴로웠다. 같은 식구인 당원들끼리 서로 삿대질하고 욕하는 것은 차마 눈뜨고 볼 수가 없었다. 그런 심정은 박근혜 대표 역시 마찬가지였으리라 짐작했다. 그러면서 경선이 끝나면 서로 화해할 수 있을 것이라는 기대도 저버리지 않았다.

2007년 8월 20일, 마침내 치열했던 한나라당의 경선은 끝이 났다. 잠실 올림픽 체조 경기장에서 열린 후보 선출 대회장에서 강재섭 한나라당 대표가 이명박의 승리를 선언했다. 그 순간, 이명박은 물론 체조 경기장에 모인 당원들과 전국민의 눈과 귀가 박근혜 대표에게 쏠렸다. 박근혜 대표가 경선 결과를 어떻게 받아들일지를 예의주시했던 것이다.

경선 결과가 발표되자, 박근혜 대표는 표정의 변화도 없이 당당하게 연단으로 걸어 나가 자신의 마음을 밝혔다. 그는 "저는 깨끗이 경선 결과에 승복합니다"며 또렷한 어조로 말했다.

그의 말투에는 특유의 강단이 배어 있었다.

박근혜 대표의 이 말을 듣는 순간, 이명박은 가슴 깊은 곳에서 울컥하는 감동이 솟아오름을 느꼈다.

'내가 패자였다면 과연 저렇게 할 수 있을까?'

박근혜 대표는 정말 큰 인물이었다.

언젠가 경선에서 패한 한나라당 후보가 결과에 불복하고 당을 뛰쳐나가 독자 출마를 한 쓰라린 과거도 있지 않았던가.

사실 이번 경선에서도 결과가 나오기 전 언론에서는 '한나라당이 분열될 것', '경선 불복 사태가 벌어질 것' 등의 갖가지 억측이 오갔다.

그러나 박근혜 대표의 이날 경선 승복 연설은 이러한 모든 예측을 한순간에 잠재워 버렸다. 물론 박근혜 대표를 지지한 사람들은 경선 결과에 강한 불만을 표시했지만, 이명박은 그들의 마음을 충분히 헤아렸다. 경선 결과가 반대로 나왔다면 자신의 지지자들도 그렇게 행동했을 것이라 생각했기 때문이다.

2007년 한나라당 경선은 한국 정치사에 큰 획을 그은 '사건'이었다. 경쟁은 반드시 승자와 패자를 가린다. 중요한 것은 경쟁이 끝난 뒤 승자와 패자가 어떻게 결과를 받아들이느냐 하는 것이다. 아쉽게도 한국 정치사에서는 '아름다운 결말'이 없었다. 솔직히 이명박은 2007년 한나라당 경선을 치르면서도 그 같은 최악의 상황이 오지 않을까 우려했다. 하지만 2007년 한나라당 경선에서 박근혜 대표가 보여 준 '아름다운 패자'의 모습은 영원히 잊을 수 없는 일이 되었다.

이명박과 이회창

2007년 대통령 선거를 치르면서 이명박에게 있어 가장 충격적이고 가슴이 아팠던 일은 이회창 전 총재가 대통령 선거에 출마한 것이었다. 정권 교체라는 열망 속에 높은 지지율을 이어가고 있던 이명박에게 이회창 전 총재의 출마는 청천벽력과도 같은 일이었다. 그것도 후보 등록일을 코앞에 두고 이회창 전 총재가 한나라당을 탈당해 출마를 선언한 것은 이해하기 힘든 일이었다.

필자가 알고 있는 이명박과 이회창 전 총재의 관계는 다소 미묘한 면이 있다는 것이다. 17대 대통령 선거를 치르기 이전부터 서로에게 좋고 나쁜 감정이 복합적으로 뒤섞인, 그야말로 애증(愛憎)의 관계에 있었던 것으로 알고 있다.

이명박은 김영삼 대통령 시절, 이회창 전 총재가 감사원장을 끝으로 공직을 떠나 민자당에 입당했을 당시에 처음 만난 뒤 그에게 깊은 존경심을 가지고 있었다.

1998년 이명박이 국회의원직을 버리고 미국으로 건너갔을 때였다. 당시 김대중 후보에게 패한 충격을 달래기 위해 미국에서 잠시 머물던 이회창 전 총재와 이명박은 서로를 위로하며 많은 시간을 함께 보냈다.

이명박이 정치적 재기의 꿈을 꾸고 있을 때 정신적으로 밀어 준 사람도 이회창 전 총재였다. 1999년 말 이명박이 미국에서 돌아와 서울시장 선거에 나설 준비를 할 때, 이회창 전 총재는 그를 적극 지원했다.

하지만 서울시장 후보를 선출하기 위한 경선 과정에서 두 사람은 거리가 생겼다. 당시 한나라당의 서울시장 경선 후보는 이명박, 홍사덕, 최병렬 등 세 사람이었다. 경선 과정에서 최병렬 후보는 스스로 출마를 포기하는 바람에 이명박과 홍사덕 두 사람으로 후보가 압축되었다. 그런데 이명박과 홍사덕으로 경선후보가 압축되면서 이회창 전 총재는 갑자기 홍사덕 후보를 지원하는 듯한 입장을 보였다.

그전까지 한나라당의 서울시장 후보 경선 판세는 이명박 후보가 대의원들의 높은 지지율로 크게 앞서 있었다. 하지만 이회창 전 총재의 태도가 변화를 보이면서 상황은 박빙의 승부로 판도가 바뀌었다. 실제로 이회창 전 총재는 이명박 후보가 핵심 공약으로 내세웠던 청계천 복원 사업 계획 자체를 비판하는 발언을 하기도 했다.

필자로서는 이회창 전 총재가 왜 갑자기 중립을 지키지 않고 홍사덕 씨를 지지하는 듯한 태도를 보였는지는 정확히 알 길이 없다. 다만 한나라당 내부에서는 홍사덕 후보가 이회창 전 총재의 대통령 선거본부장을 맡았던 것에 대한 인연 때문이었을 것으로 해석하기도 했다.

하지만 필자의 생각은 좀 다르다.

서울시장 경선 과정에서 이명박의 지지율이 예상 외로 높은 것에 대해 이회창 전 총재가 견제한 것이 아닌가 하는 추측이다. 실제로 당시 정치 상황을 되돌아보면 이명박의 당내 지지율이 높자 일부에서는 같은 해 12월에 치러질 대통령 선거에 이명박이 도전하는 것 아니냐는 관측이 오가고 있었다. 이런 관측이 나온 것은 2002년에 접어들자 민주당이 이회창 전 총재의 아들 병역 문제와 관련된 의혹을 집요하게 물고 늘어져 한나라당으로서는 불안감이 커지고 있었던 때문이다.

대통령 선거에 재도전할 결심을 굳히고 있던 이회창 전 총재로서는 외부의 바람도 문제였지만, 이명박의 부상도 신경을 쓰지 않을 수 없었다. 실제로 이명박은 서울시장에 출마하기에 앞서 대통령 선거에 나서려는 생각을 가졌다. 그래서 그는 나름대로 대통령 선거 출마를 위한 밑그림을 그리기도 했다. 필자는 이명박이 서울시장 출마와 대통령 출마를 두고 고심할 무렵, 대통령 선거 출마를 권유한 적이 있다. 하지만 그는 '아직은 때가 아니다'며 서울시장 출마로 마음을 굳혔던 것으로 기억한다.

이런 그의 마음을 읽고 있던 이회창 전 총재로서는 이명박에 대해 견제 심리가 생기지 않을 수 없었을 것이다. 우여곡절 끝에 이명박은 한나라당의 서울시장 후보로 선출되었다. 그가 서울시장 후보로 선출되는 과정도 극적이었다. 막판까지 경합을 벌이던 홍사덕 후보가 경선 바로 전날 선거 사무실을 폐쇄하고 잠적해 버리는 사건이 벌어졌던 것이다. 지지율 격차를 극복하기 힘들다고 판단한 때문이었다. 따라서 이명박은 투표를 할 것도 없이 단독 후보로 출마하게 되었고, 경선 아닌 경선을 거쳐 결국 서울시장에도 당선되었다.

하지만 서울시장 선거를 치르면서 이명박과 이회창 두 사람 사이에는 묘한 분위기가 형성되기에 이르렀다. 평소 가지고 있던 속마음을 훤히 드러내 보이게 되는 계기를 만들고 말았던 것이다. 이 일로 결국 두 사람은 가까워질 수도 또 멀어질 수도 없는 미묘한 관계가 되어 버린 듯하다. 그리하여 끝내는 17대 대통령 선거에서 두 사람은 경쟁자로 맞서는 상황까지 맞기에 이른 것이다.

네거티브 선거전과 BBK 사건

대통령 선거 운동 기간 내내 이명박은 상대 후보들의 네거티브 공세에 시달렸다. 그중 가장 크게 부각된 것이 이른바 'BBK 사건'이었다. BBK 사건에 대해 필자가 말할 수 있는 입장은 아니다. 하지만 이 사건의 핵심이 '주가 조작 사건'이라고 규정한다면, 이명박과는 무관한 일이었다는 것이 필자의 생각이다.

이 사건이 선거전에서 이슈가 된 것은 상대 후보들의 입장에서 볼 때 이명박을 공격할 수 있는 좋은 소재가 되었기 때문이었다. '주가 조작'이라는 것만으로도 상대 후보들로서는 '경제 대통령'을 슬로건으로 내건 이명박에게 결정타를 가할 수 있다고 생각한 것이다.

그러나 필자는 상대 후보들이 이 사건의 본질과 내막을 잘 몰랐던 것이 아닌가 하는 생각이 든다.

필자가 알고 있는 이 사건의 내막은 이렇다.

이명박은 1998년 국회의원직을 내놓고 미국으로 건너갔다. 정치 1번지로 불리던 종로구에서 당선된 그가 국회의원직을 내놓은 까닭은 선거 캠프에서 일하던 김유찬이라는 인물이 선거 비용을 기록해 둔 장부를 폭로한 때문이었다. 이 사건의 배후를 두고는 여러 가지 말들이 많지만, 당시 언론에는 이명박과 종로에서 맞붙었다가 낙선한 정계 거물이 깊이 연관되어 있다는 관측이 많았다.

어쨌든 이명박은 이 사건으로 미국에서 1년 동안 외유를 한 뒤 이듬해인 1999년 말 딸 수연 양의 결혼식을 즈음해 귀국했다. 당시 필자는 서울 힐튼호텔에서 있었던 그 결혼식에 하객으로 참석하게 되었다. 외부 인사는 거의 초청하지 않은 조용한 가족 결혼식이었다.

딸의 결혼을 계기로 귀국한 이명박은 서초동 영포빌딩에 있던 동아시아연구소 사무실에서 재기를 위한 미래를 구상하고 있었다. 그중에는 2년 뒤에 치러질 서울시장 선거에 도전하는 계획도 있었고, 금융 회사를 차리려는 계획도 있었다. 이명박이 'LKe뱅크'라는 금융 회사를 설립하려는 계획을 구체화한 것도 이 무렵의 일이었던 것으로 기억한다. 그때 만난 인물이 김경준 씨다. 김씨는 이명박에게 자신이 세운 'BBK'라는 회사에 투자를 해 동업을 하자는 제안을 했다.

김씨는 미국계 금융 회사인 모건스탠리와 살로먼 증권에 근무하면서 파생 금융 상품 운용으로 고수익을 올려 연간 수억 원의 수당을 받을 만큼 업계에서는 꽤 알려진 인물이었다. 이런 경력을 가진 김씨가 'BBK'라는 자신의 회사에 투자를 요청하자, 금융 회사 설립을 생각하고 있던 이명박은 적극적으로 이 제안을 검토했다. 하지만 결론을 말하면 그는 개인적으로 BBK에 투자를 하지는 않았다.

필자가 전해 들은 바로는, 이명박이 BBK에 투자를 하지 않은 결정적 이유는 당시 금융감독원 원장으로 있던 대학 후배인 이모 씨가 경고를 해준 때문이다. 이모 원장은 "김씨가 여러 금융 기관에서 투자를 받아 파생 상품에 손을 댔다가 손해를 보자, 이를 메꾸기 위해 주가를 조작한 혐의가 있어 조사하고 있다"고 귀띔해 주었다.

이명박은 이와 관련된 사실을 확인한 뒤 사업 계획 자체를 모두 포기했다.

BBK와 연관이 있는 주가 조작 사건인 옵셔널벤처스 사건은 두 사람의 관계가 정리된 후의 일이었던 것으로 필자는 알고 있다. 이 사건은 2001년 서울시장 선거가 치러질 때에도 당시 민주당 후보였던 김모 씨가 집요하게 물고 늘어진 적이 있었다. 하지만 이 사건과 이명박은 아무런 연관성이 없는 것으로 결론이 났었다.

그런데 이 낡은 사건을 다시 2007년 대통령 선거에서 상대 후보들이 네거티브 공격의 핵심으로 들고 나왔다. 이유는 이 사건이 정치적 흥행 요소를 가졌기 때문이었다. 더욱이 이 사건의 진실을 잘 알고 있는 김경준 씨가 대통령 선거전 열기가 최고조에 달하고 있던 11월 하순에 갑자기 귀국한 것은 알다가도 모를 일일 수밖에 없다.

또 하나, 이 사건에 대해 상대 후보들이 간과한 점이 있다.

상대 후보들은 이 사건을 최대한 정치 쟁점화하여 부각시키면 이명박을 지지하던 국민들이 대거 돌아설 것이라고 판단했던 모양이다. 2002년 선거에서 이른바 '김대업 사건'으로 반사이익을 얻은 전례를 2007년 선거에서도 재현하려는 계산이었던 것이다. 하지만 과거의 사건과 현재의 사건은 본질적으로 다르다는 것을 덮어 두고 아전인수식으로 풀이하려고 덤벼들었던 것이다.

경쟁 후보들은 이 사건과 관련해서 두 가지 그릇된 판단을 했다. 첫째는 이 사건의 내용이 복잡한 금융 사건이어서 대다수 국민들은 무슨 내용인지를 잘 이해할 수 없었다는 점이고, 둘째는 예전과 달리 국민들의 의식이 네거티브 정치에 신물을 내고 있었다는 점이었다.

'도덕성'은 대통령뿐만 아니라 모든 정치인들에게 가장 먼저 요구되는 자질의 하나다. 하지만 상대의 도덕성에 흠집을 내고자 기를 쓰는 모습에서 국민들은 오히려 그들 자신의 자질을 의심했다. 성숙한 국민들이 원하는 것은 당당하고 떳떳한 경쟁이지, 헐뜯기로 국민들의 판단을 흐리게 하는 음모나 음해의 싸움이 아니었다. 게다가 진실 여부와는 상관없이 당선이 유력하다는 이유만으로 특정 후보를 몰아내기 위해 모든 후보들이 협공하는 모습을 지켜보는 국민들의 마음은 어떠했겠는가?

선거 막판에 터진 이른바 'BBK 동영상 사건' 조차 결과에 아무런 영향을 주지 못한 것은, 이미 이 사건에 대해 국민들이 얼마나 외면하고 있었는지를 잘 보여 주는 대목이다.

특검으로까지 이어지게 된 '광운대 특강 동영상'에 대해 필자가 알고 있는 내용은 다음과 같다.

이 동영상을 보면 이명박이 광운대 강연 중에 '내가 BBK를 만들어……' 라고 말하는 대목이 있다. 필자가 기억하기에 당시 이명박은 공공 기관이나 기업체로부터 강연을 해 달라는 요청을 많이 받았는데, 강연 주제는 주로 그가 CEO로 성공하기까지의 발자취나 경영관에 대한 것들이었다. 광운대 강연 역시 제목이 '성공한 CEO……' 였던 것으로 안다. 대학생들에게 특히 관심이 많았던 이명박은 다른 스케줄을 조정하면서까지 이 대학의 강연에 응했다.

그가 강연에서 왜 BBK에 대해 그렇게 말했는지는 자세히 모르지만, 당시 금융 회사를 차릴 구상을 하고 있던 상황에서 홍보를 하려고 했던 게 아닌가 짐작된다. 실제로 이명박은 그 시점에서 BBK라는 회사에 대해 소상히 모르고 있었음에도 강연의 주제에 맞추려다 보니 주변에서 써 준 원고를 토대로 그렇게 말하면서 하나의 사례를 든 것이 아닐까 하는 생각이다.

기업의 CEO와 공직의 CEO

이명박에게는 기업 경영인으로 있을 때나 국회의원과 서울시장을 지낼 때나 변하지 않는 생각이 있다. 그것은 '리더는 철저하게 CEO 정신으로 무장해야 한다'는 생각이다.

그가 국회의원과 서울시장이 된 후에 주변 사람들로부터 자주 받는 질문이 있었다. 서울시장, 국회의원, 대기업 CEO 중 어느 자리가 가장 일하기 좋은가 하는 질문이었다. 그럴 때마다 이명박은 반쯤 농을 섞어 대답했다.

공직자가 질문을 할 경우에는 '시장 자리가 좋다'고 말하고, 국회의원이 물으면 '국회의원이 좋다'고 대답했다. 하지만 기업인들이 물을 경우에는 솔직한 생각을 털어놓았다.

"공직자가 펼치는 정책은 많은 사람에게 영향을 끼칩니다. 따라서 공직자의 정책 결정은 사람들에게 매우 중요한 문제지요. 그런 까닭에 기업에서 일할 때보다 국회의원이나 서울시장 일이 더 힘이 듭니다."

이명박은 서울시장 자리를 맡으면서 공무원들의 마음속에 기업인 마인드를 심어야 한다는 생각을 가졌다. 그는 현대건설에 몸담았던 시절부터 많은 공직자와 친분을 가져왔다. 그가 만나 본 공직자 중에는 훌륭한 생각을 가진 사람도 많았다. 그러나 안타깝게도 공무원의 본분을 모르는 사람도 더러 있었다. 그런 공무원들의 가장 큰 문제점은 바로 무사안일한 사고였다.

적어도 공무원이라면 '국민을 위한 행정 서비스맨'이라는 인식을 가져야 한다는 게 그의 생각이다. 기업인이 추구하는 고객 만족 시스템은 공직자들에게도 그대로 적용되어야 한다는 것이다. 그러나 이명박이 공직 사회에 들어와 겪은 바로는 상당수 공무원의 마인드는 기업 세계와 분명 차이가 있었다.

이명박은 기업을 경영하며 수없이 해외 각국을 다녀야 했다. 그때마다 절절하게 느낀 것은 선진국의 공무원일수록 친절이 몸에 배어 있다는 것이었다. 정말이지 그들의 철저한 고객 만족 마인드에 놀란 적이 한두 번이 아니었다.

이명박이 서울시장에 취임한 후 청계천 복원 공사와 서울시 교통 체계 개혁, 그리고 강북 뉴타운 건설 등 대규모 개발 사업에 나서자 일각에서는 그가 여전히 기업가 시각에 머물러 있다는 비판을 해 댔다. 실적과 이윤을 따지는 것은 기업가에게 맞지만, 공공 마인드가 요청되는 행정에는 부적절하다는 지적이었다.

하지만 이명박의 생각은 달랐다.

그는 행복은 소득만이 전부가 아니며, 문화와 환경이 뒷받침되어야 한다는 생각을 늘 마음속에 품고 있다. 그는 지금의 국가 경제 상황은 위기이며, '신개발주의'가 필요한 때라는 믿음을 갖고 있다. 다시 말해 1970년대식 독재적인 개발지상주의가 아닌 '21세기형 개발'이 반드시 필요한 시점이라는 것이다. 그는 자신의 생각을 청계천 복원 사업을 통해 증명하려 했다. 청계천 복원이 단순히 개발 정책이 아닌, 문화와 자연 환경을 결합시킨 다목적성 사업이라고 부르짖었던 이유도 바로 그것이다.

이명박은 대통령이 된 지금, 대운하 사업을 통해 다시 한 번 자신의 생각을 입증해 보이고 싶다. 그는 대운하 사업이 1970년대식 개발지상주의가 아닌, 21세기형 신개발주의임을 굳게 믿고 있다.

그는 기업가로 있을 때는 이윤과 시장경제 원리를 신봉했지만, 서울시장으로서는 공익을 최우선에 두었다. 4조 원으로 추정되는 개발 이익을 포기하고 뚝섬에 '서울 숲'을 조성한 것도 바로 공익우선주의의 발상 때문이었다. 이전을 앞둔 용산 미군기지와 정보사 부지도 시민들의 공익을 위해 녹지로 조성하도록 방침을 정한 것 역시 마찬가지의 맥락이었다.

서울시장 취임 초기, 서울시 교통 체계를 변경하는 과정에서 시스템이 제대로 정착되지 않는 바람에 이명박은 언론의 집중 공격을 받았다. 기본 체계와 다른 새로운 시스템이 소개되었으니 시민들은 당황할 수밖에 없었다. 어떤 날은 하루 종일 시장실로 항의 전화가 빗발치기도 했다.

그즈음 언론에서는 이명박의 시정에 대해 많은 지적들이 오르내렸다. 개중에는 이런 내용도 있었다.

'이명박 시장이 추진 중인 청계천 복원 공사는 성공할 것이다. 하지만 서울시 교통 체계 변경은 실패할 것이다.'

그 근거로 다음과 같은 설명을 곁들였다.

'이명박은 개발 시대에 어울리는 밀어붙이기식 하드웨어 공사는 잘한다. 100층짜리 빌딩을 짓고 사막에 고속도로는 잘 닦을 수 있지만, 정교한 프로그램을 요구하는 소프트웨어는 부족하다.'

이명박은 이런 언론의 지적을 뼈아프게 새겨들었다.

그는 잘못을 발견했을 때는 그 즉시 인정하고 대안을 마련했다. 이런 자세는 기업에 있을 때부터 몸에 밴 것이었다. 대중교통 체계 역시 마찬가지였다. 문제가 생겼음을 알고 난 뒤, 즉각 서울시 교통 문제 전문가와 시민, 그리고 운송 업체 관계자들을 불러 의견을 물었다. 그리고는 최대한 빨리 종합적인 대책을 마련했다. 그런 결과 얼마 지나지 않아 서울시 전역에서 버스의 운행이 눈에 띄게 수월해졌다.

그가 정치인이 된 이유

1992년 이명박이 정치에 뛰어들자, 사람들은 그가 왜 정치를 하려 하는지 궁금해했다. 그 당시 이명박이 한 말은 아주 단순했다.

"정치는 국민을 편하게 만드는 것입니다. 그래서 정치를 하고 싶습니다."

그가 국회의원과 서울시장에 도전하고, 대통령이 되고자 하는 것도 같은 맥락에서였다. 그런데 막상 정치에 입문하고 보니 정치판에서는 늘 썩은 악취가 진동했다. 금권 정치가 판을 치고 있었다. 보스들이 돈을 끌어들여 부하들에게 나누어 주는 구시대적 정치 행태였다.

이러다 보니 부정부패의 소지가 많을 수밖에 없다. 아니, 부정부패가 없다면 이상할 정도였다. 윗물이 맑아야 아랫물이 맑은 법이다. 윗물이 흐리면 당연히 아랫물도 흐릴 수밖에 없는 게 세상 이치다.

이명박이 서울시장에 취임하면서 공무원들에게 강조한 것은 '투명성'이었다. 인사 · 재무 · 관리 등 모든 부문에서 공무원의 투명성을 누누이 강조했다.

사실 청계천 복원 공사나 강북 뉴타운 개발 사업을 두고 항간에선 의혹 어린 시선을 보내기도 했다. 마치 건설 공사를 둘러싼 거대한 비리가 있었다는 등 각종 의혹들이 이어졌다. 그러나 그것은 기우였다. 건설 분야에서 누구보다 많은 경험을 쌓은 이명박은 모든 사업을 철저히 사전 · 사후 관리 시스템에 적용하여 비리의 소지를 없앴다. 건설 공사를 진행하는 동안에는 업체간 경쟁을 유도하고 상호 체크할 수 있는 시스템을 운용했다. 비리가 끼어들 틈을 아예 원천 봉쇄했던 것이다.

한국 사회는 아직도 부정부패에 관한 한 그다지 자유로운 입장이 못 된다. 국가 청렴도 면에서 OECD 국가 중 최하위 수준을 벗어나지 못하고 있다. 원인은 여러 가지가 있겠지만, 무엇보다 시대 변화와 동떨어진 정치의 낙후성 때문인 듯하다.

IMF가 터지기 전 이명박은 국회 재정경제위원회 소속 의원으로서, 당시 한국의 금융 시스템을 꼼꼼하게 살펴볼 수 있었다. 그런데 금융 기관에서 제공되는 내부 정보 중 상당 부분이 사실과 다르다는 것을 알고는 놀라지 않을 수 없었다.

많은 의원과 경제인들 사이에서 금융 관련법 개정의 목소리가 높아지자, 여당은 단독으로 개정안을 국회에 통과시켰다. 하지만 이 금융 개정법은 김현철 씨 문제가 터지면서 김영삼 대통령에 의해 다시금 원점으로 되돌려지고 말았다. 결국 이 사건은 한국의 금융 신뢰도를 떨어뜨리는 데 결정적 역할을 했다.

일부에서는 이른바 '한보 게이트' 때문에 IMF가 초래되었다고 분석한다. 그러나 이명박은 금융 관련법을 통과시키겠다고 약속했다가 지키지 않은 정부의 책임이 더 크다고 본다. 국가 지도자의 리더십만 제대로 발휘되었더라도 IMF 사태는 예방할 수 있었을 것이다. 이명박은 낙후된 정치가 한국 사회를 끊임없는 위기 상황으로 몰아가고 있다고 진단한다. 21세기 초반에 대한민국 정치는 여전히 이념 갈등과 편 가르기에 매몰되어 그 귀한 많은 시간을 허비했다.

이제는 달라져야 한다. 국가에 새롭고 역동적인 에너지를 불어넣어야 하는 시기이다. 그리고 그 역량으로 정치적 술수와 싸움보다는 국가의 부를 창출할 수 있어야 하고, 글로벌 스탠더드에도 맞춰 가야 한다. 대통령이 된 이명박은 시장경제의 가장 큰 원동력을 자율성에서 찾고자 한다. 과거와 같은 재벌 위주의 육성 정책은 경제의 탄력성을 떨어뜨리는 원인이 될 뿐이다. 과거 정부에서 재벌 기업의 독점을 조장해 자율 경쟁의 물꼬를 막았다. 그 결과 부의 집중화 현상이 나타났고, 국가 경제는 체증 현상을 빚게 되었다.

이명박은 이러한 문제를 해결하는 길은 중소기업을 육성하는 것이라 믿고 있다. 이명박 역시 대기업에 몸담았었지만, 지금까지의 정부 정책이 재벌 기업의 문어발식 확장을 조장 내지는 묵인하는 쪽이었던 점에 안타까움을 가지고 있다. 중소기업은 아무리 우수한 상품을 개발해도 자본력을 앞세운 재벌 기업을 당해 낼 수 없었다.

재벌의 틈새에 끼어 질식하거나 하청 업체로 전락해 독립성을 잃어버린 중소기업이 부지기수였다. 독자적으로 개발한 제품을 시장에 내놓지도 못하고 사장시키는 경우도 허다했다. 낮은 브랜드 인지도는 물론 광고 홍보 전략, 마케팅 능력 차이를 극복할 방안이 없었기 때문이다.

탄탄한 경제 기반을 만들기 위해 정부는 중소기업 진흥책을 세워야 한다는 생각이다. 우수한 제품 개발 능력을 가지고도 자금력 때문에 브레이크가 걸린 중소기업들을 정부가 나서서 적극 지원해야 한다. 중소기업 진흥책의 하나로 중소기업청이 신설된 것은 김대중 정부 때였다. 그러나 중소기업들이 무엇을 원하는지 제대로 파악하지 못해 기대한 효과를 거두지 못했다. 그런데다 노무현 정부의 부동산 정책이 갈피를 못 잡는 동안 땅값이 급등하는 바람에 공장 부지를 마련해야 하는 중소기업은 존립마저 위협을 받는 상황을 겪었다. 가계 소득과 관련이 깊은 주택 가격의 안정책도 필요하지만, 공장 부지의 안정적 확보 문제 역시 대단히 중요하다는 것이 이명박의 지론이다.

이명박은 공장 부지용 땅을 중소기업들이 저렴한 가격에 빌려 쓰게 하는 방안을 구상하고 있다. 토지공사는 더 이상 땅 장사에 몰두하지 말고 공장 부지로 활용할 수 있는 공단을 조성해 중소기업에 임대해 주는 방안을 강구하도록 할 계획이다. 다만 토지공사의 공장 부지 저가 공급에 따른 손실분에 대해서는 재정적인 지원이나 국가적 차원의 보전책이 마련되어야 한다는 게 이명박의 생각이다.

이명박과 박정희

　이명박이 정치에 입문한 뒤에 많은 사람들은 그를 가리켜 박정희 대통령과 닮았다고 말했다. 대통령에 당선된 이후에 몇몇 언론에서는 그가 박정희식 통치를 할 것이라는 예상도 하고 있다.
　이명박을 박정희 대통령에 비유하는 표현에는 두 사람의 외모에서 풍겨 나는 이미지가 비슷하다는 의미도 있겠지만, 경제개발주의자였던 박정희의 이미지가 겹쳐지는 데서 오는 이유 때문이 아닌가 생각된다.
　이명박은 정주영 회장이 작고한 뒤 서울대 경영대학원에서 개설한 정주영학 강의에 초빙 강사로 나간 적이 있었다. 대학원 측이 짜놓은 커리큘럼은 '현대의 사업 전략과 사업 확장을 통해 본 사업 다각화의 공과 실', '현대의 기업 문화', '현대의 자동차 산업' 등이었다. 한국적 경영의 맥을 찾아보겠다는 취지의 설정이었고, 정주영 회장과 깊은 인연을 맺었던 사람들이 강사로 초빙되었다.

이명박은 강연 경험이 많았다. 그러나 정주영학 강연만큼은 특히 신중하게 생각했다. 그는 대학원생들에게 과연 어떤 말을 해주어야 할지 숙고를 거듭했다. 그러다 문득 학생 시절로 돌아가 그들을 만나고 싶어졌다.

강연은 대학원생뿐만 아니라 학부생들에게도 개방되었고, 강의실은 초만원을 이루었다. 이명박은 학생들이 정주영이란 인물에 대해 이토록 큰 관심을 갖고 있다는 데 깜짝 놀랐다. 그는 정주영 회장의 개척자적 경영 정신에 초점을 맞추어 이야기를 전개해 나갔다. 강의를 하는 동안 정주영 회장과 함께했던 지난날들이 주마등처럼 뇌리를 스쳐 지나갔다.

유품으로 남긴 다 닳은 구두 한 켤레가 말해 주듯 정주영 회장의 생활은 소박하고 검소했다. 불도저식 추진력을 앞세워 정열적으로 일했던 그는 구두의 밑창이 다 닳도록 국내외 곳곳을 거침없이 누비고 다녔다. 생전의 정주영 회장은 동방의 작은 나라인 '코리아'를 세계 만방에 인식시키기 위해 밤을 밝히며 일하는 방식만큼은 코드가 딱 맞았다.

요즘은 여러 기업의 성공 사례를 그대로 벤치마킹할 수 있지만, 농업 중심국에서 신흥 공업국으로 방향을 전환하던 당시에는 딱히 따라 할 모델이 없었다. 그때 갖가지 어려움을 극복하고 불가능을 가능으로 바꾼 것은 바로 '뉴프런티어 정신'이었다.

이명박은 강연에서 학생들에게 프런티어 정신을 강조했다. 위기에 처한 기업이나 국가일수록 프런티어 정신이 필요하다는 것을 역설했다. 2,000년 전의 바이블이 현재도 읽히고 실천되는 것처럼 프런티어 정신만이 위기의 한국을 되살릴 수 있을 것이라 역설했다.

강의 도중 한 대학원생이 불쑥 질문을 던졌다.

"박정희 전 대통령의 외모와 삶의 방식이 많이 닮았다는 이야기를 종종 들었습니다. 그런 말을 들었을 때 어떤 생각을 하셨는지 말씀해 주십시오."

사실 이명박은 언론과 정치권으로부터 박정희 전 대통령과 닮은 부분이 많다는 소리를 들어 왔다. 특히 서울시장이 되어 청계천 복원 사업을 밀어붙이는 과정에서 그러한 이야기가 부쩍 많아졌다.

질문을 받은 이명박은 빙그레 웃으며 말했다.

"저 역시 그런 이야기를 많이 들었습니다. 고 박정희 대통령의 외모와 성격이 저와 비슷하다는 말씀들이었지요. 저는 사실 그분의 좋은 점을 닮기를 바랄 뿐 부정적인 점을 닮고 싶지는 않습니다. 저는 그분이 보여 준 놀라운 추진력과 앞날을 내다보았던 예지력, 그리고 프런티어 정신만큼은 높이 사고 있습니다."

얼마 전 국민들 사이에 '박정희 바람'이 분 적이 있다. '박정희 신드롬'은 40~50대 이상 중장년층에서만 나타난 것이 아니라 20~30대 젊은 층에서도 나타났다.

물론 박정희 신드롬에는 여러 가지 위험 요소가 내재해 있다. 이명박은 학생 운동권 출신으로서 박정희 대통령의 통치 방식에 반기를 든 적이 있다. 그러나 박정희 대통령에 대한 역사적인 평가를 내릴 때는 반드시 공과가 구별되어야 한다는 생각이다.

이명박이 박정희 대통령에 대해 높이 평가하는 부분이 분명 있다. 전두환, 노태우 전 대통령이 개인적인 치부를 위해 착복한 자금은 아직까지도 국고로 환수되지 않고 있다. 그에 반해 박정희 대통령은 사후에도 치부의 흔적이 발견되지 않았다. 장기 집권한 독재자가 개인적인 치부를 하지 않은 경우는 세계사에서도 유례를 찾아보기 어렵다.

박정희 대통령은 정치적으로 보자면 독재자가 분명하지만, 조국 근대화에 끼친 공적만큼은 높이 평가받아 마땅하다. 경제 문제에 진력하느라 민주화를 억누르는 결과를 낳았던 것은 박정희 대통령의 가장 큰 과실이라 할 수 있다. 극빈을 벗어던지지 못한 후진국에서 경제를 발전시키는 동시에 민주주의를 발전시키는 것이 과연 가능한 일이었는지를 생각해야 한다는 시각이 있다. 그 부분은 논란의 여지가 많은 문제이고, 오직 역사만이 판단할 문제라고 본다.

이명박은 21세기를 맞이한 이 시점에서 왜 새삼 박정희 대통령인가에 대해 꼼꼼하게 분석한 결과를 주변에 이야기한 적이 있다.

박정희 신드롬은 역대 집권자들의 무능과 부패에 실망한 국민들이 만들어 낸 향수라는 것이다. 국민들은 경제를 이끌어 갈 능력이 없는 대통령에게 국정을 맡겼을 경우 어떤 결과를 가져오는지 역대 정권을 거치며 똑똑히 보게 되었다. 더욱이 요즘 나라 경제를 보면서 더 한층 그런 사실을 뼈저리게 깨닫는 분위기다. 고 박정희 대통령에 대한 향수는 이런 바탕 위에서 출발한다. 독재로 인해 민주주의가 억압받던 그 당시를 생각하면 아이러니한 일이 아닐 수 없다. 그러나 한 가지 분명한 사실은 역대 어느 정권도 박정희 대통령보다 경제를 활성화시키지 못했고, 청렴결백하지도 않았다는 것이다.

지금은 국가 지도자의 능력이 경제적 성과에 의해 평가받는 시대이다. 미국의 클린턴 전 대통령도 우여곡절이 많았지만 경제를 성공적으로 이끌어 호의적인 평가를 받았다. 비전과 능력이 있는 경제 대통령이 나와 침체에 빠진 경제를 활성화시킨다면 박정희 대통령에 대한 향수는 역사의 뒤안길로 사라지게 될 것이다.

존경하는 세계의 지도자들

　이명박은 기업에 몸담고 있는 동안, 국내 정치인뿐만 아니라 외국의 정치인, 경제인들을 많이 만났다. 정치에 관한 관심도 외국의 정치인들을 만나면서 더욱 높아졌다. 그들을 통해 이명박은 국제 사회의 역학 관계를 분명히 깨달았고, 세계 각국의 흐름을 더욱 정확히 꿸 수 있게 되었다.
　유명 정치인들과의 만남은 이명박이 세계 굴지의 회사인 현대의 CEO였기에 가능했다. 정부 차원에서 초청해도 오지 않던 인사들도 현대에서 주선하면 쉽게 응해 주었다. 정부의 도움으로 외국 정치인들을 초청해 기업 행사를 하던 때와는 상황이 완전히 역전된 셈이었다. 우리의 기업은 발전한 반면 정치는 낙후되었다는 것을 말해 주는 예였다.
　한국에서는 고질적인 정경 유착 때문에 기업인과 정치인의 만남 자체를 색안경을 끼고 보는 일이 많다.
　하지만 다른 나라들은 어떠한가. 1980년대 후반부터 세계는 변했다. 개발도상국은 물론이고 선진국의 지도자들까지 앞 다투어 기업가들을 만나기 시작했다. 전에 없던 일이었다. 이명박은 세계를 무대로 뛰고 있었기에 변화의 흐름을 즉각 감지할 수 있었다.

1986년 우루과이라운드가 변화의 핵심 동인이었다. 당시 세계 경제 환경 변화에 민감했던 각국의 정치 지도자들은 다른 나라들보다 먼저 경제 지도자들을 만나기 위해 애를 썼다. 동구권이 몰락하기 직전, 선진국 정치 지도자들은 이미 이데올로기 시대는 막을 내리고 경제적 각축전의 시대가 도래했음을 알아차렸다.

그 당시에 이명박 역시 외국의 정치 지도자들을 많이 만났다. 영국의 대처 수상, 싱가포르의 리콴유 총리, 말레이시아의 마하타르 총리, 인도네시아의 수하르토 대통령, 그리고 이명박이 정계에 입문하는 데 많은 영향을 준 고르바초프 등을 차례로 만났다.

이명박은 세계의 정치 지도자들을 만나면서 많은 생각을 했다. 경제가 발전하고 사회가 안정된 나라에서는 정치 지도자들의 비중이 그리 크지 않다. 그러나 중진국 진입을 목전에 두고 있으나 신흥 공업국을 지향하는 경우, 그들의 역할은 거의 절대적이라 할 만큼 중요하다. 나라의 운명이 정치 지도자의 두 손에 달려 있다고 해도 과언이 아니다. 그런 점에서 보자면 한국도 결코 예외일 수 없었다.

싱가포르는 말레이시아로부터 독립할 당시만 해도 무질서와 혼란으로 한 치 앞을 내다보기 어려운 실정이었다. 국민의 대다수를 차지하는 화교들은 도박과 폭력 등 수단과 방법을 가리지 않고 재산을 모았고, 공직 사회의 부정부패는 말할 수 없을 정도로 심각할 지경이었다.

이때 싱가포르의 지도자 리콴유 총리는 이중 전략을 구사했다. 경제는 철저한 자본주의 체계로 가되 정치는 개발 독재로 갔다. 박정희 대통령을 철저히 벤치마킹한 것이다. 정치를 안정시킨 그는 강력한 경제 성장 정책을 펴 싱가포르를 반듯한 선진국의 반열에 올렸다.

기나긴 세월, 철의 장막을 드리웠던 중국도 개방에 가속도를 붙이고 있었다. 중국의 성장은 실로 비약적이라 할 만큼 속도감이 느껴졌다. 덩샤오핑의 실용주의 노선이 잠자는 용을 깨워 비상하게 만들었다.

고르바초프는 러시아의 미래뿐만 아니라 인류 역사의 방향을 바꿔 놓은 위대한 지도자였다. 이명박은 고르바초프를 만나면서 한 정치 지도자가 세계 역사에서 얼마만큼 중요한 역할을 하는지 절실히 깨달았다.

고르바초프는 냉전 시대가 종언을 고하는 데 결정적인 역할을 한 정치 지도자였다. 사회주의를 포기한 그의 결정은 실로 엄청난 변화를 몰고 왔다. 동구권이 연쇄적으로 사회주의 포기를 선언하고 자본주의 경제 체계로의 변화를 시도하기에 이른 것이다. 지각 변동에 비견할 수 있을 만큼 획기적인 그 변화의 중심에 고르바초프라는 정치인이 우뚝 서 있었다.

동서가 군비 경쟁을 벌이는 동안 동구권 국민들의 삶의 질은 갈수록 낙후되어 갔다. 고르바초프는 이데올로기나 체제보다는 삶의 질을 우선시했다. 만일 그 역시 이전의 지도자들처럼 체제 경쟁에서 승리하겠다는 오판을 내렸다면 결코 정책을 바꿀 수 없었을 것이다.

이 과정에서 세계 최고의 핵 기술과 우주 과학 기술을 보유한 소련은 역사의 뒤안길로 사라지게 되었다. 그러나 이명박은 소련이 붕괴되었다고 보지 않는다. 그것은 고르바초프의 위대한 선택이었을 뿐이라고 생각한다.

이명박은 세계 여러 나라의 뛰어난 정치 지도자를 직접 만나면서 정치인의 역할이 어떠해야 하는지 체득했다. 세계가 변화를 모색하며 달려가는 이때, 이명박의 눈에 한국의 정치 현실은 그야말로 암담한 상황의 연속이었다.

세계의 지도자들은 자국의 경제 발전을 위해 노심초사하는데, 유독 한국의 정치인들은 여전히 혼란의 와중에 빠져 있었다. 때는 1990년대 초였고, 노태우 정권은 전혀 사태를 파악하지 못하고 있었다. 그들은 분출되는 노동계의 요구를 단순한 사건으로 보고 있었다. 경제 구조를 변화시켜야 해결할 수 있는 문제를 단지 일회적인 사건으로 바라보는 그들이 참으로 한심하게 느껴졌다.

민주화를 내세운 김대중, 노무현 정부 역시 박물관에나 전시되어야 할 사회주의적 사고에 얽매여 있었다. 정치권은 30년 전이나 다름없는 극심한 정쟁에 휩싸여 앞날을 내다보지 못했다. 세계의 시계는 한낮을 가리키는데, 대한민국의 시계는 캄캄한 밤중을 가리키고 있었던 것이다.

이명박은 기업이 아닌 다른 분야에서 사회에 기여할 수 있는 방법을 모색했고, 정치야말로 큰 사회 봉사가 될 수 있을 것이라는 생각을 굳혔다. 전문 경영인으로서 자신이 이루어 낸 성공 못지않게 정치인으로서도 커다란 꿈을 이루어 내고 싶었던 것이다.

21세기는 3F 시대

　　사회학자들은 지금의 21세기를 한마디로 줄여서 3F 시대라고 말한다. 여성(Female), 감성(Feeling), 가상(Fiction)의 머리글자를 딴 것이다. 많은 경제 연구 기관들은 한국이 선진국에 진입할 수 있는지의 여부는 여성 인력을 어떻게 활용하는가에 달려 있다고 조언한다.

　　실제로 연구 기관의 통계를 보면 국내 정보 통신(IT) 기업 직원 10명 중 4명이 여성 인력이다. 일반 대기업의 여성 인력 비율이 12.7퍼센트인 것과 비교하면 매우 높은 수치다. 이는 인터넷 등 IT 분야가 여성 특유의 꼼꼼함과 섬세함을 요구하는 데다 학연과 지연으로 얽힌 일반 기업과 달리 능력 위주로 평가하기 때문인 것으로 보인다.

　　이명박은 서울시장 재직 시절에 한 여성 단체가 내놓은 성명을 접하고 가슴이 몹시 답답했다. 성명의 제목은 '이명박 시장은 우리나라 여성 발전의 걸림돌'이라는 내용이었다.

이 단체가 이런 성명을 낸 데는 이유가 있었다. 이명박이 서울시장이 된 직후인 2002년 말, 서울시의 직제를 개편하면서 여성 정책관을 없애 버린 때문이었다. 그러나 그것은 해당 여성 단체에서 내용을 잘못 알아 빚어진 오해였다.

서울시 여성 정책관을 없애는 대신 같은 직급의 여성 복지 향상 정책 보좌관을 시장 직속으로 신설하고, 보건복지국을 복지여성국으로 강화해 여성을 신임 국장으로 임명했다. 실질적인 내용을 뜯어보면 오히려 여성 공무원의 지위를 향상시킨 조치였다. 여성 단체는 사실 관계를 모른 채 격하게 반발했던 것이다.

그 후 여성 단체에서 이명박을 찾아와 오해였다는 점을 해명하고, 오히려 감사의 표시를 전한 일이 있었다. 45,000여 명에 달하는 서울시 공무원의 인사를 담당하는 인사행정과장에 사상 처음으로 여성을 발탁했기 때문이기도 했다. 이렇게 되자 이번에는 여성 단체를 겨냥한 인사라는 비판조의 말들이 있었지만 실제로는 그렇지 않았다. 해당 과장은 그만한 능력이 있었기에 그 자리에 발탁한 것이었다. 이명박은 서울시의 고질적인 인사 청탁을 뿌리 뽑으려면 여성 공무원이 적임이라 생각했고, 이를 단행했던 것뿐이었다.

이명박은 현대에 있을 때 외국의 많은 고위직 공무원들을 만날 수 있었다. 그 가운데 지금도 가장 인상적으로 기억하는 인물은 미국 샌프란시스코의 다이앤 파인스타인이라는 여성 시장이었다. 그녀는 재직 시절 항상 차 트렁크에 소방복을 싣고 다녔다.

"불이 나면 바로 달려가야죠. 화재 현장에서 저는 시장이 아니라 소방서장의 보좌관입니다. 소방서장이 다른 협조가 필요하다면 제가 옆에서 부지런히 거들어야죠."

파인스타인 시장으로부터 그 말을 들은 이명박은 진정으로 탄복해 마지않았다. 적어도 시장의 자세가 그 정도는 되어야 마땅하다고 생각했다. 그 후 그녀는 연방 상원의원이 되었다. 이명박은 상원의원이 된 그녀가 국가와 국민을 위해 어떤 봉사를 하고 있을지, 만나지 않아도 충분히 상상이 갔다.

여담이지만 이명박은 어렸을 때 여자에 대한 막연한 콤플렉스를 가지고 있었다. 그런데 하필 어머니는 같은 동네 여자 고등학교 입구에서 뻥튀기 장사를 시켰다. 여학생들이 군것질을 좋아하니 장사가 잘될 것이라는 판단 때문이었다.

당시 이명박은 야간 고등학교를 다니고 있었다. 이명박은 어머니가 시키는 대로 새벽같이 여자 고등학교 앞으로 뻥튀기 기구를 끌고 가 장사를 준비했다. 장사 첫날이었다. 밝아 오고 여학생들이 우르르 등교를 시작하자 자신도 모르게 얼굴이 화끈 달아올랐다. 야간 고등학교 학생이 낡은 교복을 입고 뻥튀기를 팔고 있으니 여간 창피하고 부끄러운 것이 아니었다. 여학생들이 하나같이 힐끗거리며 쳐다보는 것 같았다.

뻥튀기를 어떻게 팔았는지 모르게 첫날을 보낸 뒤, 이튿날부터는 여학생들의 등교 시간을 피해 장사를 했다. 그러니 장사가 순조롭게 될 리 없었다.

이명박은 고민하다 못해 머리를 썼다.

'그래, 여자애들하고 눈이 마주치지 않도록 챙이 넓은 밀짚

모자를 써야겠어. 그러면 덜 창피하겠지.'

이명박은 여학생이 다가오면 밀짚모자를 푹 눌러썼다가 지나가고 나면 얼른 모자를 벗었다. 그러다가 하루는 날씨가 추운데도 밀짚모자를 썼다 벗었다 하는 모습을 어머니에게 들키고 말았다. 이명박을 엄하게 야단치고 난 어머니는 아들의 두 눈을 똑바로 바라보며 말했다.

"고개를 똑바로 들어라. 물건을 파는 사람은 사는 사람과 항상 눈을 마주쳐야 해. 알겠니?"

어머니의 말은 부끄러워하지 말고 당당하게 일하라는 것이었다. 눈을 마주쳐야 물건을 사는 상대방의 심리를 알 수 있고, 그래야 장사도 잘할 수 있다는 뜻이었다.

변변히 배우지도 못한 어머니의 말이었지만, 그때의 그 말은 이명박의 가슴에 대못처럼 강하게 박혔다. 대기업 회장이 되었을 때도 그는 그 말을 기억하고 실천했을 만큼 인생의 소중한 교훈으로 삼았다.

제2장

홀로 서는 삶의 철학

이명박은 머슴 의식을 강조한다. 너나없이 모두 주인 의식만 가지면 일을 할 사람이 없다는 것이다. 더욱이 공직자는 머슴처럼 주인인 국민을 위해 일하고 국민을 섬겨야 한다고 말한다. 그리고 이명박은 "공짜를 바라면 공짜 인생을 산다"는 어릴 적 어머님의 가르침을 잊지 않고 있다. 남에게 신세 지는 버릇을 버리지 않고서는 절대로 홀로 서기를 할 수 없다는 것이 그가 굳게 믿고 있는 삶의 철학이다.

이명박이 본 기업 총수들

이명박은 현대그룹에 몸담을 당시부터 국내외의 많은 기업 총수들을 가까이서 지켜보았다.

이명박이 30대에 현대건설의 이사가 되고, 40대에 사장에 오르자 이곳저곳에서 그를 스카우트하려는 손길을 내밀기도 했다. 현대건설의 규모가 커지자 그를 영입하려는 제안은 더욱 많아졌다. 심지어 외국 유명 기업도 그에게 함께 일하자는 제의를 했다.

하지만 이명박은 그런 모든 유혹의 손길을 딱 잘랐다.

그가 스카우트 손길을 뿌리친 가장 큰 이유는 자신을 키워 준 정주영 회장에 대한 고마움 때문이었다. 그는 자신의 성공을 혼자서 이루어 낸 것이라고 생각하지 않았다.

그는 정주영 회장을 아버지처럼 생각했다. 정주영 회장은 가끔씩 술자리에서 주변 사람들에게 이명박을 가리켜 '나를 가장 닮은 사람'이라고 말했다. 그는 정주영 회장이 그 말을 해주었을 때가 가장 기뻤다.

　이명박은 정주영 회장을 대신해서 대기업 총수들을 자주 만날 수 있었다. 그중에는 이병철 삼성그룹 회장도 있었고, 김우중 대우그룹 회장도 있었다. 모두 한국 경제 발전에 크게 기여한 사람들이었다.

　이명박은 경영인으로서 기업 총수에 대해 나름대로의 평가를 하고 있었다.

　언젠가 필자는 그에게 "기업 총수들을 평가해 달라"고 한 적이 있다. 그는 정주영, 이병철, 김우중 회장에 대해 평소 자신이 가지고 있던 생각을 말했다.

　그는 정주영 회장에 대해서는 '창조적 경영인'이라는 말로 표현했다. 정주영 회장은 단 한시도 가만히 앉아 있지를 못하는 성격이었다. 무언가 새로운 일을 추진하고, 그 일을 이루어 내는 것에 몰두했다. 성공과 실패의 결과는 그 다음 문제였다. 정주영 회장은 어떤 일을 시작하면 반드시 끝을 보아야 직성이 풀리는 성격이었다. 때문에 그 같은 정주영 회장의 경영 마인드를 이해하지 못하는 회사의 중역들은 어쩔 수 없이 뒤로 물러나야 했다.

　이명박은 삼성그룹을 창업한 이병철 회장에 대해서는 '철저한 이성을 가진 경영인'이라고 평했다. 이병철 회장은 삼성그룹을 한국 최고의 기업으로 우뚝 세우면서 많은 우여곡절을 겪었지만, 조금도 흔들리지 않는 사람이었다. 또 사업을 추진하는 과정에서도 앞뒤를 재고, 수지 분석을 정확하게 한 뒤에 추진했다. 사업성이 확실하지 않으면 절대로 먼저 뛰어들지 않는 경영인이었다. 이명박은 그런 이병철 회장의 CEO 정신이 오늘날 삼성을 만들어 낸 원동력이었다고 보았다.

김우중 대우그룹 회장에 대해서는 '대중형 경영인'이라고 표현했다. 왜 그가 그런 표현을 했는지는 자세히 설명하지 않았다. 하지만 필자가 생각하기에 이명박이 김우중 회장을 그렇게 표현한 이유는 그가 기업 경영보다는 대중들에게 널리 알려지는 일에 치중한 때문이 아닌가 생각했다.

이명박은 기업 경영인이 가져야 할 기본은 도전 정신과 철저한 이익 추구라고 생각했다. 기업인이 경영을 하는 것 이외의 다른 쪽에 신경을 쓰게 되면 기업이 위험에 처할 수 있다고 믿었다.

덕을 쌓아야 만물을 이끈다

이명박은 대통령 선거가 한창 뜨거울 무렵 자신이 살아야 할 집만 빼고 전재산을 사회에 환원하겠다고 말했다. 이러자 정치권에서는 선거용이라느니, 매표 행위라느니 말들이 많았다. 하지만 이는 선거를 의식해서 한 말은 아니었다.

이명박이 정치에 입문한 후 주변에서는 그에게 재산을 사회에 환원하라는 얘기가 많았다. 그때마다 이명박은 재산을 사회에 환원하는 것은 그만한 이유가 있을 때 가능하다고 말했다. 그는 자신의 재산이 국가와 사회를 위해 필요하다고 판단되면 언제라도 환원할 수 있다는 생각을 가지고 있었다. 그러나 그것이 정치적으로 이용되거나 다른 이유에 의해 이루어지는 것은 바람직하지 않다는 생각을 갖고 있었다.

이명박이 이런 생각을 가진 가장 큰 이유는 자신의 재산 중 단 한푼도 부당하게 축재된 것이 없었기 때문이었다. 현대그룹에서 30년 동안 몸담으면서 정당하게 월급을 받고, 기업 발전에 크게 공헌한 평가를 받아 당당하게 얻은 피와 땀의 결정체였다. 권력을 앞세워 부정하게 재산을 축재한 부패 정치인의 시각에서 보면 이명박의 많은 재산이 올바르게 보일 리 만무했다.

이명박이 현대건설에 몸담고 있었을 때, 사람들은 그에게 자주 이런 질문을 하곤 했다.

"정주영 회장은 어찌 그리 많은 돈을 벌 수 있었나요? 줄곧 그와 함께해 잘 아실 테니 돈 버는 비결 좀 말씀해 주세요."

그러나 아무리 이명박이지만 정주영 회장이 어떻게 그 많은 돈을 벌 수 있었는지 그 비결은 알지 못한다. 다만 정주영 회장은 단 한 번도 돈을 벌기 위해 일한 적이 없었다는 것만을 알 뿐이다. 이명박은 정주영 회장과 함께 일을 해 오는 동안 '장사는 돈을 버는 게 아니라 사람을 버는 것이고, 재물은 돌고 도는 것'이라는 사실을 배웠다.

이명박은 언젠가 강연을 통해 이런 이야기를 한 적이 있다.

"맹목적으로 돈만 좇는 사람은 절대로 큰돈을 벌지는 못합니다."

그는 이에 관해 '후덕재물(厚德載物)'이라고 했다. 〈주역〉에 나오는 이 말은 '덕을 쌓아 만물을 자애롭게 이끌어 나간다'는 것으로, 신용을 얻다 보면 돈은 저절로 쌓인다는 뜻으로 풀이할 수 있다. 현대그룹이 성공한 것도 신용을 중요시하고 최선을 다해 일한 결과이지, 돈만 좇아 운 좋게 성공한 것은 결코 아니었다.

이명박은 공직자 재산 등록법에 따라 도합 세 차례에 걸쳐 재산을 공개했다. 서울시장이 되어 공개한 재산 내역은 모두

169억 원이었다. 그런데 이를 두고 정치권에서 말이 많았다. 그 중에는 '재산이 너무 많은 것 아니냐?'며 은근히 시샘하는 사람도 있었다.

그러나 이명박의 재산 내역을 자세히 살펴보면 부정한 방법으로 모은 게 아니라는 것이 객관적으로 나타난다. 그의 주요 재산 목록은 집과 서초동에 있는 빌딩, 그리고 현대그룹 재직 시절 회사 측이 준 주식이 전부다. 사실 자택이나 서초동 빌딩은 정주영 회장이 현대건설을 키운 대가로 그에게 3,000주 정도의 '공로주'를 준 것이었다. 그것도 이명박이 원해서 얻은 것이 아니라 정주영 회장이 반강제로 떠맡기다시피 해서 받은 것이었다. 그랬던 것이 세월이 흘러 값어치가 크게 오르는 바람에 재산이 불어나게 된 것이다.

이명박은 기업인으로 돈을 벌려면 몇 가지 자질을 갖춰야 한다고 강조한다.

첫째는 고객에게 친절하고, 고객의 요구에 맞추어 문제를 해결하는 능력을 가져야 한다는 점이다. 이를 위해서 기업인은 항상 시간을 자기 것으로 만들어야 한다. 다시 말해 시간을 능동적으로 활용하는 자세가 필요하다는 것이다. 기업의 규모가 점점 커질수록 기업인의 활동 영역은 세계를 무대로 하는데, 수동적으로 시간에 끌려 다닌다면 결코 성공을 이룰 수 없기 때문이다.

실제로 이명박은 현대건설 회장으로 일할 때 세계 곳곳에 흩어져 있는 주재원들과 밤낮을 가리지 않고 직접 통화를 했다. 속도 경쟁에서 밀리지 않기 위해서였다. 그런데 국제 전화를 하다 보면 해외 현지 시각은 낮 시간이지만 서울은 밤인 경우가 많았다. 그럼에도 반드시 통화를 강행한 것은 밤새 다른 기업들이 신속하게 의사 결정을 해 버리면 기회를 놓칠 수도 있다는 생각 때문이었다.

처음에는 잠결에 전화를 받다 보니 대화가 잘 되지도 않았다. 그래서 이명박은 밤중에 전화를 받아도 마치 낮에 받는 것처럼 연습했다. 어찌 보면 중소기업에 불과했던 현대건설을 굴지의 대기업으로 성장케 한 비결이었다.

이명박은 강연에서 또 이런 말을 털어놓았다.

"기업인은 깨끗하게 돈을 벌겠다는 '청부정신(淸富精神)'을 가져야 합니다."

이명박은 어린 시절부터 해보지 않은 일이 드물 정도였다. 요즘 말하는 '3D 업종'의 일도 가리지 않고 했다. 그렇게 남들이 천하다고 손가락질하는 궂은 일을 하면서도 단 한 번도 부정한 방법으로 부자가 되겠다는 생각을 해본 적이 없었다. 수단과 방법을 가리지 않고 부자가 되는 것보다는 가난할지언정 깨끗한 삶이 더 떳떳하다고 여겼다. 그것은 그의 양심과 자존심에 관계되는 문제이기도 했다.

그러나 정당한 노력을 통해 모은 '청부(淸富)'는 사회적으로 존경을 받을 대상이지, 결코 비난의 대상이 되어서는 안 된다는 입장을 견지해 오고 있다.

사실 우리 사회는 예로부터 '사농공상(士農工商)'의 관습 때문에 상인이 돈을 벌어 부자가 되어도 가난한 양반보다 존경받지 못했다. 산업 사회로 접어들면서 부동산 투기 등으로 일확

천금을 번 졸부들이 생기고, 부정한 방법으로 치부한 사람이 많아지면서 열심히 일해 돈을 번 사람들까지 곱지 않은 눈길을 받고 있다. 재산이 많은 사람은 무조건 비난의 대상이 되고, 재산이 적은 공직자라고 청렴하다는 평가를 받는 것은 바람직한 시각이라 볼 수 없다.

이명박은 부정부패나 부동산 투기로 돈을 모았다면 당연히 비판받아 마땅하다고 생각하지만, 당당한 방법으로 돈을 모은 것까지 곱지 않은 시선을 받는 건 옳지 않다는 입장이다. 열심히 일해서 정직하게 세금을 내고 부자가 된 사람들이 지탄의 대상이 된다면, 그것은 자본주의 시장경제 원리에도 맞지 않을 뿐더러 우리 사회의 건강성을 해치는 원인이 될 수도 있기 때문이다. 이명박은 한국 사회에서 부자에 대한 불신이 팽배해 있는 것은 부정부패로 번 돈을 은닉할 수 있는 법적·제도적 허점이 너무 많기 때문이라고 생각한다. 따라서 부정하게 번 돈이라면 끝까지 찾아내어 제자리로 돌려놓아야 마땅하다는 생각이다. 그러나 이러한 작업은 반드시 법과 제도와 원칙에 의해 바로잡혀야 한다고 본다.

그는 우리 사회 풍토에서 청빈한 사람의 삶이 존중받듯이 정당하게 돈을 벌어 부자가 된 사람도 존경받아 마땅하다고 생각한다. 어릴 적 가난하게 자란 이명박은 누구보다 부자가 되고 싶은 야망이 컸고, 그래서 직업의 귀천을 가리지 않고 열심히 일했다. 이명박의 어머니는 '돈은 정당하게 벌어야 한다'는 것을 몸소 가르쳤다. 먹을 것이 없어 배를 굶주릴 만큼 가난했지만 대가 없이 밥을 얻어먹지 못하게 했다. 가난하더라도 남을 위해 기꺼이 봉사하라고 가르쳤고, 이를 스스로 실천해 보였다. 그러한 어머니의 모습을 지켜보면서 이명박은 가난을 극복하려면 피눈물 나게 열심히 일해야 한다는 생각을 한순간도 잊어 본 적이 없다. 물론 그것은 정당한 방법이어야 한다는 것도 배웠다.

이명박은 기성 세대와 사회 지도층은 정당한 부의 축적, 만인의 사표가 되는 스승상, 존경받는 지도자상이 무엇인지 자라나는 세대들에게 기준점을 세워 주어야 한다고 믿는다. 부자를 무조건 나쁜 사람으로 매도하는 것은 무원칙한 사회를 만들 우려가 높기 때문이다. 이명박은 우리나라가 선진국 시대를 열지 못하는 가장 큰 원인으로 '윤리 의식 부재'를 지적한다. 윤리 의식은 지도자들이 솔선수범할 때 비로소 사회 저변으로 깊숙히 전파될 수 있다. 경제의 민주화가 선진화를 이루는 첩경이라면, 높은 윤리 의식은 사회의 건전성을 재는 척도라고 그는 확신한다.

선진국에서는 부자들이 사랑받고 존경받는다. 부자들을 냉소적으로 바라보는 사회는 진정한 의미에서 자본주의 사회라 할 수 없다. 부자들이 비난받는 사회에서는 높은 성취욕을 기대할 수 없을 뿐더러 자칫 패배주의로 흐를 위험성이 크다.

이명박은 또 이런 생각도 한다.

물이 높은 곳에서 낮은 곳으로 흐르듯 돈 역시 그런 순리대로 흘러가는 것이 가장 바람직하다. 그렇게 되어야 가난하고 소외받는 이웃들에게도 살 맛과 희망이 생길 것이 아닌가?

속도는 성공의 제1법칙

　이명박이 현대건설에 몸담았던 시절이었다. 현대건설이 사우디아라비아에서 공사를 대거 수주하자 미국과 일본 건설 업체들의 불만이 높았다. 특히 현대건설이 저가로 입찰에 참여한 부분을 물고 늘어지는 사례가 많았다. 자신들의 입장으로 도저히 납득할 수 없는 가격으로 덤핑을 친다는 불만이었던 것이다.

　그중에서 가장 큰 이슈는 공기(工期)였다. 현대건설이 가격을 낮출 수 있었던 가장 큰 요인은 공사 기간의 단축이었다. 공기를 단축하면 그만큼 비용이 줄어드는 것이 당연했다. 특히 중동 건설 현장은 불볕 더위로 인해 공사 환경이 열악했기에 공기를 단축할수록 인건비 등 비용을 크게 절감할 수 있었다. 공기를 단축시켜 공사비를 줄일 수 있으니 따라서 입찰 금액도 낮출 수 있었던 것이다. 공사를 맡기는 측에서도 공사를 빨리 끝낼 수 있으니 당연히 현대건설을 선호하게 마련이었.

　하지만 외국 경쟁사들은 이를 이해하지 못했다. 어떻게 공기를 막무가내식으로 줄일 수 있느냐는 것이었다. 심지어 이를 트집 잡아 '부실 공사'라는 비난도 서슴지 않았다.

하지만 이명박은 그들의 주장이야말로 억지라 생각했다. 경험에 비춰 보자면 공사판을 벌여 놓고 마냥 시간만 허비할수록 오히려 하자가 더 생겨나기 때문이었다. 한 예로, 건축물을 올리다가 시간을 지체해 자칫 중간에 폭우나 태풍이라도 만나게 되면 시멘트가 모두 녹아내려 이를 다시 채워야 하는 일도 생긴다. 그렇게 되면 비용과 시간과 인력이 추가로 소요될 수밖에 없다. 따라서 공기를 단축하면 발주자나 시공자 모두에게 이익을 가져오는 것이다.

이명박은 청계천 복원 사업에서도 이를 그대로 적용했다. 당초 청계천 사업에 착수하면서 가장 문제가 된 부분이 공기였다. 많은 전문가들은 최소한 5년 이상이 소요되어 임기 중에 완공하기 어려울 것으로 분석했다.

이명박은 자신이 중동 건설 현장에서 썼던 공사 분할법을 청계천 복원 공사에 그대로 적용했다. 공사 분할법이란 공사 구간을 난이도에 따라 A, B, C 3등급으로 나눈 뒤 등급별로 적절한 기술력을 가진 시공 업체에 맡기고, 일정 시점에 실적을 상호 평가하는 방법이었다. 특히 난이도가 높은 공사 구간의 경우, 기술력이 높은 경쟁 업체를 바로 이웃 구간에 투입해 실적을 매달 비교 평가할 수 있도록 함으로써 보이지 않는 경쟁을 유도했다. 그 하나로, 비교적 공사 난이도가 높았던 청계 3가에서 청계 5가에 이르는 구간을 기술력이 뛰어난 대림산업과 현대건설에 맡겨 매월 두 업체의 공사 실적을 비교하도록 했다.

그 결과 두 업체는 선의의 경쟁 의식을 가지고 서로 공기를 맞추려고 갖은 노력을 다 기울이게 되었다. 결국 공사는 매우 순조롭게 이루어졌다.

이명박은 특정 업체의 공사 실적이 부진하다고 판단되면, 만사를 제쳐 두고 해당 업체의 공사 책임자와 현장 근로자를 서울시로 초청했다. 시청 구내 식당에서 저녁을 함께 먹으면서 근로자들의 애로 사항을 직접 듣고 왜 공사 실적이 부진한지 파악한 것이다.

서울시장이 직접 근로자들과 대화를 통해 문제점을 찾고 이를 개선하려는 모습을 보이자, 해당 업체도 바짝 긴장하지 않을 수 없었다. 더욱이 비슷한 공사 구간을 맡은 경쟁 업체의 실적이 앞선다는 객관적인 평가를 근거로 조목조목 문제점을 밝혀내는 시장의 식견에 업체 관계자들은 혀를 내둘렀다. 이후 업체들은 기를 쓰고 공사에 만전을 기할 수밖에 없었다.

서비스 정신과 머슴 의식

　　이명박은 평소 '머슴 의식'을 강조한다. 그는 대통령에 당선된 후 '국민을 섬기겠다'고 약속했다. 흔히 이 말을 '의례적인 표현일 것'이라고 받아들이기 쉽다. 하지만 필자는 그것이 그의 진심이고, 그가 대통령 임기 동안 그대로 실천하리라 확신한다.

　　그는 서울시장이 되었을 때도 그렇게 말했다. 그는 취임식장에서 공무원들에게 한 첫 일성으로 "서울 시민을 위한 봉사자가 돼라"고 했다.

　　그는 기업에 몸담았을 때부터 공무원들과 많이 접촉했다. 그런 과정에서 가장 안타깝게 생각했던 부분이 있다. 즉 많은 공무원들이 국민 위에 군림하려 한다는 사실이었다. 공무원은 국민을 위한 행정 서비스맨이라는 인식을 가져야 국가가 바로 서고 국민들도 편안해지는 것이다.

　　언젠가 그는 평소 친하게 지내던 중소기업 경영인이 직원들에게 '주인 의식을 갖자'고 부르짖자 이렇게 충고했다.

"여보게, 세상에서 성공하려면 주인 의식보다 머슴 의식이 더 중요하다네."

너나없이 모두 주인 의식만 가지면 일을 할 사람이 없다는 것이 그의 지론이다. 이명박이 현대건설 사장을 지낼 때 계열사로 출범한 현대자동차의 사장을 겸직한 적이 있었다. 당시 그는 40대 나이로 현대자동차 사장을 맡아 세상을 깜짝 놀라게 했다. 당연히 회사 안팎에서 이명박의 일거수일투족에 관심이 쏠렸다.

이명박은 현대자동차 사장으로 발령을 받은 후, 한동안 오전 내내 사장실에서 모습을 감추었다. 외부 사람들을 만나거나 다른 일 때문이 아니었다.

그러던 어느 날 느닷없이 정주영 회장이 이명박을 찾았다. 사장 비서가 "아직 나오지 않으셨습니다"라고 보고하자, 정주영 회장은 "사장이 사무실을 비우면 어떡하느냐? 당장 이 사장을 찾아와"라고 불호령을 내렸다. 정주영 회장이 노발대발하자 직원들은 이명박을 찾느라 난리법석을 떨었다. 정작 이명박은 원효로에 있는 현대자동차 정비 공장에 있었다. 비단 이날뿐만이 아니었다. 그는 사장 임명을 받은 날부터 매일 아침 그곳으로 먼저 출근했다.

수소문 끝에 이명박의 소재를 파악한 직원들은 깜짝 놀랐다. 그가 기름때에 전 작업복을 입은 채 포니의 부품을 일일이 뜯어내어 이름을 외우고 기름칠을 하고 있었던 것이다. 그 일에 너무 몰입하고 있어 직원들은 차마 정주영 회장이 찾고 있다는 보고를 할 수 없었다.

　이 사실은 그대로 정주영 회장에게 보고되었다. 보고를 받은 정주영 회장은 불같이 화내던 얼굴 표정을 바꾸면서 빙그레 미소를 지었다. 그리고 직접 원효로 정비 공장으로 전화를 걸어 이명박에게 "아니 이 사람아, 사장이 무슨 기름복을 다 입냐"며 파안대소했다. 이 일화는 이명박의 평소 생각을 잘 엿볼 수 있는 대목이다. 정주영 회장 역시 주변 사람들에게 "내가 명박이를 좋아하지 않을 수 없는 이유가 바로 그런 점에 있다"고 털어놓기도 했다.

　이명박은 지금도 소리만 듣고도 차의 이상 여부를 알아차릴 수 있을 만큼 자동차 전문가 못지않은 식견을 갖고 있다. 실제로 타고 다니던 차의 엔진 소리를 듣고 운전 기사에게 "오늘 정비 공장에 차를 맡겨 오일을 교환하되 절반만 채우라"고 해 운전 기사를 놀라게 한 일도 있다.

　이명박은 공직자의 길로 들어선 이후 더욱 머슴 의식을 강조한다. 서울시장에 취임하여 서울시 공무원들에게 가장 먼저 당부한 말도 바로 "머슴 의식을 갖자"는 것이었다. 국민을 위해 일해야 하는 공무원이 주인처럼 군림한다면 나라 살림이나 시정이 제대로 이루어질 수 없다는 것이 그런 생각의 바탕이었다.

국회의원과 공짜 골프

이명박은 수도권 지역에 있는 골프 클럽의 회원권을 하나 가지고 있었다. 현대그룹 재직 시절에 갖게 된 골프장 회원권이지만 그곳을 찾은 적은 손가락으로 꼽을 정도였다. 그는 골프를 썩 즐기는 편은 아니어서 오랜 구력에 비해 실력이 썩 좋은 편은 못 되었다.

이명박이 정치에 입문한 뒤에 많은 동료 의원과 지인들이 골프를 치자고 청했다. 한번은 평소 친분이 있던 국회의원이 이명박에게 함께 골프를 치자고 제의를 했다. 이명박은 처음에는 완곡히 거절했지만, 여러 차례 청하는 바람에 마지못해 자신이 회원으로 있는 이 골프장에 부킹을 했다.

그런데 문제는 골프가 끝난 다음에 일어났다.

화기애애하게 라운딩을 마치고 비용을 계산하면서 이명박은 동료 국회의원들에게 각자의 비용을 따로 내자고 제안했다. 이른바 '더치페이(Dutch Pay)를 하자'는 것이었다. 당연히 이명박이 비용을 계산할 것이라 믿고 있던 동료 국회의원들은 적이 놀란 표정을 지었다.

이명박 역시 그 속을 모르지는 않았으나 딱 잘라 말했다.

"이제 정치인도 남의 신세를 지려는 타성을 버리고 각자의 비용은 스스로 계산하는 습관을 들여야 합니다. 정치판을 정화하자고 나선 우리가 아닙니까? 스스로 실천해야지요."

이명박이 웃으며 농담 반 진담 반으로 그렇게 말하자, 그들의 얼굴에 불쾌해하는 빛이 스쳤다. 그러나 동료 국회의원들은 체면도 있고 해서 어쩔 수 없이 그들 스스로 자기 몫을 계산했다. 그날 이후 동료 국회의원들은 두 번 다시 이명박에게 골프를 함께 치자고 청하지 않았다.

그런 일이 있은 후 국회의원들 사이에서 '이명박은 왕소금'이라는 소문이 나돌았다. 몇몇 국회의원들은 "이명박 의원은 짠돌이야", "베풀 줄을 모르는 사람이야"는 등의 비난을 흘렸다는 후문이다. 하지만 이명박은 정치인으로서 원칙에 위배되는 일은 하지 않을 결심이었다. 너무 계산적이라는 비난을 듣더라도 어쩔 수 없는 일이라 생각했다.

이명박은 "공짜를 바라면 공짜 인생을 산다"는 어릴 적 어머님의 가르침을 잊지 않고 있다. 남에게 신세 지는 버릇을 버리지 않고서는 절대로 홀로 서기를 할 수 없다는 것이 그가 굳게 믿고 있는 삶의 철학이다.

권력형 비리 사건의 원인들

왜 우리나라는 왜 정권이 바뀔 때마다 '권력형 비리 사건'이 끊이지 않고 발생하는가? 이른바 '게이트'라 지칭되는 권력형 비리가 터질 때마다 이명박은 그 원인에 대해 깊이 성찰하곤 했다. 그리하여 대통령이 된 지금, 그는 공직자의 도덕성을 무엇보다 강조하고 있다.

우리나라에서 게이트 사건이 꼬리를 무는 이유에 대해 그가 내린 결론은 각종 비리 사건의 모든 뿌리가 선거와 관련되어 있다는 것이다. 역대 정권의 후보마다 당선이 되기 위해 물불 가리지 않고 돈 선거를 치르다 보니 막대한 선거 자금이 들어가게 되고, 이것이 각종 이권과 연결되어 대형 비리 사건으로 이어지는 속성이 있었다.

이명박은 이런 이유 때문에 대통령 선거를 치르면서 '돈 안 드는 선거'를 슬로건으로 내걸었다. 그래서인지 그의 선거 운동 본부는 쪼들리는 살림살이를 해야 했다. 그는 복도를 지나치다가도 선거대책위원회에서 열심히 일하는 자원 봉사자를 만나면 괜스레 고개를 들 수가 없었다. 용돈이라도 조금 쥐어 주고 싶은 심정이었다. 평소 격의 없이 말을 나누는 한 국회의원이 우스갯소리로 "너무 짜게 선거를 치르는 게 아니냐?"고 말할 정도였다.

오래 전, 이명박이 정치에 입문할 당시에 주변에서는 엉뚱한 기대를 거는 사람이 많았다.

"저 사람은 돈이 많으니까 선거 때 많이 뿌릴 거야."

그러나 그것은 오판이었다. 이명박은 돈에 대해서는 남다른 생각을 가지고 있다. 그는 어린 시절부터 가난이 몸에 배었을 만큼 갖은 고생을 하며 자라 돈을 버는 일이 얼마나 고단하고 힘든지 누구보다 잘 알고 있다. 그렇기에 성공한 뒤에도 결코 돈을 함부로 쓰지 않았다.

힘들여 정직하게 돈을 번 사람일수록 어떻게 써야 할지 고심한 후에 돈을 쓴다. 반면에 돈을 쉽게 번 사람은 쓸 때도 큰 갈등 없이 마구 써 버린다. 이명박은 주변 사람들에게 토로하곤 한다. 그런 사람일수록 돈의 가치를 모르는 사람이라고.

돈에 대한 그의 철학이 구체적으로 나타난 예가 바로 선거 때였다. 서울시장 선거에 임하며 이명박은 돈을 쓰지 않는 선거를 하겠다고 선언했다. 실제로 그는 일부 불가피한 유급 직원을 제외한 나머지 대부분을 자원 봉사자로 채웠다. 선거 캠프에 몸담은 사람들이 꼭 필요한 곳에 비용을 지불했다면 반드시 영수증 처리를 하도록 했다. 그러자 애초 딴생각을 품고 몰려들었던 사람 가운데 상당수가 실망한 나머지 스스로 캠프를 떠났다. 그래도 이명박은 원칙을 고수했다. 하지만 그것은 기성 정치인들의 입장에서 보면 현실을 모르는, 말도 안 되는 원칙이었다.

당연히 내부에서 먼저 반발이 터져 나왔다. 선거 경험이 많은 참모들 중 일부는 이명박이 선언적 의미가 아니라 진짜로 돈을 주지 않자 속속 캠프를 이탈하기 시작했다. 시간이 갈수록 선거 캠프에는 위기감이 고조되었다. 그래도 이명박은 끝까지 원칙을 굽히지 않았다. 그러자 차츰 그 뜻에 동참하는 이들이 늘어 갔다. 그들은 자원 봉사로 선거 운동원이 되어 헌신적으로 도와 주었다. 돈 한푼 안 받고, 손을 내미는 대신 발로 뛰어 준 사람들. 이명박은 그들이 눈물겹도록 고마웠다.

선거가 막바지 상황에 이르렀을 때였다. 언론에서는 연일 우세, 열세와 같은 표현을 써 가며 당선 가능성에 대한 예측을 내놓았다. 이명박은 물론 선거 캠프 사람들은 언론의 예상 보도가 나올 때마다 입이 바짝바짝 타들어 갔다.

그러던 중 예기치 않은 사태가 벌어졌다. 선거를 일선에서 진두지휘하던 핵심 참모가 돌연 그만두겠다고 나온 것이다. 이명박은 속이 시커멓게 타들어 가는 듯했다. 직접 그를 만나 그만두려는 이유가 무엇이냐고 물었다. 그러자 그는 기다렸다는 듯 내뱉었다.

"돈을 써야 표가 움직입니다. 이기려면 어쩔 수 없습니다. 사방에서 총알 달라고 난리들입니다. 막판이니 제발 돈 좀 푸십시오."

그 참모는 "여러 차례 선거를 치러 봐서 잘 알고 있습니다. 지금이야말로 돈을 쓸 시점입니다"라며 거듭 이명박을 압박했다. 하지만 이명박은 그의 의견을 끝내 받아들이지 않았다.

화가 난 그는 급기야 선거 캠프를 떠났다. 떠나면서 "당신이 이기면 열 손가락에 장을 지지겠다"는 악담을 퍼부었다. 마침 선거일이 임박한 터여서 이명박은 더없이 곤혹스러웠다. 그래도 그를 붙잡지 않았다. 설령 선거에서 지는 한이 있더라도 스스로 원칙을 허물고 싶지 않았다. 선거 당일까지 그 신념은 이명박의 머릿속을 강하게 지배했다.

결과는 승리였다. 이명박은 감격했고, 자원 봉사자들과 어깨를 부둥켜안고 함께 뜨거운 눈물을 흘렸다. 돈 타령을 하며 떠난 참모는 선거가 끝난 뒤 한동안 이명박 앞에 나타나지 못했다. 한참 뒤에 사무실을 찾아와서는 자신의 판단이 틀렸다고 겸연쩍은 표정을 지었다. 이때 이명박은 그에게 말했다.

"아니오. 당신 생각은 과거에는 통했습니다. 하지만 지금은 시대가 바뀌었습니다. 국민의 의식이 달라졌는데 그것을 깨닫지 못한 것입니다."

최고의 경쟁력은 건강

필자는 언젠가 늦은 시간에 서초동 동아시아연구소를 방문했다가 이명박을 만난 적이 있다. 밤 10시가 넘은 시각이어서 직원들은 모두 퇴근하고 없는데, 그가 홀로 사무실을 지키고 있었다. 특별히 약속을 하고 찾은 것은 아니어서 그 역시 놀라는 한편 매우 반갑게 맞아 주었다.

그 시각부터 이런저런 세상 돌아가는 얘기를 나누다 보니 어느덧 새벽 3시가 넘고 있었다. 필자는 자신도 모르게 눈꺼풀이 무겁게 내려앉았고 잠이 쏟아졌다. 그런데 놀랍게도 그의 얼굴은 생생했다. 나이를 감안하면 분명 피곤해 보여야 정상일 텐데 자세 하나 흐트러짐 없이 꼿꼿했다.

"타고난 건강 체질이신가요?"

필자가 묻자, 그는 빙그레 웃으며 "건강을 지키는 것만큼 효율적인 투자는 없다"고 말했다.

건강한 신체는 활발한 사고와 노동력을 갖게 해 주는 원천이다. 건강을 잃었을 때 찾아오는 각종 질환과 거기에 수반되는 정신적 고통, 경제적 비용을 생각하면 건강을 지키는 것이 얼마나 값진 투자냐는 거였다.

필자가 생각하기에 그의 건강 비결은 성실성과 긍정적인 사고에서 비롯된 듯하다. 무슨 일이든, 한번 몰두하면 일을 마칠 때까지 좀처럼 자세를 흩뜨리지 않는 그였다. 그가 국회의원을 지낼 때, 한번은 그의 사무실로 20대의 건장한 지지자 10여 명이 찾아온 적이 있었다. 이명박은 화장실 가는 시간만 빼고 그들과 무려 5시간을 회의실에서 토론했다. 나중에는 찾아온 손님들이 지쳤는지 얼굴이 벌겋게 상기되어 돌아갔다. 하지만 이명박의 얼굴은 생생했다.

이명박은 바쁜 일정에 어떻게 지속적으로 운동을 하느냐는 질문에 이렇게 답변했다.

"바쁘기 때문에 오히려 건강 관리를 잘할 수 있어요. 시간이 많은 사람은 늘 시간이 있기 때문에 오히려 게을러지기 쉽습니다. 반면에 바쁜 사람은 바쁘기 때문에 더 부지런히 움직이고, 더 치밀하게 시간 관리를 하는 법이지요."

이명박은 아침 일찍 일어나 40분 정도 달리기를 하고 격주로 테니스를 친다. 이 습관은 오래된 것이라고 했다. 머리를 쓰는 만큼 육체도 써 줘야 서로 균형이 맞는다는 얘기도 했다. 언뜻 듣기에도 상당히 공감이 가는 이야기였다.

그는 또 모든 건강의 원천은 정신에 있다는 말도 했다. 마음이 건강하면 보약이 따로 필요없다는 얘기다. 그는 한 가지 예를 들었다.

"남을 미워하면 도리어 자신의 마음만 더 상하고, 건강까지 나빠지게 돼요. 반면에 매사를 긍정적으로 생각하면 미움도 없어지고 스트레스도 사라지는 겁니다."

한편 그는 건강을 단순히 개인 문제에 국한해 생각해서는 안 된다고 말한다. 다시 말해 국민의 소득 수준이나 환경 오염, 교육 수준 같은 사회적 요인과도 상관 관계가 있다고 지적했다. 따라서 먹고살기 힘든 소시민층일수록 그들의 건강을 우리 사회가 책임지고 해결해 가는 의료 체계를 갖추어야 마땅하다는 견해를 보였다.

Linux 창시자 토발즈와 만난 일

이명박을 가리켜 '개발지상주의자'로 말하는 사람이 더러 있다. 그가 1970년대와 1980년대에 한국 건설 산업을 이끈 현대건설의 CEO를 지냈고, 개발 시대의 상징인 경부고속도로를 만든 주역이니 그러한 선입견을 갖는 것은 어쩌면 당연한 일인지도 모른다.

하지만 필자는 그의 경제관을 단순히 '개발주의'로 규정하는 것은 잘못이라는 생각이다. 그는 경제 패러다임의 변화에 발맞추어 완벽하게 적응하고 대응하는 능력을 가진 '경제지상주의자'일 뿐이다.

그러한 예는 2002년 12월 초 그가 서울시장에 재직할 당시 리눅스 프로그램 창시자인 리누스 토발즈(Linus Torvalds)를 만난 자리에서 실감했다.

핀란드 출신인 토발즈는 IT 전문가들 사이에서 거의 신(神)적인 존재로 통한다. 마이크로소프트의 OS(운영 시스템 :

홀로 서는 삶의 철학 85

Operating System)에 대항해 만들어 낸 리눅스는 소스코드가 공개되어 있어 누구나 자신의 의지에 따라 프로그램을 만들어 낼 수 있다. 그가 개발해 낸 리눅스 프로그램은 응용 문제를 풀 수 있는 수학의 기본 공식과도 같은 것이었다.

당시 한국 젊은이들 사이에서도 20대 나이에 리눅스 프로그램을 개발해 낸 토발즈에 대한 관심은 매우 높았다. 특히나 토발즈는 소프트웨어 개발자들 사이에서는 우상과도 같은 존재였다. 그는 위대한 프로그램을 개발했지만 이를 돈벌이에 활용하지 않았다. 세계적인 IT 기업들이 그를 영입하기 위해 여러 차례 유혹의 손길을 뻗었으나 이를 뿌리치고 미국의 한 소프트웨어 개발 회사의 연구원으로 만족해 했다.

업그레이드된 제2, 제3의 리눅스 프로그램을 개발하려는 목표를 가진 그에게 돈을 앞세운 거대 기업의 유혹이 계속되었지만 그의 신념은 결코 흔들리지 않았다. 그는 돈 그 이상의 가치에 도전하는 젊은이였기 때문이다. 돈에 초연한 자세는 그의 명성을 더욱 높여 주는 계기가 되었다.

이명박이 처음 토발즈에 관심을 갖게 된 것은 우연히 그에 관한 신문 기사를 접하고 나서였다. 기사를 읽는 동안 이명박은 토발즈에 대해 더욱 많은 궁금증을 느끼게 되었고, 그가 어떤 인물인지 보다 자세히 알고 싶었다. 곧바로 서점으로 달려간 이명박은 토발즈와 관련된 책들을 모두 구입해 밤새도록 읽었다. 마침내 마지막 책장을 덮은 이명박은 조용히 눈을 감고 생각했다.

토발즈는 뛰어난 재능을 가진 젊은이였다. 그러나 그는 그

재능을 자기 혼자만의 것으로 누리지 않았다. 그는 자신의 재능을 온 인류와 함께 나누고자 했다. 이명박은 그의 열린 사고에 깊은 공감을 느꼈다.

이명박은 한국의 젊은이들도 토발즈와 같은 식의 사고를 갖는다면 얼마나 좋을까 생각했다. 이명박은 2000년을 전후해 한국에 밀어닥친 IT 바람이 결국 돈벌이를 위한 수단으로 전락해 가는 것 같아 내심 안타까운 생각을 갖고 있던 차였다. 새로운 기술과 가치를 창조한다는 것은 그 자체로만도 매우 아름다운 일임이 분명했다.

토발즈의 열린 사고에 깊은 감화를 받은 이명박은 그를 직접 만나 대화를 나누고 싶었다. 그러던 차에 2002년 12월 무렵, 때마침 토발즈가 한국을 방문하게 되어 자연스럽게 두 사람이 만났다.

토발즈의 한국 방문은 강승철 씨의 주선으로 이루어졌다. 토발즈와 두터운 친분을 가지고 있던 강씨가 그를 한국으로 초청하게 되었던 것이다. 강씨는 필자와 친구 사이이기도 하다. 강씨는 미국 UC 버클리 대학에 유학하면서 토발즈와 알게 되었는데, 그로 인해 평소 토발즈는 동방의 작은 나라인 한국에 대해 관심이 많았다.

토발즈는 한국을 방문하는 동안 신라호텔에서 이른바 토발즈 마니아들을 상대로 직접 강연회를 갖기도 했다. 이 강연회에는 전국에서 몰려든 프로그래머들과 인터넷 관계자들로 발 디딜 틈이 없었다. 그의 높은 인기를 실감할 수 있는 장면이었다.

필자가 강씨에게 "이명박 서울시장도 토발즈에 대해 관심이 많은 것 같더라"라는 귀띔을 전해 주어 이명박과 토발즈의 만남은 성사되었다.

서울시장실에서 이루어진 이명박과 토발즈의 만남은 2시간가량 진행되었다. 이명박은 두 사람이 만나는 자리에 서울시의 국장급 이상 간부들을 모두 참석하도록 했다. 서울시를 이끌어 나가는 지방 자치 단체 공무원이지만 세계 경제의 흐름을 이끌고 있는 IT 분야에 대해서 알 수 있는 좋은 기회라는 생각에서였다.

이명박은 통역 없이 토발즈와 직접 대화를 풀어 나갔다. 현대건설에 재직하던 시절부터 외국 거래선을 비롯한 숱한 비즈니스를 직접 성사시켜 온 만큼 영어에는 자신이 있었다. 이명박은 평소 토발즈에 대해 궁금했던 사항들을 기탄 없이 물었다. 그리고 리눅스 프로그램부터 향후 IT 분야의 발전 방향에 이르기까지 다양한 토론을 벌였다.

토발즈는 이명박의 거침 없는 질문과 IT 분야에 대한 폭넓은 식견에 사뭇 놀랍다는 표정을 지었다.

"토발즈 씨에 대해 궁금한 점이 정말 많았습니다. 그래서 나름대로 리눅스 프로그램과 IT 분야에 대한 공부를 따로 좀 했습니다."

토발즈는 환하게 웃으며 고개를 끄덕였다. 대화는 한층 열기를 띠었고, 두 사람은 오래 전부터 알고 지낸 사이처럼 화기애애하고 친밀한 분위기 속에서 토론을 진행했다.

이명박의 자세는 언제나 진지하다는 게 그를 잘 아는 사람들의 평이다. 누구를 만나든, 무슨 일을 하든 간에 사전 준비에 만전을 기한다. 심지어 고향 사람이 찾아와도 방문 목적이 무엇인지, 그 사람이 무슨 일을 하고 있는지 충실히 검토한 후 접견을 한다.

이명박과 토발즈 두 사람은 연령을 초월해 허심탄회한 대화를 나누었고, 서로에게 깊은 호감을 느꼈다. 토론을 마친 이명박이 토발즈에게 제안했다.

"이왕 한국을 방문해 주었으니 서울의 명예시민이 되어 주세요."

"저에게 명예시민이 될 자격이 있습니까?"

"서울시는 귀한 손님이 방문하면 명예시민으로 추대합니다. 한국의 월드컵 4강 신화를 이끈 거스 히딩크 감독도 명예시민이 되어 주셨습니다."

설명을 들은 토발즈는 크게 만족하며 감사를 표했다.

"그런 영광을 제게 주시니 감사합니다."

그런데 토발즈를 명예시민으로 추대하는 결정을 내린 뒤 서울시 내부에서는 약간의 소동이 벌어졌다. 외국인을 명예시민으로 추대하면 공식적으로 서울시 청사에 해당자의 모국 국기를 게양해야 하는데, 토발즈의 고국인 핀란드 국기를 급히 구할 수가 없었기 때문이었다.

우여곡절 끝에 무사히 공식 행사를 끝낸 뒤, 토발즈는 서울의 명예시민이 되는 영광을 안고 미국으로 돌아갔다. 인천국제공항에 배웅을 나온 사람에게 토발즈는 밝은 미소를 지으며 이런 말을 남겼다.

홀로 서는 삶의 철학 89

"메이어 리(이명박)를 한 번 더 만나고 싶습니다. 그분을 보니 한국의 지도자들이 얼마나 훌륭한 분들인지 알 수 있을 것 같았습니다."

이 일을 인연으로 강승철 씨는 한나라당 대통령 선거 본부 종합 상황실에서 일한 뒤, 나중에 대통령직 인수위원회에서 전문위원직을 수행했다.

녹색 혁명가와 환경 파괴자

이명박이 대통령에 당선된 뒤, 국책 사업으로 추진하려는 대운하 건설에 대해 찬반론이 비등하다. 반대론자들은 대운하 사업으로 환경이 파괴되고 국력을 낭비할 것이라고 주장하고 있다.

하지만 이명박은 대운하 사업이 반대론자들의 주장처럼 환경을 파괴하거나 국력을 낭비하는 문제의 계획이라는 지적에 동의하지 않는다. 그는 대운하 사업은 단순히 경제적인 측면을 고려해 추진하는 사업이 아니라는 점을 강조한다. 이 사업은 경제적인 부대효과뿐만 아니라 궁극적으로 환경을 살릴 것이라고 확신한다.

그는 자신이 추진했던 청계천 복원 사업을 두고 어느 미국 신문이 보도한 기사 내용을 잊지 못한다. 2005년 7월 25일자에 실린, 세계적인 권위지인 〈인터내셔널 헤럴드 트리뷴(IHT)〉지의 1면 톱기사였다.

이 기사의 제목은 다음과 같았다.

'서울의 고층 건물 숲 속에서 녹색 혁명을 주도한 CEO 시장'

이 신문이 어떤 근거로 이명박을 기리켜 녹색 혁명을 이룬 CEO 시장으로 평가했는지 그 기사 내용을 살펴보자.

댐과 공장, 고속도로와 철도를 건설해 온 CEO로서 경험과 속도, 패기로 뭉친 이명박 시장은 취임하자마자 복개된 청계천을 원래의 모습으로 되돌리는 노력을 시작했다. 복개된 지 수십 년이 지나 안전상의 위험을 안고 있고, 도시 미관상으로도 흉물로 전락해 버린 고가도로를 과감히 철거했으며, 오염된 하천을 깨끗이 하기 위해 팔을 걷어붙였다. 그 결과 2년여 만에 실로 놀랄 만한 성과를 낳았다. 청계천을 가로지르는 21개의 아름다운 다리가 설치되었으며, 막혔던 물이 자연 하천으로 되살아나 서울 시민의 눈을 즐겁게 만들었다.

이명박 시장은 30여 년 전 한국은 '잘살아 보세'라는 구호 아래 앞만 보고 달리던 후진국이었고, 그 자신 역시 경제 개발의 최전선에 있었다고 말한다. 그러나 지금 21세기 대한민국 수도 서울의 시장으로서 서울을 환경 친화적인 도시, 세계 일류 수준의 대도시로 변모시켜야 할 책임을 안고 있다고 말한다.

이명박 시장은 결단력과 추진력을 무기로 아시아에서 새롭게 각광받고 있는 시장들 가운데 하나다. 이명박 시장은 지난 5월, 그의 오른팔이나 다름없던 양윤재 부시장이 뇌물 수수 혐의로 구속되는 등 스캔들이 빚어졌지만, 이에 굴하지 않고 계획대로 시정을 펼쳐 나가고 있다.

"무엇이든 하기로 결심한 이상 어떤 난관이 닥쳐 와도 이루고야 만다"며 밝은 웃음을 지어 보인 그는 특유의 추진력 탓에 비판도 많이 받고 또 지지도 많이 받지만 시장으로서 이 모두를 포용하는 것이 옳은 자세라고 말한다.

단호하고 꾸밈이 없으며 야심에 찬 이명박 시장은 600년 역사를 가진 수도 서울의 현대사를 반영하는 인물이기도 하다. 가난한 농민의 아들로 태어나 어린 시절 빈민촌에서 쓰레기 수거 등으로 생계를 유지했으며, 1965년 서울의 고려대학교 재학 때 학생 운동으로 투옥된 경험도 있다.

그는 졸업하자마자 현대건설에 입사했으며, 고속 승진을 거듭하여 한국 사회에서 보기 드물게 36세라는 젊은 나이에 CEO가 되었다. 그리고 현대그룹의 자회사 6개를 이끌어 임기 동안 한국을 대표하는 대기업으로 성장시켰다. 1992년 정계에 입문해 서울의 중심인 종로에서 국회의원에 당선되기도 했다.

이명박 시장은 현재 4,800만 한국 인구의 20퍼센트 이상이 모여 사는 수도 서울의 시장으로서 중앙 정부의 정책에 맞서는 것 또한 두려워하지 않는다. 그는 노무현 대통령의 행정 수도 이전 안에 대해 "수도를 두 동강 내는 어리석은 처사이며, 서울 이외의 지역에서 표를 모으고자 하는 정치적인 의도가 담긴 부적절한 정책"이라고 비판을 서슴지 않는다.

이명박 시장의 지지자들은 '할 수 있다'는 그의 강한 리더십과 이미지가 2007년 12월 대선 때 그를 승자로 만들 것으로 믿고 있다. 여론 조사 결과에 따르면 그는 한국에서 가장 지지도가 높은 시장이다.

물론 모두가 그를 좋아하는 것은 아니다. 서울시 택시 기사들은 이명박 시장이 도입한 버스 전용 차로 제도로 버스의 속도는 증가했지만 택시의 운행은 불편해졌다고 말한다. 그러나 그러한 택시 기사도 이명박 시장의 추진력과 서울을 변화시키고자 하는 노력만큼은 인정한다.

스트레스로 가득 찬 도시 서울을 두고 이명박 시장은 "그대로 방치하면 시민들이 자신도 모르게 불친절해지고 성미가 급해진다. 도심에 큰 숲들을 조성하는 뜻도 여기에 있다. 도시 곳곳을 친환경적으로 변모시켜 시민들의 마음이 조금이라도 편안해지기를 소망한다"고 말한다.

하늘이 맑은 날이면 서울은 공원과 곳곳의 고궁이 우뚝 솟은 고층 건물의 그늘 속에서도 초록빛을 반짝거리며 아름다움을 뿜어 낸다. 주말에는 수천 명의 시민들이 지하철로 1시간 거리인 산을 오르고, 도심 한편에서는 노무현 대통령을 '근로자의 적'이라고 부르는 시위대, 조지 부시 대통령을 '제국주의자'라고 부르는 시위대, 그리고 북한의 김정일 국방위원장을 '화형시켜야 마땅한 악마'라고 비판하는 시위대까지 각양각색의 메시지를 들고 나온 목소리로 떠들썩하다.

대부분의 서울 시민들은 자신이 북한의 로켓과 미사일 사정권에 살고 있으며, 지구상에서 가장 삼엄한 경비가 이루어지는 철책선에서 불과 50킬로미터 떨어진 곳에 살고 있다는 사실을 깨닫지 못하고 있는 듯 보인다. 노무현 대통령과 이명박 시장이 공통적으로 추구하는 변화는 현재 서울의 중심부인 용산에 주둔하고 있는 미군을 이전하는 것이다. 이전이 완료되면 중국군, 식민지 시대의 일본군, 그리고 주한 미군으로 이어져 온 지난 1세기에 걸친 외국군의 수도 주둔 시대가 막을 내리게 된다.

한때는 안보의 상징으로 통하던 262헥타르의 미군 주둔 지역은 최근 교통 혼잡을 유발하는 요인으로 간주되었다. 한국의 국방부는 주택 개발 업자들에게 해당 부지를 팔고 그 수익금으로 미군의 이전 비용을 충당하기를 원하는 반면, 이명박 시장은 이 부지를 뉴욕의 센트럴파크와 같은 푸른 도시 공간으로 만들기를 희망하고 있다.

IHT의 이 기사 내용은 당시 상황에서 참으로 아이러니한 것이었다. 이명박이 서울시장이 되어 추진한 청계천 복원 사업이나 교통 체계 변환을 두고 국내에서는 '전시 행정'이니 '개발지상주의'니 하며 비난했지만, 세계에서 가장 권위가 높다는 언론들은 이명박의 추진력과 리더십에 극찬을 아끼지 않았으니 말이다.

그가 대통령에 당선된 지금도 상황은 마찬가지다. 그가 대운하 사업을 추진하고, 신경제 발전 모델을 강력히 시행하는 것을 두고 정치권에서는 개발지상주의자니, 환경파괴자라느니 하는 비난을 쏟아 내는 이도 있다.

과연 어떤 평가가 정당한지는 지금 당장 결론을 지을 수 없을 것 같다. 세월이 좀 더 흐른 뒤에는 모든 것이 더욱 분명해질 것이다.

'공수신퇴천지도'라는 말

이명박이 대통령에 당선되자 그의 선거를 도왔거나 친분이 있는 사람들은 너나없이 혹시나 그의 덕을 볼 수 있지 않을까 하는 생각으로 주변을 기웃거렸다. 그런 기대야 애써 준 사람들의 입장에서 보면 인지상정이니 나무랄 일은 아니다. 또 공에 따라 자리를 주고 중용하는 것은 당연한 보상일 것이다.

2002년에도 이명박이 서울시장에 당선되자, 그를 조금이라도 안다고 하는 사람들은 한자리 얻기 위해 이런저런 연줄을 동원해 선을 대려 했었다. 그러나 이명박은 원칙에 위배되는 인사 청탁을 단호히 배격했다.

그는 당선 직후 서울시 국장단 회의에서 자신의 인사 원칙을 밝혔다.

"인사는 능력에 따라 적재적소에 배치하는 것을 원칙으로 하겠습니다. 만약 인사와 관련해 청탁을 받다가 발각되면 당사자는 물론 청탁을 한 사람도 옷 벗을 각오를 해야 할 겁니다."

그것이 결코 선언적 의미만을 담은 말이 아니었다는 사실은 이명박의 추후 실천으로 충분히 증명되었다.

이명박의 인사에 대해 일부 사람들이 뒷말을 해 댔다. 은근히 '자리'를 기대했다가 이루어지지 않자 뒤에서 비난을 늘어놓았던 것이다. 실제로 서울시장 선거 당시 캠프에 합류했다가 발탁이 안 된 한 인사는 공공연히 이명박을 비난하고 다녔다. 이명박은 그러나 눈 한 번 깜빡이지 않았다. 이처럼 인사에서만큼은 지독하고 철저하다는 것이 그를 오래 겪은 사람들의 중론이다.

또 한 가지 이명박의 인사 원칙은 일의 결과에 따라 공과(功過)를 분명히 한다는 것이다. 공이 있으면 반드시 상응하는 대가를 주되, 공이 없으면 주위에서 아무리 부추겨도 냉정하기만 하다. 또한 소문만 듣고 사람을 쓰지 않는다. 다시 말해 검증되지 않은 거품 인사는 절대 기용하지 않는 것이 그의 스타일이다. 그의 이런 인사 스타일은 CEO 시절부터 몸에 밴 것으로 보인다. 그에게 인맥이나 친분 따위의 정실 인사는 아예 통하지 않는다. 특히 친분이 두터운 사람일수록 발탁에 신중을 기한다. 그런 식의 정실 인사가 나중에 어려움을 가져올 수 있다는 경험 때문이다.

이처럼 인사에 관한 한 '면도날 같다'는 말을 듣고 있지만, 일단 결정을 하면 좀처럼 바꾸지 않는다는 것 또한 큰 특징이다. 다소 미흡한 점이 있어도 당사자에게 최대한의 기회를 보장해 준다.

그의 인사 원칙은 30대의 젊은 나이임에도 자신에게 기회를 준 정주영 회장으로부터 배운 것이다. 정주영 회장은 어떤 중요한 문제를 결정할 때면 몇 날이고 심사숙고했다. 그러나 일단 결정을 내리면 하늘이 두 쪽 나도 강하게 밀어붙였다. 항간에서 이를 두고 '불도저식'이라거나 '저돌적'이라는 표현을 즐겨 썼다. 하지만 사람들은 정주영 회장의 경영 이면에 그처럼 무섭도록 깊은 성찰이 있었음을 알지 못한다. 이명박은 정주영 회장과 30여 년을 함께 보내면서 그의 인사 원칙에서 많은 것을 배웠다.

언론계 출신 L씨는 이명박과 오랜 친분을 가진 사람이었다. 대학 선배인 그는 이명박이 서울시장 선거에 나섰을 때 가까이서 많은 조언과 도움을 아끼지 않았다. 그러나 이명박은 서울시장에 당선된 후 자신을 도와 준 친구를 기용하지 않았다. 많은 사람들은 이를 의아하게 여겼다. 그 친구가 선거 과정에서 그 누구보다 전심 전력을 다해 일한 것을 알기에 주변에서 다들 고개를 갸우뚱거렸다. 사실 친구도 겉으로 드러내지는 않았지만, 선거가 끝난 후에 자신을 불러 주지 않은 것에 대해 서운한 감정이 없을 리 만무했다. 주변에서는 그에게 적절한 역할을 맡겨야 한다고 권유했다. 그러나 이명박은 고개만 끄덕일 뿐 행동을 취하지 않았다.

그로부터 1년여의 시간이 흐른 뒤, 이명박은 친구를 서울시 산하 기관의 감사로 발탁했다. 그의 능력이나 사회적 지명도로 보자면 산하 기관 감사를 맡기는 것은 미흡한 듯 보였다. 그렇지만 이명박은 단호하게 그렇게 결정했다. 물론 친구도 이런 것에 이의를 제기하지 않고 그 결정에 따랐다. 이를 계기로 이명박의 인사 원칙은 또다시 화제가 되었다. 이명박은 자신과 친분이 깊다는 것만으로 인사 정책에서 특혜를 주지 않는다는 원칙을 가지고 있다.

반면에 이명박이 서울시장에 당선된 뒤 발탁한 한 국장급 인사의 경우는 정반대의 사례다.

이명박이 발탁한 그는 40대 초반의 비교적 젊은 인재였다. 서울시를 수년 동안 출입한 기자 출신인 그는 서울시장 선거 전 이명박의 선거 본부에 합류한 인물이었다. 그와 대화를 나누어 본 뒤에 이명박은 인재임을 알고 함께 일할 것을 제안했다. 이명박의 안목은 적중했다. 후에 이 인사는 청계천 복원 사업은 물론 여러 정책 개발과 관련해 큰 공을 세운 일등 공신 중 한 사람이 되었다.

하지만 이명박이 서울시장에 당선된 뒤에 막상 이 인사를 서울시 1급 국장으로 발탁하자 주변에서는 말들이 많았다. 나이가 어린 사람에게 중책을 맡겨선 안 된다는 시기 어린 비난도 있었다. 그럼에도 불구하고 이명박은 자신의 소신대로 밀어붙였다.

이명박은 이 인사에게 중책을 1년 넘게 맡겼다. 그가 일을 척척 해내자 주변의 불만은 씻은 듯이 사라져 버렸다. 그런 후 본인의 의사를 반영해 자리를 옮겨 주었다. 물론 이동한 자리 역시 중책이었다. 그의 능력을 잘 아는 이명박이 또 다른 기회를 부여해 준 것이다. 나중에 이 인사는 이명박이 서울시장 임기를 마치고 대통령 선거에 출마했을 때 핵심적인 역할을 해냈다. 덧붙이면 서울시에서 중책을 맡지 못했던 이명박의 친구도 대통령 선거 본부에서 큰 역할을 했다.

    노자(老子)는 〈도덕경〉에서 공수신퇴천지도(功遂身退天地道)라고 했다. 공(功)을 이루었으면 물러나는 것이 하늘의 도(道)라는 얘기다. 참으로 엄숙해지는 말이지만 누구나 스스로에게 적용시키기는 쉽지 않은 말일 듯하다.

제3장

〈영웅 시대〉와 〈야망의 세월〉

이명박은 대통령에 당선된 날, 가장 보고 싶은 사람 중 한 사람이 정주영 회장이었다. 현대 시절에 그와 함께했던 30년의 세월이 주마등처럼 스쳐갔다. 모래 폭풍 속을 용광로처럼 이글이글 타오르는 눈빛으로 걸어가던 그의 모습이 눈에 선했다. 허름한 포장마차에서 구성지게 읊조리던 정주영 회장의 '두만강 푸른 물에'로 시작하는 〈눈물 젖은 두만강〉 노랫가락이 귓전을 맴돌았다.

거인 정주영 회장의 타계

이명박은 대통령에 당선된 날, 가장 보고 싶은 사람 중 한 사람이 정주영 회장이었다. 현대 시절에 그와 함께했던 30년의 세월이 주마등처럼 스쳐 갔다. 모래 폭풍 속을 용광로처럼 이글이글 타오르는 눈빛으로 걸어가던 그의 모습이 눈에 선했다. 허름한 포장마차에서 구성지게 읊조리던 정주영 회장의 '두만강 푸른 물에'로 시작하는 〈눈물 젖은 두만강〉 노랫가락이 귓전을 맴돌았다.

거인 정주영.

2001년 3월 21일 밤 12시. 마감 뉴스를 시청하던 이명박은 너무나 놀라 입을 다물지 못했다.

'정주영 회장 사망'

이명박에게는 청천벽력 같은 소식이었다. 너무나 놀라 "억!" 하고 소리를 지르자, 옆에 있던 부인 김윤옥 여사도 소스라치게 놀랐다.

"두고 봐요. 나는 120세까지 살 거요."

정주영 회장은 건강을 물어볼 때마다 자신에 찬 목소리로 늘 그렇게 호언했었다.

이명박은 두 눈을 크게 뜨고 TV 화면을 주시했다. 믿어지지 않는 일이었지만 별세 사실을 확인하는 순간, 뇌리에 지난 30여 년간 동고동락해 온 추억이 파노라마처럼 펼쳐졌다. 정주영 회장은 열사의 땅에서 동토까지 가리지 않고 내달렸던 경영인이었다. 앞에 강이 가로놓이면 다리를 놓아 건너고, 산이 앞을 막아서면 터널을 뚫고 지나간 불굴의 경영인이었다.

이명박은 그런 정주영 회장이 말년을 맞아 나약한 이미지로 비춰지는 게 너무나 안타까웠다. 1년여 전 마지막으로 만났을 때 정주영 회장은 이미 거동이 불편할 정도로 쇠잔한 상태였다. 그래도 언제나 무쇠 같은 체력과 활화산 같은 정신으로 살아온 그 불굴의 의지를 너무나 잘 알기에, 금세 자리를 훌훌 털고 일어설 것이라 믿어 의심치 않았다.

"이 회장, 몸이 나으면 러시아에 한 번 가세. 고르바초프도 만나고······."

그때 이명박을 본 정주영 회장은 삶의 의지를 불태우며 그렇게 말했다. 이명박은 레닌그라드의 알루미늄 제련소 건설, 연해주 임업 합자회사 설립 건 같은 러시아 프로젝트를 정주영 회장과 마지막으로 함께 추진했었다.

사흘 동안 연속으로 밤이 계속되는 시베리아의 눈밭에서 이명박과 정주영 회장은 무척이나 고생을 했다. 사회주의 장벽에 가로막혀 일이 제대로 추진되지 않자, 정주영 회장은 "여기 왜

오자고 했느냐?"며 호통을 치기도 했다.

그러나 고르바초프를 만나면서 정주영 회장은 크게 자신감을 가졌다. 이명박은 고르바초프를 만나 환담하던 정주영 회장의 생전 모습을 지금도 잊을 수가 없다.

"나는 100세까지 일하고 20년 동안 유람하다가 120세에 생을 마감할 거요."

정주영 회장으로부터 그런 자신에 찬 말을 자주 들었기 때문에 적어도 100세까지는 건강하게 살 수 있을 거라 생각했다. 사실 정주영 회장의 삶에 대한 애착은 각별했다. 그가 77세 희수(喜壽)를 맞아 울산조선소 영빈관에서 잔치가 벌어졌을 때의 일이다.

"회장님, 이왕이면 백수(白壽)를 누리십시오."

계열사의 중견 임원 한 사람이 정주영 회장에게 이렇게 말하며 축배를 권했다. 그런데 이튿날 아침, 정주영 회장은 그 중역을 자신의 눈에 띄지 않는 곳으로 보내 버리라고 했다. 시쳇말로 미운털이 박힌 그는 6개월 동안 지방 근무를 하며 고생해야 했다.

"그렇게 자신감에 차 있던 분이 이렇게 허망하게 가시다니……."

이명박은 이튿날 아침 일찍 정주영 회장의 청운동 자택을 찾았다. 그는 검은 천을 두른 정주영 회장의 영정 앞에 서서 오랫동안 움직이지 않았다. 두 눈에서 눈물이 주르르 흘러내렸다. 손수건을 꺼내어 닦았지만 눈물은 멈추지 않았다.

이날 이명박은 어머니가 돌아가시고 난 후 처음으로 그렇게 많이 울었다. 평생을 현대와 함께한 어른이었는데, 하필이면 회사가 어려운 상황에서 영면하여 더욱 가슴이 아팠다.

빈소에서 각계 각층에서 온 조문객들의 발걸음이 이어졌다. TV에서는 정주영 회장이 생전에 이룬 발자취들이 방영되었다. 많은 국민이 경제계의 큰 별이 진 것을 애도했다. 이명박은 가슴 한구석이 뻥 뚫린 느낌이었다. 발인 날짜가 다가오면서 애절한 느낌이 더욱 깊어졌다.

젊은 날 온 열정을 불살라 함께 일하며 웃고 울던 어른. 정치 입문 후에는 그런 그를 곁에서 지켜 주지 못하는 데 대해 자책감이 든 적도 있었다. 소 떼를 몰고 고향을 찾아가는 자랑스런 모습을 보이면서도, 왠지 그의 옆자리가 빈 듯한 느낌을 받기도 했다. 그 자리를 자신이 채워 주기를 간절히 바랐던 정주영 회장의 마음을 잘 알기에 더더욱 가슴이 아팠다.

하남 선산에 마련된 정주영 회장의 묘소는 생전에 그가 이룬 업적에 비해 작고 소박하였다. 제아무리 천하의 거부라도 죽어서 갖는 땅은 고작 누울 자리뿐이라는 말이 실감났다. 하관을 끝내고 형제와 자식들이 삽으로 흙을 떠 넣기 시작했다. 불현듯 고인이 공사판에서 손수 삽질하던 모습이 떠올랐고, 마지막 가시는 길이니 정성을 다해 예의를 바치고 싶었다. 이명박은 손으로 흙을 떠서 관 위에 뿌렸다.

"부디 잘 가십시오, 어르신. 비록 육신은 가셨어도 어른께서 이 나라와 이 민족에 남긴 업적은 영원토록 살아 빛날 것입니다."

마음속 깊이 그렇게 애도하며 정주영 회장을 떠나 보냈다.

이명박은 해마다 3월이 되어 정주영 회장의 기일이 돌아오면 어떤 일이 있어도 잊지 않고 묘소를 찾는다. 그리고 지금도 가끔씩 거리의 포장마차를 보면 정주영 회장의 소박한 모습이 떠올라 회상에 잠기고는 한다.

정주영 회장은 평소 술을 좋아했는데, 특히 포장마차에서 술 마시는 것을 즐겼다. 어떤 때는 불쑥 포장마차에 들러 아무 사람하고나 허물없이 술을 마시기도 했다. 그러다 술이 거나해져서 시국 이야기나 경제 이야기가 나오면 혀 꼬부라진 소리로 사람들과 논쟁을 벌이기도 했다.

사람들은 그런 대기업 총수를 처음에는 신기해하다가도 이내 친밀감을 느끼고는 이런저런 하고 싶은 말들을 거리낌 없이 쏟아 냈다. 그럴 적에 이명박의 눈에 비친 정주영 회장의 모습은 그저 평범한 아저씨였고, 소탈한 할아버지였다.

명박 군, 우리 회사에 올 건가?

　　이명박은 어떻게 해서 현대건설에 입사하게 된 걸까? 이명박이 성공하자 많은 사람들은 그가 어떻게 현대건설에 몸담게 되었으며, 또 승승장구할 수 있었는지에 대해 궁금해했다.
　　언젠가 그는 주위 사람들에게 현대건설에 입사하게 된 사연을 있는 그대로 털어놓은 적이 있다. 그가 털어놓은 사연은 이러했다.
　　고려대 상대 재학 시절 그는 학생회장을 맡았는데, 때마침 6·3사태가 터지면서 보안법 위반으로 징역 3년에 집행유예 5년을 선고받았다. 적용된 죄목은 내란죄였다. 졸업 후 동급생들은 대부분 대기업으로 진출하는 상황에서 그 역시 큰 회사에 입사 원서를 냈다. 그런데 필기 시험에는 늘 합격을 했지만 면접에서 번번이 불합격 처리가 되었다. 세 번째 치른 입사 시험에서 불합격했을 때, 비로소 중앙정보부의 블랙리스트에 자신의 이름이 올라 있다는 사실을 알게 되었다. 당시만 해도 대기업에 입사하는 절차에는 신원 조회를 엄격히 거쳐야 했다.

자포자기 상태에 빠져 있던 어느 날, 이명박은 현대건설이라는 건설 회사에서 신입 사원을 모집한다는 신문 공고를 보게 되었다. 이명박은 이런 작은 회사에까지 중앙정보부가 개입하지는 못할 것이라는 판단을 내리고 입사 원서를 제출했다. 당시 현대건설은 직원이 99명밖에 안 되는 작은 회사였다. 그때 현대건설이 신입 사원을 모집한 이유는 태국 정부가 발주한 공사를 따내어 현장에 투입할 인원이 필요했기 때문이었다.

이명박은 신입 사원 면접 때 정주영 회장을 처음 만났다. 정주영 회장은 사람 보는 눈이 탁월했다. 항간에 삼성그룹 이병철 회장이 사원을 뽑을 때 관상가를 옆에 두고 뽑는다는 소문이 나돌았지만 정주영 회장은 보는 관점이 달랐다. 그가 신입 사원을 뽑을 때 가장 중요하게 보는 것은 자신감과 의지였다. "할 수 있겠느냐?"고 물었을 때 "글쎄요"라 대답하든지 머뭇거리면 아무리 학력이 좋고 우수해도 미련 없이 퇴짜를 놓았다.

이명박을 면접 본 정주영 회장은 질문의 끝머리에 한마디 물었다.

"이 군, 합격하면 우리 회사에 꼭 올 건가?"

그 말을 듣고 이명박은 '됐구나' 하고 생각했다. 사장이 직접 오겠느냐고 물을 정도면 합격은 따 놓은 당상 같았던 것이다. 그런데 일주일 후 회사로부터 일을 같이 할 수 없게 되었다는 연락이 왔다. 중앙정보부가 또다시 개입해 압력을 행사한 거였다. 이제 막노동자로 되돌아갈 수밖에 없는 상황에 이명박은 낙담했다. 절망감은 이내 분노로 바뀌었다.

이명박은 박정희 대통령에게 공식 항의서를 보냈다. 그 후 얼마 지나지 않아 이낙선 당시 상공부 장관으로부터 만나자는 연락이 왔다. 이명박은 모든 기대를 버린 채 그를 만나러 갔다. 그리고 이낙선 장관을 만난 자리에서 "한 젊은이가 자기 힘으로 세상을 살려고 하는데 나라가 그 길을 막는다면 한 젊은이에게 영원한 빚을 지는 것이다"라는 말을 던지고는 돌아섰다.

그로부터 일주일 후 현대건설에서 다시 연락이 왔다. 합격이 된 것이다. 그때부터 정주영 회장과 이명박의 인연이 시작되었다.

나중에 알게 된 사실이지만, 이낙선 전 장관에게 한 말은 박정희 대통령에게 그대로 보고되었고, 대통령이 직접 중앙정보부에 지시해 이명박의 현대건설 입사를 허가하도록 했다. 이 과정에서 이명박의 그릇을 알아본 정주영 회장이 정부 측에 서약서를 쓰고 입사를 허락받았다는 소문도 있었다. 어쨌거나 현대건설은 한 달에 한 번씩 이명박의 동태를 보고해야 했고, 5년 뒤 이사가 된 후에야 보고를 중단할 수 있었다.

이명박이 정주영 회장의 절대적인 신임을 받게 된 결정적인 사건은 태국 공사 현장에서 벌인 목숨을 건 사투 때문이었다. 당시 이명박은 태국 공사장의 재무 관리를 맡고 있었다.

어느 날, 인부를 가장해 수십 명의 조직 폭력배들이 공사장에 난입했다. 때마침 금고에는 현지 인부들에게 줄 일당과 월급이 들어 있었다. 돈이 있다는 사실을 알고 폭력배들이 침입한 것이었다. 폭력배들은 불을 지르며 난동을 부렸다. 생명에 위협을 느낀 직원들은 모두 달아나 버렸지만, 이명박은 끝까지 굴하지 않고 금고를 지켰다. 그에게는 목숨보다 금고가 더 소중했던 것이다.

이명박이 위협에 굴하지 않고 끝까지 버티자 폭력배들은 도끼와 낫을 휘두르며 달려들었다. 그 순간 이명박은 죽음 따위의 공포는 던져 버렸다. 오직 금고를 사수해야 한다는 각오 외에 다른 두려움은 없었다.

시퍼런 도끼날이 날아드는 절체절명의 위기 상황에서 요란한 사이렌이 울렸다. 자리를 피한 직원들의 신고로 현지 경찰이 출동한 것이었다. 폭력배들은 어쩔 수 없다는 듯 이명박을 잡아먹을 듯이 노려보고는 부리나케 도망쳤다.

이 사건은 즉시 본사로 전해졌다. 당시 현대건설의 태국 현장은 회사의 명운이 달려 있을 만큼 중요한 곳이었다. 회사의 장부와 금고를 이명박이 지켜 냈다는 소식을 들은 정주영 회장은 얼마나 기뻤던지 곧장 태국 현장으로 날아왔다. 그리고는 이명박의 어깨를 두드리며 "잘했어. 정말 잘했어!" 하고 칭찬을 아끼지 않았다.

왜 끝까지 말리지 못했을까?

이명박은 정주영 회장이 정치를 하겠다고 나섰을 때 끝까지 말리지 못한 것이 후회스럽다고 토로한 적이 있다. 돌이켜보면 정주영 회장의 정계 진출을 강하게 반대한 것이 그와 결별하게 된 원인 중 하나였다.

정주영 회장은 88서울올림픽을 성공리에 마친 후, 주위 사람들에게 정치에 입문하겠다는 뜻을 밝히기 시작했다. 그가 정치에 뜻을 두게 된 이유는 정치권에 대한 불신과 불만 때문이었다. 정주영 회장은 정치권의 부당한 요구가 있을 때면 늘 "정치인들이 기업인을 너무 우습게 보는 것 같다"며 불만을 표시하고는 했다.

어느 날, 정주영 회장이 현대건설 회장실로 이명박을 찾아와 이렇게 말했다.

"내가 정치를 한번 해 볼 생각인데 어떻게 생각하나?"

이명박은 깜짝 놀랐다.

정주영 회장과 친분이 있는 몇몇 사람들로부터 '정주영 회장은 대통령감'이라는 말을 듣기는 했지만, 막상 그의 입에서 그런 말을 직접 들으니 놀라지 않을 수 없었다. 이명박은 어떻게 답변해야 할지 순간 망설였다.

오랜 세월 정주영 회장과 함께해 온 그였다. 그가 그렇게 말할 때는 이미 결심을 다진 상태라는 걸 누구보다 잘 알고 있었다. 그랬기에 더욱 답변에 신중을 기했다.

한참 생각한 이명박은 이 문제만큼은 자신이 나서서 막아야 한다는 결론에 이르렀다. 사실 가족 중 한 사람이 "어르신이 정치에 입문할 뜻을 가지고 있으니 만류해 주면 좋겠다"는 부탁을 해 온 적도 있었다. 정주영 회장은 다른 사람의 말은 믿지 않아도 이명박의 말이라면 '팥으로 메주를 쑨다'고 해도 믿는다는 사실을 알기 때문이었다.

이명박은 어렵게 입을 열었다.

"회장님, 정치가 아니고도 회장님께서 하실 일은 많습니다. 회사의 장래를 생각해 좀 더 신중하게 결정하셔야 합니다."

그의 말은 사실상 정주영 회장의 정치 입문을 반대하는 것이었다.

"그런 말이라면 더 이상 꺼내지 마시오. 망해도 내가 망하는 거니까."

정주영 회장은 그렇게 호통치듯 말하고는 회장실을 나가 버렸다. 순간 이명박은 정치를 하겠다는 정주영 회장의 생각이 확고하다는 느낌을 받았다.

그때부터 이명박의 고뇌는 깊어졌다. 한번 결심하면 누구도 말릴 수 없는 정주영 회장의 성격을 잘 알기 때문이었다. 하지만 그 고집을 알면서도 이명박은 자신의 판단을 굽히지 않았다. 그로 인해 정주영 회장이 겪게 될 갖가지 어려움이 예견되었기 때문이다.

이명박의 반대가 거세지자 기어코 사단이 벌어졌다. 어느 날, 정주영 회장이 직원을 시켜 현대건설 대표이사 직인을 가져가 버린 것이었다. 정주영 회장 옆에서 "대통령이 되시라"고 부추기던 사람들은 "이명박이 자신의 정치 입문을 위해 정주영 회장의 도전을 막으려 한다"는 터무니없는 소문까지 뿌려 댔다. 이명박은 그런 소문쯤이야 개의치 않았지만, 정주영 회장이 대표이사 직인을 가져간 것에 대해서는 서운한 감정이 없지 않았다.

'이제 정리해야 할 때가 온 거야.'

이명박은 비로소 현대를 떠나야 할 시간이 다가왔음을 피부로 느꼈다. 이미 정주영 회장의 아들들이 모두 장성했기에 현대그룹의 경영은 그들 스스로 해 나갈 수 있을 것이라 판단했다. 마침내 1992년 초 현대그룹에 사표를 냈다. 그는 30여 년 동안 봉직한 현대를 떠나는 순간에도 정주영 회장에게 직언을 아끼지 않았다.

정주영 회장은 재계의 원로이자 한국 경제의 살아 있는 신화였다. 그에게는 대통령이 되는 것보다 훨씬 중요한 일들이 많았다. 그런데도 정주영 회장은 자신의 모든 것을 내걸고 대통령 자리에 도전했다. 그런 엄청난 도박을 단행한 것은 권력에 대한 야심 때문이 아니었다. 차라리 권력에 대한 강한 불만 탓이 컸다고 볼 수 있었다.

정주영 회장은 평소 직원들 중에 정치를 하겠다는 사람이 있으면 단호하게 회사에서 내보낸 경영자였다. 정치와 회사 일을 동시에 할 수 없다는 게 그 이유였다. 그런 그가 직접 정치를 하겠다는 결심을 품게 된 것은 사실 정치인에 대한 불신과 회의 탓이었다.

전경련 회장을 맡았을 당시에도 정주영 회장은 정치권에 계속 자금을 대어 주었다. 그럼에도 경제인들을 무시하는 정치인들의 태도에는 변함이 없었다. 정주영 회장은 그때마다 참을 수 없는 분노를 토로하곤 했다. 외국에서는 10만 명 정도의 직원으로 기업을 만들어도 박수를 받는데, 20만 명의 임직원을 거느린 대기업 현대에 대한 정치인들의 무시와 견제는 변함이 없었다. 성격이 불같은 정주영 회장으로서는 참으로 견디기 힘든 노릇이었다.

그 무렵 정주영 회장이 기업과 정치의 불합리한 관계에 대해 쓴소리를 했다는 이유로 현대는 느닷없이 세무 조사를 받고 1,500억 원이라는 거액을 추징당했다. 물론 정권이 바뀌어 그 전액을 돌려받았지만, 기업이 흔들릴 정도로 큰돈이 잘못된 결정에 의해 오가는 일이 발생하는 상황이야말로 정말 심각한 문제였다.

게다가 정주영 회장은 전두환, 노태우 시대가 가고 YS와 DJ의 본격적인 각축장으로 변한 정치판에 깊은 우려를 품고 있었다. 그런 우려는 정주영 회장 혼자만의 생각은 아니었다. 가뜩이나 경제가 어려운데, 투사형 정치인들에게 나라를 맡기는 것에 대해 적지 않은 국민들이 불안해한 것이 사실이었다.

국민들 사이에서는 경제 대통령을 갈망하는 목소리가 은연중 높아 갔고, 정주영 회장은 그런 분위기에 자극받았다. 보좌하는 사람들의 부추김도 컸다.

역설적이지만 정주영 회장은 YS와 DJ 때문에 대통령이 되어야겠다는 생각을 했다. 그들에게 나라를 맡기느니 차라리 자신이 직접 나서는 편이 낫겠다고 판단한 것이다.

대통령 출마를 결심한 정주영 회장의 행보는 이미 기업인의 범주를 넘어서 있었다. 러시아의 고르바초프를 만나 경제 협력을 논의했고, 북방 여러 지역을 돌며 장차 북한을 포함한 광대한 로드맵을 머릿속에 입력시켰다. 시간이 갈수록 정주영 회장은 기업인 차원을 넘어 정치적으로 사고하고 행동하는 인물로 변모해 갔다.

러시아를 방문한 정주영 회장은 고르바초프로부터 국빈 대접을 받았다. 북한에 갔을 때 김정일도 정주영 회장에게 최고의 환대를 했다. 그를 제대로 예우하지 않은 나라는 오직 대한민국뿐이었다.

정주영 회장의 대권 행보가 빨라질수록 주변에 아부성 발언을 일삼는 사람들이 꾀어 들었다. 그러나 이명박은 거듭되는 요청에도 반대 의사를 굽히지 않았다.

그러던 어느 날, 정주영 회장은 이명박에게 왜 그토록 대통령 출마를 반대하는지 이유를 물었다. 이명박은 평소 품고 있던 자신의 생각을 솔직하게 밝혔다.

"이유는 회장님께서 당선될 가망이 없어서가 아니라 대통령이 되어서는 안 되기 때문입니다."

대선을 준비하며 적극적인 행보를 하던 정주영 회장에게 이명박의 대답은 큰 충격이었다. 그러나 이명박으로서는 앞일을 내다보고 한 불가피한 충언이었다.

정주영 회장이 정권을 잡게 되면 삼성, LG 등도 가만있지 않을 것이었다. 기업인들이 대거 정치판에 뛰어들면 한국 정치는 더욱 혼탁한 상황이 초래될 것이고, 그것은 기업과 나라의 장래를 위해 결코 바람직하지 않을 일이었다.

"회장님은 수많은 업적을 쌓았고, 탁월한 리더십과 뚝심을 두루 갖추고 계시지만 도덕적으로 꼭 우월하다고 볼 수는 없습니다."

"그건 맞는 말이오."

"앞으로 김수환 추기경이나 한경직 목사 같은 정신적 지도자들을 만나 보십시오. 그분들이라면 도덕적인 열세를 극복하는 해답을 주실 겁니다. 그분들과 3년 정도 왕래하며 이야기를 나누시다 보면 회장님 또한 도덕적으로 상당히 고양될 수 있을 것입니다."

정주영 회장은 이명박의 말을 옳다고 생각했는지 그날 곧바로 김수환 추기경을 찾아갔다. 그리고 그 후 4, 5일 동안 종교계 지도자들을 만나 환담했다며 흡족한 표정을 보였다.

이명박은 정주영 회장이 3년간 그런 식으로 덕망을 쌓아 간다면 대통령이 되어서도 덕치를 할 수 있을 것으로 생각했다. 그런데 계속해서 대권을 부추기는 사람들 때문에 정주영 회장의 결심이 돌연 바뀌었다.

어떤 사람들은 정주영 회장이 정치에 뛰어들었을 때 이명박이 당연히 같은 배를 탔어야 했다고 말하고, 또 그렇게 권유하기도 했다. 그것이 진정한 의리라고 여긴 것이었다.

그러나 이명박의 의견은 달랐다. 참신한 인물들을 불러 들여 정당을 만들면 당면한 총선은 어렵겠지만 차기에 제1당이 될 수 있을 것으로 내다보았다. 그런 바탕 위에서라면 정주영 회장의 정계 진출 또한 충분한 명분을 얻을 것으로 생각했다.

그러나 그것은 이명박의 생각이었을 뿐 현실은 정주영 회장의 대권 도전을 향해 숨가쁘게 전개되었다. 당이 급조되고, 점점 가열되는 선거 양상을 지켜보며 이명박은 짐작했다. 정주영 회장은 결국 기업인의 자리로 되돌아가게 될 것이라고. 이명박의 예측은 무섭도록 정확하게 일치했다. 정주영 회장은 대선 패배 후 현대로 복귀했다. 그리고 그때부터 건강이 눈에 띄게 나빠졌다.

YS의 요구를 거부한 까닭

　　1992년 12월 18일 제14대 대통령 선거를 앞두고 국민들의 관심은 현대그룹 정주영 회장의 대통령 출마에 쏠려 있었다. 국민당을 창당한 정주영 돌풍은 정치권을 바짝 긴장시키기에 충분했다.
　　전국구 의원으로 민자당에 소속되어 있던 이명박으로서는 여간 신경 쓰이는 일이 아니었다. 정주영 회장의 정계 진출을 적극 말렸던 이명박이기에 그의 일거수일투족에 적이 부담을 가질 수밖에 없었다.
　　가뜩이나 신경 쓰이던 차에 민자당 선거 대책 본부에서 김영삼 후보 TV 찬조 연설을 해 달라는 요청을 해 왔다. 현대에서 함께 오래도록 근무했으니 정주영 태풍을 잠재울 적임자로 판단한 것이다. 이명박은 몹시 곤혹스러웠다. 더구나 선거 대책 본부 홍보 팀으로부터 구체적인 요구 사항을 전해 듣고는 찌푸려진 미간을 펼 수가 없었다. 정주영 후보의 성품과 사생활 문제를 꼬집어 도덕성에 흠집을 내어 달라는 것이었다. 이명박은 너무나 어처구니없어 나서지 않는 것이 좋겠다고 생각했다. 정주영 후보를 대선에서 떨어뜨리기 위해 사생활까지 들추어 낼 생각은 추호도 없었다. 수많은 경제 개발 현장에서 함께 땀방울을 흘린 정주영 회장을 그런 식으로 매도한다는 건 결코 있을 수 없는 일이었다. 하지만 소속 당의 선거 대책 본부에서 제안한 일이라 마냥 모른 척할 수도 없어 이렇게 말했다.

"제가 그 일을 맡을 수는 있습니다. 단 비방 연설은 할 수 없고, 김영삼 후보가 대통령이 되어야 하는 당위성을 이야기해 보겠습니다."

20분짜리 연설 원고는 이명박이 직접 쓰는 것으로 결정되었다. 이명박은 연설문에서 그간 정주영 후보의 정치 참여를 만류해 온 이유를 설명했다. 그런 다음 당시 폭탄 공약으로 화제를 모았던 '아파트 반값 공급'의 허구성을 조목조목 지적했다. 그 반박 자료는 현대건설을 경영한 경험과 판단력을 기초로 한 것이었다.

연설문의 말미에 대통령은 '정직하고 청렴한 사람'이 되어야 하는 것이 기본이며, 정주영 후보도 평소 '김영삼 씨는 정직하고 깨끗한 사람'이라는 말을 자주 했다는 사실을 부각시켰다. 김영삼 후보가 대통령이 되어야 한다는 당위성을 내세운 것이었다.

연설문을 작성하고 나서 각계 인사들의 자문을 구했다. 학계와 언론계뿐만 아니라 당내 중립 인사들에게도 의견을 물었다. 그들은 내용이 좋고, 김영삼 후보 진영에 상당한 도움이 될 것이라는 반응을 보였다. 자신감을 얻은 이명박은 선거 대책 본부 홍보 팀에 원고를 보냈다. 그런데 전혀 예기치 않은 반응이 나왔다.

"정주영 후보를 높이 평가하는 내용이 주류를 이루고 있습니다. 이대로 나가면 정주영 후보 선거 운동이나 다름없지 않겠습니까? 정주영 후보의 도덕성을 물고 늘어져야 승리할 수 있습니다."

당의 선거 대책 본부 TV 연설 담당자의 말이었다. 그러나 이명박은 그의 의견에 결코 동의할 수 없었다.

뒷날 알았지만 당시 선거 대책 본부 막후에 보이지 않는 힘이 작용하고 있었다. 김영삼 후보의 차남 김현철이 당 안팎에서 홍보 전략을 진두지휘하고 있었던 것이다.

김현철 팀은 이명박이 작성한 연설문 중 '정치가가 아닌 기업가 정주영을 지금도 존경하고 있다'는 표현을 문제 삼았다. 그들은 앞의 말은 쏙 빼고 '지금도 존경하고 있다'는 말만 부각시키며 야단법석을 떨었다. 그리고 이명박이 끝내 연설문 수정에 동의하지 않자, 김영삼 후보에게 '이명박 의원이 찬조 연설을 할 수 없다고 했다'는 보고를 올렸다.

그 후 어느 모임에서 이명박은 YS와 마주쳤다. 이명박을 본 YS가 대뜸 불쾌한 어투로 물었다.

"이 의원, 왜 TV 찬조 연설을 거절했습니까?"

이명박으로서는 뒤통수를 맞은 느낌이었다. 유세 기간 중 잠깐 가졌던 모임이라 차분하게 설명할 시간이 없었다. YS는 모임 장소를 빠져나가며 명령 투로 짤막하게 내뱉었다.

〈영웅 시대〉와 〈야망의 세월〉

"해주시오!"

이후 선거 대책 본부 측은 이명박에게 TV에 나가 그들이 작성한 원고를 그대로 읽어 줄 것을 종용했다. 이명박은 사람의 도리를 내던지면서까지 그럴 생각이 없었다.

"그런 내용으로 연설을 하면 김영삼 후보가 오히려 표를 잃게 됩니다."

이명박은 진심으로 충고했다. 그러나 측근 실세들은 다시 '정주영 후보를 위해 이명박 의원이 연설을 거절했다'는 보고를 YS에게 올렸다. 이명박의 TV 찬조 연설은 결국 그렇게 무산되었다.

어느 날, YS 측근 한 사람이 이명박을 만나자고 했다. 그는 이명박을 보자마자 대뜸 힐난하듯 따져 물었다.

"어떻게 같은 소속 당 후보의 TV 찬조 연설에 그렇게 비협조적인 태도를 보일 수 있습니까?"

"연설문에 정주영 후보의 성품과 사생활 문제를 포함시키자는 것을 수용할 수 없었지, 찬조 연설 자체에 비협조적인 태도를 보인 건 아니었습니다."

참으로 어처구니없었다. 정치에서 네거티브 전략은 한계가 있다는 것을 그들은 왜 깨우치지 못하는지 한심했다.

이후 대통령에 당선된 YS는 이명박을 보고는 불쾌한 감정을 감추지 않았다. 인사가 만사라고 했던 김영삼 정권에서는 대선 때 그랬듯이 정권이 끝나는 순간까지 폭로와 비방전이 내내 그치지 않았다. 구태를 벗고 새로운 사람들이 희망을 갖고 뛰어들 수 있는 환경을 만들어 주지 못한 것은 김영삼 문민 정부의 한계였다.

　과거 우리 정치는 독재를 몰아내고 민주주의를 쟁취하기 위한 투쟁의 역사였다. 하지만 21세기에는 경제를 어떻게 이끌어 나갈 것인가 하는 것이 가장 중요한 문제로 대두되었다. 결국 정치는 경제에 대한 올바른 이해에서부터 출발한다는 것이 이명박의 지론이다. 이제 비방과 투쟁으로 점철된 정치는 구시대의 유물로 사라져야 마땅하다는 것이다.

　한국의 민주주의 발전에 가장 큰 공헌을 한 인물로 흔히 양김을 꼽는다. 하지만 진정 성숙된 민주주의를 하려면 경제적 발전이 뒷받침되어야 한다. 민주주의 발전은 경제 발전에 비례하기 때문이다. 한 나라의 민주주의는 투쟁에 의해서만 이룩되는 것이 아니다. 각 분야에서 역동적으로 움직이는 경제인들이 커다란 영향을 미칠 수 있다.

　이명박은 박정희 정권이 추락한 이유도 결국 정치 논리에 의해서가 아니라, 경제 소득이 민주주의를 할 만한 수준으로 올라갔기 때문이라고 본다. 마찬가지로 북한의 소득이 3,000달러 이상이 되면 독재 정권은 자연스레 무너지게 되어 있다. 중국 정부는 국민소득이 올라가자 자본주의 시장경제 원리를 받아들일 수밖에 없었고, 결국 사유 재산을 인정하게 되었다. 이런 예에서 보듯 이제는 투쟁이 아니라 경제 마인드를 갖고 예측 가능한 정치를 펼쳐야 하는 시대인 것이다.

정주영 회장이 본 이명박

이명박의 이름 앞에 항상 붙어 다니는 수식어가 있다. '샐러리맨의 우상', '전 현대건설 회장' 등이다. 그만큼 이명박과 현대는 세월이 흘러도 결코 분리될 수 없는 동질성의 이미지를 풍긴다.

그런데 이명박이 정치에 뛰어든 이후, 그와 정주영 회장 사이는 내내 갈등 관계로 비춰졌다. 하지만 이는 이명박과 현대, 이명박과 정주영 회장 사이를 갈등 관계로 몰아 유리한 쪽으로 이용하려는 사람들 때문이었다. 사실 이명박만큼 현대그룹과 정주영 회장을 속속들이 잘 아는 사람은 없다. 그러기에 이명박에게 정주영을 겨냥한 저격수 역할을 요구하고 기대한 나머지 그 같은 갈등을 조장한 것이었다.

1992년 대통령 선거 직전에 터진 현대중공업 비자금 폭로 사건의 배후설에 휘말린 것도 그러한 사례 중 하나였다. 이 사건은 선거를 눈앞에 두고 현대중공업 경리부의 한 여직원이 언론에 폭로하면서 불거졌다. 사건의 핵심은 '현대중공업이 350억 원의 비자금을 조성해 그중 220억 원을 국민당에 제공했다'는 것이었다. 그 폭로는 누가 봐도 국민당 정주영 후보를 겨냥한 것이었다. YS 진영은 당장 의혹의 눈초리를 받았다. 그리고 현대그룹의 자금 흐름을 가장 잘 알고 있는 이명박이 배후로 지목되었다.

나중에 이명박이 국회에 등원한 후 벌어진 재산 조사설도 마찬가지였다. 당시 이명박의 재산은 62억 원으로 등록되었는데, 이에 대해 야당 측에서 이명박의 재산을 조사하라며 요구하고 나온 것이다.

이를 놓고 정치권에서는 정주영 회장이 이명박의 재산을 조사하라고 지시했다는 소문도 나돌았다. 정주영 회장이 아들인 정몽준 의원과 비서진을 불러 "비밀리에 이명박의 재산 형성 관계를 면밀히 조사해 보고하라"고 했다는 것이었다. 또 다른 소문으로 "정주영 회장이 현대중공업 비자금 폭로의 배후가 이명박 의원이라고 믿고 있다"는 말도 나돌았다.

이명박은 그해 9월, 2차 재산 공개에서 재산 내역을 274억 원으로 정정했다. 현대에서 지어 준 논현동 집, 1976년 중동 공사 수주 후 현대에서 마련해 준 서초동 대지, 서울시에서 공채 상환 대신 강제로 떠넘긴 양재동 자투리땅을 내무부 과세 표준 시가(시세의 20퍼센트)가 아닌 공시 지가를 적용해 발표한 것이다. 만약 정주영 회장이 62억 원을 두고 조사를 지시했다면 274억 원의 재산에 대해서는 어떻게 했을까?

정주영 회장은 돈과 일에 있어서는 비정해 보일 만큼 철두

철미했다. 맨주먹으로 대기업을 일으킨 사람다웠다. 이명박은 돈에 대한 철저함을 정주영 회장에게서 배웠다.

정주영 회장은 재직시 특별 보너스를 준 중역이라도 돈 문제로 불미스럽게 퇴직할 경우 법정 소송을 해서라도 주었던 돈을 회수했다. 그래야만 직성이 풀리는 사람이었다.

이명박은 현대를 그만둘 당시 일반 사원들과 다름없이 퇴직금만 받고 나왔다. 그런데 항간에는 "이명박이 인천제철을 요구했다"는 소문이 나돌았다. 그 소문은 전혀 사실이 아니었다. 이명박은 정주영 회장의 장남 몽필 씨 생전에도 인천제철을 그에게 주어야 한다고 주장했다. 그런데도 항간에는 그런 어처구니없는 소문이 나돌았다.

정주영 회장은 어느 시사 잡지와의 인터뷰에서 이렇게 회고한 적이 있다.

"이명박 의원은 출세 의지가 강한 사람임에는 틀림없지만, 본분을 저버리거나 사람을 배신한 적은 없습니다."

그러한 정주영 회장의 말이야말로 '오랜 인간 관계에서 우러나온 진실된 토로'라고 이명박은 생각했다.

컴퓨터 불도저와 정주영 경영학

현대그룹이 한국 재계의 선두에 올라서자, 경제인들은 '정주영식 경영'에 대해 많은 연구를 했다. 그중에서 눈길을 끈 것은 삼성그룹과 현대그룹의 경영 방식에 대한 비교였다. 요즘도 연구 대상이 되고 있는 '삼성식' 경영과 '현대식' 경영이 바로 그것이다.

정주영 회장의 경영 방식에 대해 많은 사람들, 심지어 전문가들조차 '불도저형'이라고 규정짓지만 이명박은 그러한 견해에 반대한다. 그는 정주영식 경영을 한마디로 '컴퓨터 불도저'라고 못 박는다. 남들이 상상하지 못하는 기발한 발상으로 사업을 일구어 내는 탁월한 능력을 갖추었다는 것이다. 그 기발한 발상의 근거를 따져 보면 '컴퓨터'보다 '밀어붙이기'로 보이지만, 속을 뜯어보면 무섭도록 적확한 통찰력이 존재한다는 것을 알 수 있다.

정주영 회장은 계열사 사장단 회의에 자주 참석하지 않았다. 그러나 어쩌다 참석해 회의를 주재하면 참석자들은 너나없이 진땀을 흘렸다. 정주영 회장은 호통을 칠 때면 문제점을 조목조목 따지고 들며 추상같이 나무랐다. 사업 내용을 훤히 꿰뚫고 있는 그에게 적당주의는 통하지 않았다.

한번은 사장단 회의에 참석한 임원 한 명이 제법 유식한 언어를 구사하면서 정주영 회장에게 보고를 한 적이 있었다. 이 임원은 해외에서 공부를 많이 했다고 해서 영입한 사람이었다. 한참 동안 보고를 듣고 있던 정주영 회장이 갑자기 소리를 버럭 질렀다.

"이봐요! 당신, 여기가 강의실인 줄 아시오? 내가 질문 하나 하겠소. '함바집'이란 게 무슨 뜻이오?"

느닷없는 정주영 회장의 질문에 이 임원은 당황했다. '함바집'이란 단어의 의미를 제대로 몰랐음은 물론이다. 그가 완전히 기가 꺾인 채 대답을 못하고 있자, 정주영 회장은 한 수 가르치듯 말했다.

"사업은 말로 다 되는 게 아니에요. 몸으로 현장에서 익히는 게 더 중요해요. 쉬운 말도 모르면서 어려운 일을 하려고 하니 경영이 잘 되겠어요? 경영은 위도 알아야 하지만 밑도 보아야 하는 거요."

그 일이 있은 후, 이 임원은 현장을 직접 다니며 인부들과 어울려 몸소 체험하는 경영을 했다. 나중에 그 얘기를 들은 정주영 회장은 "그 사람, 이제야 경영을 좀 알겠구먼" 하며 기뻐했다고 한다.

이명박은 그런 정주영 회장에게서 많은 것을 배웠다. 실제로 강연 등 기회가 있을 때마다 자신이 보고 겪은 경영인 정주영에 관한 숱한 일화를 털어놓았다.

이명박의 눈에 비친 정주영 회장은 한마디로 타고난 건설인이었다. 그는 황무지나 마찬가지였던 울산에 현대자동차와 조선소 부지를 만들어 공장을 세웠다. 그의 이런 결정은 공장 부지 비용 절감으로 이어져 생산 코스트를 대폭 낮출 수 있었다. 생산 원가를 줄이려면 시설 자체부터 경쟁력을 가져야 한다는 것이 정주영 회장의 견해였다. 그래야 감가상각비가 줄어든다는 얘기였다.

흔히 말하듯 삼성그룹 창업주 이병철 회장이 귀족적인 이미지를 풍긴다면 정주영 회장은 서민적 이미지를 가졌다. 정주영 회장은 어떤 부류의 사람하고도 잘 어울릴 정도로 서민적 마인드를 지닌 사람이다. 생전에 계열사 사장이나 중역들과도 잘 어울렸다. 그런 모습은 삼성의 이병철 회장이 회사 사람들과 절대로 골프를 치지 않은 것과 큰 대비를 이룬다.

이명박은 정주영 회장과 자주 골프를 쳤다. 현대그룹 소유였던 경기도 소재의 금강컨트리클럽은 정주영 회장이 자주 찾았던 곳이었다. 이 골프장과 관련한 일화가 하나 있다.

하루는 정주영 회장이 이 골프장에서 외부 손님과 함께 골프를 쳤는데, 페어웨이가 울퉁불퉁해 타수가 무척 안 좋게 나왔다. 정주영 회장은 즉석에서 골프장 관리 임원을 불러 골프장을 보수하라고 지시했다. 골프는 즐기기 위해서 하는 운동인데, 타수가 나쁘게 나오면 기분을 망친다는 것이 그 이유였다. 당연히 그 골프장은 페어웨이를 넓게 하고 과거보다는 타수를 줄일 수 있게 보수되었다.

　이명박과 정주영을 두고 사람들은 이상적인 오너와 전문 경영인의 관계라고 평가한다. 함께 일하는 두 사람이 똑같이 실수를 하면 그 조직은 망한다. 그러나 두 사람의 관계는, 한 사람이 주저하면 다른 한 사람이 밀어붙이고, 한 사람이 무리하면 다른 한 사람이 신중하게 잡아당기는 그런 관계였다. 상호 보완적인 역할로 두 사람은 일의 완성도나 추진력을 항상 배가시킬 수 있었다.

논현동 집에 얽힌 사연

　정주영 회장은 이명박에게 아버지 같은 존재였다. 정주영 회장은 속상한 일이 있을 때면 이명박에게 구내 전화를 걸어 "뭐 해?" 하고 물었다. 정주영 회장이 그렇게 말하면 이명박은 '대포가 생각나시나 보다'고 생각했다. 그러면 둘은 광화문 근처 포장마차를 찾아 밤늦도록 소주잔을 기울이곤 했다.
　정주영 회장은 이명박을 앞에 두고 허심탄회하게 마음속 얘기들을 쏟아 놓곤 했다. 자식 걱정이며, 사업 얘기며, 세상 돌아가는 얘기에 이르기까지……. 한참 대화에 열중하다 보면 어느새 동이 훤하게 터 올 때도 있었다.
　정주영 회장은 일할 때는 호랑이 같았지만, 인간적으로는 한없이 푸근하고 다정다감한 성품을 가진 사람이었다. 이명박은 지금도 가끔 정주영 회장의 얼굴을 떠올리면 눈가에 이슬이 맺힌다.
　정주영 회장은 사업가라기보다는 순수한 시골 아저씨 같았다. 기분이 좋으면 주위 사람들의 술값을 다 내 주는 호기도 부렸다. 그런가 하면 어떤 날은 이명박이 술값을 내기도 했고, 또 어떤 날은 샐러리맨들이 계산하기도 했다. 이명박이 오랜 세월 정주영 회장의 곁을 떠나지 못한 건 바로 그런 인간적인 면모 때문이었다.

이명박이 사원 시절 때 있었던 일이다. 일본 출장을 다녀온 정주영 회장이 이명박을 부르더니, 뜬금없이 언제 결혼할 생각이냐고 물으면서 고급 케이스에 든 선물 하나를 불쑥 내밀었다. 그러면서 그는 "비싼 축에 드는 목걸이야. 좋아하는 여자에게 선물해 봐. 아주 좋아할 테니까" 하고는 빙그레 미소를 지어 보였다.

정주영 회장의 그 미소 속에는 진정으로 젊은 이명박의 앞날을 생각해 주는 마음이 담겨 있었다. 이심전심이라고, 주는 사람의 마음을 받는 사람이 모를 리가 없다. 그때 정주영 회장이 선물한 목걸이는 이명박의 아내가 지금까지 고이 간직하고 있다.

정주영 회장은 생전에 이명박의 부인을 무척이나 아끼고 좋아했다. 파티에 가면 꼭 옆자리에 앉게 하는 것은 물론, 이명박의 아내가 딸만 내리 셋을 낳자 아들을 꼭 낳으라고 기원해 주기도 했다. 정주영 회장은 남아 선호 사상이 유난히 강해서 "아들을 낳지 않으면 이명박이 다른 데 가서 낳아 올 것"이라는 농담도 서슴지 않았다. 나중에 이명박이 아내가 아들을 낳았다고 전하자 당사자보다도 더 좋아했을 정도였다.

이명박이 서울시장에 출마할 당시 언론에서는 논현동 집에 대해 이러쿵저러쿵 말들이 많았다. 샐러리맨으로 있으면서 그런 집을 어떻게 장만했느냐고 의문을 제기한 것이다. 요즘 들어 강남의 땅값이 하늘 높은 줄 모르게 치솟으면서 논현동 집의 시세도 덩달아 높아졌지만, 처음 입주할 때만 해도 그리 비싼 집은 아니었다.

논현동 집을 갖게 된 데에는 사연이 있다. 이명박이 현대건설 대표이사를 맡은 뒤 회사가 날로 번창하자, 정주영 회장은 서울 논현동에 이명박 명의로 집을 지었다. 이명박과는 단 한마디 상의도 없이 전적으로 정주영 회장이 혼자 알아서 추진한 일이었다.

나중에 집이 다 지어져 통보를 받고도 이명박이 이사를 가지 않고 머뭇거리자 정주영 회장은 이명박의 부인을 불러 "왜 이사를 가지 않느냐?"며 성화를 부렸다. 이사를 가지 않은 데에 다른 이유는 없었다. 그 집이 분수에 맞지 않게 크고 화려해서였다. 물론 현대건설 대표이사에 올랐을 때는 회사 규모가 급성장하면서 웬만큼 사회적 지위도 주어진 상태였다. 그렇지만 큰 저택에 살아 본 적이 없던 그에게 그처럼 화려하고 넓은 집은 어쩐지 어색하기만 했다.

결국 정주영 회장의 성화에 못 이겨 논현동 집으로 이사를 갔다. 그런데 재미있는 것은 이명박이 이사를 간 뒤 현대건설은 일취월장으로 더욱 번창했다는 것이다. 그 때문에 논현동 집은 단 하루도 손님이 끊이지 않았다. 집에 딸린 잔디 마당에서는 외국인 바이어 초청 연회도 자주 열렸다.

정주영 회장은 나중에 이명박에게 이렇게 말했다.

"명박이, 내가 논현동 집으로 이사를 가라던 뜻을 이제 알겠나? 큰 회사의 사장쯤 되면 집에서 손님을 치러야 더욱 가까워지는 법이야. 호텔 같은 데서 만나는 것보다 집에서 따뜻한 밥 한 그릇이라도 정성껏 대접하면 정이 더 붙는다구."

이명박은 지금도 정주영 회장을 회상하며 고개를 끄덕일 때가 많다. 정주영 회장은 무슨 일을 하더라도 남보다 한 수 앞을 내다보는 혜안을 가진 위대한 경영인이었다.

드라마 〈야망의 세월〉 뒷이야기

정주영 회장과 이명박을 소재로 한 방송 드라마는 여러 차례 있었다. 중소기업에 불과하던 현대를 한국 최고의 대기업으로 일구어 낸 정주영 회장과 샐러리맨 이명박의 성공 스토리는 방송 드라마로서는 더없이 흥미진진한 소재였다.

그러나 이야기가 막상 드라마로 방영되자, 두 주인공은 불만이 적지 않았다. 그들이 겪은 시련과 이를 극복하는 과정이 지나치게 생략되고 낭만적으로 처리되었기 때문이었다.

정주영 회장과 이명박을 소재로 한 대표적인 TV 드라마는 1989년 방영을 시작한 〈야망의 세월〉과 2005년 방영된 〈영웅시대〉 두 편이었다. 두 드라마의 차이점이라면 〈야망의 세월〉은 정주영과 이명박 두 인물을 중심으로 만들어진 드라마인 데 반해, 〈영웅 시대〉는 박정희 대통령을 포함하여 이병철 삼성그룹 창업주 등 제3공화국 당시 활약했던 인물들을 포괄적으로 다루었다는 점이다.

물론 〈영웅 시대〉에서도 정주영 회장과 이명박은 스토리를 이끌어 가는 주요 인물로 그려졌다. 이 드라마에서 현대그룹은 '세기그룹'으로, 정주영 회장은 '천태산'으로, 이명박은 '박대철'이란 이름으로 등장했다.

　〈영웅 시대〉는 어디까지나 드라마이기 때문에 실존 인물들의 개인사를 다루면서도 어느 정도 드라마틱한 요소를 가미한 것이 당연했다. 그런데 드라마가 방영되자 서울시장실로 전화가 빗발쳤다. 전화의 내용은 "드라마를 보고 감동받았다"는 격려에서부터 신랄한 비평에 이르기까지 다양했다. 하지만 이명박으로서는 드라마는 어디까지나 드라마이기 때문에 뭐라고 말할 수 있는 입장이 아니었다.

　〈영웅 시대〉가 방영되는 동안 몇 차례 제작진과 작가로부터 연락이 왔다. 실존 인물에 대한 이야기가 드라마의 줄기인 만큼 사실성을 높이기 위해 에피소드나 견해를 듣고 싶다는 주문이었다. 이명박은 공직을 맡고 있는 상황에서 드라마 제작진을 만나는 것이 모양새가 좋지 않다고 판단해 그들의 요청을 받아들이지 않았다. 다만 주변 사람들을 통해 드라마상의 잘못된 표현이나 오류를 지적해 주었다.

　이 드라마를 두고 정치적으로 말이 많았던 모양이다. 사실 이명박은 이 드라마를 볼 시간이 없어 부인이 녹화를 해 놓으면 특별한 일정이 없는 휴일에 함께 보는 정도였다. 그래도 서서히 드라마 보는 재미가 붙으려 하는데 느닷없이 종영을 하게 되었다는 소식을 들었다.

　드라마 〈영웅 시대〉는 실존 인물들에 대한 이야기라는 점에서 인기가 없지 않았다. 그럼에도 방송사 측은 드라마의 조기 종영에 대해 '시청률이 낮기 때문'이라는 이유를 달았다. 드라마의 일정이야 해당 방송사 사정에 따라 결정되는 것이겠지만, 문제는 보이지 않는 외압에 의해 조기 종영되었다는 소문이 방송가에서 나돌았다는 점이다.

항간에서는 〈영웅 시대〉가 조기 종영된 속사정이 차기 대통령 후보로 떠오른 이명박을 의식했기 때문이라는 설도 있었다. 사실 여부야 알 길이 없지만, 드라마를 두고 그 같은 소문이 나도는 사회 분위기나 상호 불신 현상은 사라져야 할 구시대적 모습인 것만은 분명하다.

어쨌거나 이명박은 드라마 〈영웅 시대〉를 보면서 다시 한번 정주영 회장과의 추억이 떠올라 즐겁기도 했고, 안쓰러운 마음이 들기도 했다. 이명박 역을 맡은 탤런트 유동근 씨도 실감 나는 연기를 펼쳤지만, 정주영 회장 역을 맡은 최불암 씨는 마치 정주영 회장이 환생한 듯 신들린 연기를 보였다. 최불암 씨가 정주영 회장 역을 훌륭하게 소화한 데는 그만한 이유가 있었다. 정주영 회장 생전에 두 사람은 무척이나 가까운 사이였기 때문이었다.

최불암 씨와 정주영 회장은 〈전원 일기〉라는 향토 드라마를 계기로 가까운 사이가 되었다. 정주영 회장이 가장 즐겨 보는 드라마가 바로 〈전원 일기〉였다. 해외 출장으로 이 드라마를 보지 못하면 반드시 녹화를 떠 나중에라도 꼭 보았을 정도였다. 그래서인지 정주영 회장은 1980년대 초부터 〈전원 일기〉에 출연하는 탤런트들을 정기적으로 초청해 함께 식사를 했다.

이 무렵, 이명박도 정주영 회장과 함께 〈전원 일기〉 팀과 자주 식사를 했는데, 그때의 인연으로 최불암, 유인촌 씨 등과 교분을 갖게 되었다. 최불암 씨는 나중에 정주영 회장이 국민당을 창당하고 정치에 뛰어들었을 때 함께 참여해 국회의원을 지내기도 했다.

정주영 회장은 연예인 중에서도 특히 서민적인 이미지를 가진 사람들과 만나는 것을 좋아했다. 그들을 만나면서 자신의 젊은 시절을 회상하고 향수를 느꼈다. 최불암 씨를 비롯해 김혜자 씨, 강부자 씨, 이주일 씨 등이 정주영 회장이 아주 좋아했던 연예인들이다.

이명박이 유인촌 씨를 알게 된 것은 〈전원 일기〉 팀과 가진 식사 자리가 계기가 되었지만, 서로 친분이 두터워진 것은 1990년 KBS의 주말 드라마로 인기가 높았던 〈야망의 세월〉 때문이었다. 그 드라마에서 유인촌 씨는 이명박 역할을 맡아 열연했고, 그 인연이 결정적으로 친분을 맺는 계기가 되었다. 유인촌 씨는 당시 PD로 유명했던 유길촌 씨의 친동생인 데다 평소 말씨나 행동이 듬직해 시청자들 사이에서 신뢰감이 높았다.

〈야망의 세월〉은 주요 줄거리가 이명박의 성공 스토리에 맞추어져 있었는데, 시청률이 45퍼센트를 기록할 정도로 인기가 높았다. 이즈음 공교롭게도 MBC에서는 〈사랑과 야망〉이라는 드라마가 방영되고 있었다. 두 드라마는 내용상 약간의 차이가 있었지만, 등장인물들이 모두 이명박을 연상시키는 듯한 내용이었다. 특히 당시 방송작가 가운데 가장 인기가 높았던 김수현 씨가 〈사랑과 야망〉을, 나연숙 씨가 〈야망의 세월〉을 각각 집필

해 더욱 세간의 화제가 되었다.

두 드라마가 시청률 경쟁을 벌이면서 방송가 주변에서는 〈야망의 세월〉에 대해 이런저런 말들이 많았다. 이 드라마가 무슨 다른 목적이 있어 만들어진 게 아니냐는 소문이 나돈 것이다. 그러나 이는 사실과 달랐다.

이 드라마 때문에 정주영 회장과 이명박의 관계가 소원해진 적도 있었다. 당초 〈야망의 세월〉은 현대그룹의 성장사와 정주영 회장의 일대기를 다루는 것으로 알려졌다. 정주영 회장 역시 그 같은 내용을 전해 듣고는 이명박에게 "이 회장이 나를 가장 잘 아니 내 개인적인 얘기를 잘 말해 주게"라고 당부까지 했다. 그런데 막상 제작진을 만나 보니 이 드라마에서는 정주영 회장이 아니라 이명박 스토리가 중심을 다룬다는 것이었다. 그러면서 이명박에게 협조를 요청했다. 이명박은 깊이 생각한 끝에 제작진에게 답변했다,

"저는 여러분의 요구에 응해 드릴 수 없습니다. 오늘의 현대가 있게 한 분은 바로 정주영 회장님이십니다. 오늘날 한국 경제에서 차지하는 비중으로 보나 그동안 쌓아 온 업적으로 보나, 정주영 회장님이야말로 한국 경제 성장의 주역이시지요. 드라마 모델을 정주영 회장님으로 해 주세요. 아니면 아예 다른 인물로 해도 상관이 없으니 제 이야기만은 빼 주세요. 저를 주인공으로 하는 드라마라면 현대 식구들이 어떻게 생각하겠습니까? 이상한 내부 갈등을 조장할 우려가 있습니다."

이명박의 완강한 거절에도 불구하고 드라마 제작진은 뜻을 굽히지 않았다.

"드라마의 모델이 이 회장님으로 설정되었다는 것이지, 실제 삶을 그대로 옮기는 것은 아닙니다. 작품의 완성도를 위해 다양한 에피소드와 산 경험이 필요할 뿐이지요. 이 회장님의 협조 여부에 관계없이 우리는 드라마를 진행할 겁니다. 설령 정주영 회장님께서 자신을 주인공으로 알고 계신다고 해도 그건 당신 생각일 뿐이지, 우리가 그렇게 의도한 적은 없습니다."

결국 제작진의 의지대로 드라마 촬영은 진행되었고, 마침내 방영되기에 이르렀다. 그리고 이명박이 예상했던 대로 드라마의 후유증은 컸다. 정주영 회장은 드라마의 내용과 관련해 이명박에게 섭섭함을 표시했다. 이명박은 중심 줄거리를 돌리기 위해 관계자들을 여러 차례 만나 설득했다. 하지만 도저히 말이 먹히지 않았다. 그도 그럴 것이 〈야망의 세월〉은 당시 최고의 시청률을 기록하고 있는 중이었다. 작가가 바꾸고자 해도 그럴 상황이 안 되었던 것이다. 상황은 점점 더 복잡하게 얽혀 갔다. 심기가 불편해진 정주영 회장이 방송사 사장에게까지 불만을 토로했다는 얘기도 들려왔다.

〈야망의 세월〉이 방영되는 동안 이명박은 여간 곤혹스럽지 않았다. 무엇보다도 그를 난처하게 만든 것은 이 한 편의 드라마 때문에 20년 넘게 동고동락해 온 정주영 회장과의 사이에 틈이 벌어지기 시작했다는 점이었다. 그전까지만 해도 두 사람은 웬만해서는 불신하거나 오해하는 일이 없었다. 그러나 드라마 때문에 벌어진 틈새는 쉽게 봉합되지 않았다.

예상 밖으로 후유증이 커지면서 이명박은 현대를 떠나야 할 때가 왔음을 깨달았다. 더욱이 정주영 회장의 2세들이 경영을 이어받을 시점이 되었다는 점도 부담으로 작용했다. 이처럼 드라마 〈야망의 세월〉은 정주영과 이명박의 인생 행로를 가르는 큰 분수령이 되었다.

아무튼 드라마가 진행되는 동안 유인촌 씨는 인물을 심층적으로 연구하기 위해 자주 이명박을 찾았다. 그 과정을 겪으면서 두 사람은 두터운 교분을 쌓았다. 유인촌 씨는 당시를 이렇게 회고했다.

"드라마의 완성도를 높이자면 모델이 된 실존 인물에 대한 연구를 게을리 할 수 없지요. 드라마 촬영으로 저도 바빴지만, 현대건설 재직 당시의 그분도 틈을 내기 어려울 만큼 바쁠 때였어요. 가뜩이나 어려운 시간을 쪼개 자리를 함께하면 늘 오래도록 사귄 친구처럼 친근하게 대해 주신 게 기억납니다. 제가 정말 놀란 것은, 문화 예술에 대한 이해가 매우 깊다는 점이었어요. 오래도록 건설 일만 해 온 분이라 문화 예술에 대한 이해가 떨어질 거라 생각했는데 예상이 완전히 빗나가고 말았지요. 잠깐 동안이라도 이야기를 나누어 본 사람이라면, 그분이 얼마만큼 음악과 연극과 영화 같은 분야에 애정이 깊은지 대번에 깨닫게 될 겁니다. 서울시장이 되어 청계천을 복원하면서 서울 시민의 문화적 공간으로 만들겠다고 공약했을 때, 저는 익히 짐작했습니다. 그가 지닌 문화 예술에 대한 안목이 청계천변을 얼마만큼 아름답게 만들어 놓을 것인가를 말입니다. 그와 대화를 나누다 보면 시중에 나와 있는 웬만한 교양 서적은 두루 내용을 꿰뚫고 있다는 걸 알게 될 겁니다. 그 바쁜 나날 중에 언제 그렇게 많은 책을 읽었는지 깜짝 놀란 적이 많아요."

실제로 이명박이 문화 예술에 관심이 높은 데는 그만한 이유가 있다. 그는 포항 동지상고 야간부에 다닐 때 너무나 가난해 책을 사 볼 돈이 없었다. 그것을 안 이웃집 여학생이 〈부활〉, 〈백범 일지〉 등 국내외 명작들을 그의 집 대문 앞에 몰래 놓아주곤 했다. 이명박은 그 책들을 밤새워 읽고 다시 그 여학생 집 문 앞에 가져다 놓았다.

공연이나 연극 관람은 아예 엄두를 낼 수가 없었다. 훗날 현대에 입사한 후에야 비로소 공연을 볼 수 있는 여건이 되었다. 한번은 런던에 출장을 갔는데, 때마침 파리에서 유명한 발레단의 공연이 있다는 소식을 듣게 되었다. 그는 곧바로 파리로 날아가 공연을 보고 다시 런던으로 돌아왔다. 그만큼 이명박의 문화 예술에 대한 애정은 각별하다.

서울시장에 취임한 이명박은 '문화 시장', '복지 시장'으로 기억되고 싶다는 소망을 숨기지 않았다.

이명박은 문화 시장이 되고 싶다는 소망을 유인촌 씨에게 솔직하게 털어놓고, 서울시가 설립한 문화재단을 맡아 달라고 부탁했다. 유인촌 씨는 그 뜻을 알아차리고 흔쾌히 서울문화재단을 맡았다. 20년이 넘는 세월 동안 쌓은 서로에 대한 신뢰와 존경심이 하나로 어우러진 결과였다.

소 떼를 몰고 북으로 간 까닭

1998년 6월 16일은 분단 이후 처음으로 소 500마리가 판문점을 통과해 방북 길에 오른 역사적인 날이었다.

"어린 시절 청운의 꿈을 안고, 소 판 돈 70환을 가지고 집을 나섰습니다. 그 후 긴 세월 저는 묵묵히 일 잘하고 참을성 있는 소를 성실과 부지런함의 상징으로 삼고 인생을 걸어왔습니다. 이제 그 한 마리의 소가 천 마리의 소가 되었고, 그 빚을 갚으러 꿈에 그리던 고향 산천을 찾아가는 것입니다."

83세 노기업인이 분단의 벽인 판문점을 넘어 소 떼를 몰고 고향을 방문하는 광경은 어느 누구도 상상하지 못한 일이었다. 이명박은 소 떼와 함께 방북 길에 오른 정주영 회장의 모습을 보며 전율했다.

이명박은 남북 화해 시대를 그렇게 극적인 방법으로 열어젖힌 정주영 회장의 마음을 누구보다 잘 이해할 수 있었다. 사실 정주영 회장의 소 떼 방북은 김대중 정부의 햇볕 정책과 깊은 연관이 있었지만, 정주영 회장 스스로 민족의 최대 과제인 통일의 초석을 다지고 싶어한 것 또한 사실이었다.

또 다른 시각에서 보자면, 정주영 회장은 대북 사업을 철저한 '일'의 하나로 생각했다. 그가 추진한 초창기 대북 사업은 비즈니스 마인드에서 출발했다. 중동 건설 경기가 수그러든 이후 현대그룹의 새로운 사업 루트를 대북 사업에서 찾으려 한 것이다.

그러나 그의 플랜은 북한 사회의 폐쇄성이 가진 '리스크'로 인해 국내외 경제계로부터 큰 우려를 자아 낸 것 또한 사실이다. 현대그룹 투자자들도 정주영 회장의 대북 사업 투자를 달갑지 않게 생각했다. 따지고 보면 정주영 회장의 소 떼 방북은 1984년 서산 간척 사업과 불가분의 관계가 있다. 정주영 회장이 서산 간척 사업을 시작한 이면에는 깊은 뜻이 있었다.

첫째는 부족한 식량 문제를 해결하는 것이었다. 당시 국내 식량 사정은 무척이나 열악했다. 식량의 자급 자족을 이루지 못하자, 정부는 대체 식량으로 밤나무를 심을 것을 권장할 정도였다. 쌀 생산을 늘릴 수 있는 대규모 간척 사업은 국가적으로 봐서도 절박한 과제였다.

둘째는 중동 건설 붐이 시들해졌다는 것이었다. 1970년대까지 현대그룹은 중동 건설 붐을 타고 막대한 수익을 거두었다. 그러나 중동 건설 붐은 1980년대 들어가면서 주춤하기 시작했고, 특히 오일쇼크 등이 몰아친 이후 급격히 쇠퇴로 접어들었다. 중동 특수를 타고 막대한 수일을 올렸던 국내 건설 업체들이 줄도산을 맞게 된 것도 그런 이유 때문이었다.

현대건설은 다행히 수주 건수가 많아 어느 정도 버틸 수 있는 여력이 있었지만, 앞날이 걱정되긴 마찬가지였다. 건설 붐이 시들해지면서 나타난 후유증 중 하나가 바로 건설 장비의 처리 문제였다. 건설 장비는 대당 가격이 수천만 원에서 수억 원대에 이를 만큼 고가였다. 외국 건설 현장에 투입되었던 그 장비들을 버릴 수도 없고, 국내로 들여오자니 사용처가 없어 고철로 이용할 수밖에 없는 실정이었다. 이러한 때 시작된 서산 간척 사업은 건설 장비를 유효 적절하게 사용할 수 있는 탈출구 역할을 했다.

그렇게 조성된 서산 간척지에서 정주영 회장과 함께 방북 길에 오른 수천 마리의 소가 키워졌다. 그리고 정주영 회장은 그 소 떼를 몰고 고향을 찾아갔다. 처음 서산 간척지에서 소를 방목하기 시작했을 때만 해도 정주영 회장이 그 소들과 함께 방북 길에 오를 거라고 상상한 사람은 아무도 없었을 것이다.

소 떼로 열어젖힌 북한의 개방은 이후 금강산 개발 사업으로 이어졌다. 그러나 정주영 회장이 시작한 대북 사업은 수익성 면에서 실패했다. 비즈니스로 시작한 대북 사업 마인드가 시간이 흐르면서 '통일'에 대한 비중을 높이는 쪽으로 변모했기 때문이다.

삼성을 비롯한 국내 기업들이 대부분 대북 사업을 외면하고 있는 현실을 보면 충분히 짐작할 수 있는 일이다. 현대그룹은 대북 사업의 전반적인 실패를 개성 공단 개발을 통해 보전하려 했다. 그러나 정주영 회장이 방북 3년 만에 작고한 뒤 2세들에 의해 그룹이 분할되면서 대북 사업은 큰 변화를 맞았다.

정몽헌 회장 몫으로 돌아간 계열사들이 대북 사업을 맡게 되었지만, 그룹 규모가 축소된지라 사업 추진력이 크게 떨어질 수밖에 없었다. 현대그룹의 주요 자금줄이던 현대자동차와 현대중공업이 사실상 발을 뺀 것도 대북 사업을 힘있게 추진할 수 없는 원인이 되었다.

정주영의 후계자 선택

정주영 회장은 생전에 현대그룹을 2세들에게 물려주지 않겠다고 여러 차례 강조했다. 이명박에게도 "현대의 회장은 당신이 마지막이야"라는 말을 자주 했다. 이명박은 당시 정주영 회장의 말이 진심이었다고 생각한다.

사실 한국의 기업들은 경영권 문제와 관련해서는 매우 보수적이다. 2세들에게 경영권을 물려주는 것이 관행처럼 되어 있는 것이다. 그런 현실에 비추어 이명박을 현대건설의 최고경영자로 발탁한 정주영 회장의 인사는 매우 파격적인 것이라 할 수 있었다.

이명박이 현대건설 회장으로 재직할 당시 정주영 회장의 가족들도 그를 어렵게 생각했다. 이명박의 존재에 대해서는 정주영 회장의 형제는 물론이고 2세들까지도 인정했다. 더욱이 계열사의 대표이사직을 무려 6개씩이나 겸직했음에도 가족들은 그를 경영자로 생각하지 않았다. 정주영 회장의 2세들 중에는 이명박보다 나이가 많거나 엇비슷한 사람도 있었다. 심지어 그보다 한참이나 연장자인 정주영 회장의 형제들조차 이명박을 인정했다. 사석에서도 항상 그들은 이명박을 윗자리에 앉도록 배려했다.

오히려 이명박의 자리에 대해 외부에서 더 말이 많았다. 정주영 회장이 30대에 불과한 이명박을 현대건설 사장으로 기용했을 때, 인사의 달인이라는 이병철 회장은 이렇게 말했다.

"정주영 회장이 실수하고 있는 거야. 멀찌감치 볼 필요도 없어. 1년 뒤면 알 수 있을 테니까."

그렇듯 말들이 많았지만 정주영 회장은 개의치 않고 그대로 밀어붙였다. 회사의 소유주는 자신이지만, 경영만큼은 능력 있는 전문 경영인에게 맡기겠다는 의지가 확고했기 때문이었다. 결과적으로 정주영 회장의 판단은 옳았다. 이명박이 CEO로 임명된 뒤 현대건설이 날로 발전을 거듭하자, 다른 많은 기업들 사이에도 전문 경영인에게 경영을 맡겨야 한다는 인식이 퍼지기 시작했다.

그러나 정주영 회장의 생각은 나이가 들면서 바뀌어 갔다. 2세들에게 경영권을 이양하지 않겠다고 공언했던 것을 스스로 철회했다. 그 역시 여느 그룹 총수들처럼 회사의 경영권을 2세에게 물려주겠다고 밝힌 것이다.

사실 현대그룹은 정주영 회장을 정점으로 여러 형제들과 2세들이 고루 경영에 참여하고 있었다. 정주영 회장의 형제로 인영, 순영, 세영, 상영이, 2세대에서는 몽필, 몽구, 몽근, 몽우, 몽헌, 몽준, 몽윤, 몽일 8형제가 한때 모두 현대그룹의 경영에 참여했을 정도였다.

현대에 재직할 당시 이명박은 내부에서나 외부에서나 단 한 번도 가신이라 불린 적이 없었다. 정주영 회장 가문의 누구든 이명박을 딱히 견제하는 일도 없었다. 정주영 회장 일가족이 이명박의 뛰어난 능력을 인정한 탓도 있지만, 특별히 호불호를 따지지 않는 이명박의 처신도 크게 작용했다.

다만 이명박은 정주영 회장의 형제들 가운데 정세영 회장과는 남달리 가깝게 지냈다. 그러나 안타깝게도 정세영 회장은 2005년 5월 21일 유명을 달리했다. 정세영 회장의 빈소를 찾은 이명박은 아쉬운 심정을 달랠 길이 없었다. 그는 이른바 로열패밀리이면서도 자타가 인정하는 훌륭한 경영인이었다. 이명박으로서는 정주영 회장 다음으로 많은 생각을 공유했던 사람이기도 했다.

정주영 회장도 형제들 중 유일하게 정세영 회장만 독립시키지 않은 채 현대자동차 회장을 맡길 만큼 동생을 믿었다. 뿐만 아니라 1980년대 중반 경영 일선에서 물러나며 정세영 회장을 그룹 회장으로 임명했다. 자신이 살아 있는 한 그에게 경영을 맡겨야 안심이 되었던 것이다.

정주영 회장은 주변에서 걱정을 하자 이렇게 말했다.

"정세영 회장이 그룹 회장을 맡으면 이명박 회장이 옆에서 도와 줄 테니 아무런 문제가 없을 거요."

정세영 회장은 정주영 회장이 타계한 뒤 현대그룹 계열사였던 현대산업개발을 분리해 독립 경영에 나섰다. 사실 정세영 회장은 건설맨은 아니었다. 그는 '포니 정'이라는 별명을 얻었을 만큼 자동차 사업에 몸바쳐 온 경영인이었다. 현대산업개발을 맡아 나간 뒤로도 그는 가끔 이명박에게 자문을 구했고, 그때마다 이명박은 조언을 아끼지 않았다.

정주영 회장은 생전에 자식들에게 매우 엄했다. 아무리 사랑하는 자식이라도 속마음을 드러내 보인 적이 별로 없었다. 그럼에도 불구하고 자신이 그랬듯 '장자'를 무척 중요시하였다. 언젠가 정주영 회장은 삼성그룹이 이병철 회장 타계 후 3남에게 경영권을 승계시키자 이렇게 말했다.

"두고 봐. 자식에게 회사를 맡기려면 반드시 장자가 아니면 말썽이 생기게 되어 있어."

그러나 정작 정주영 회장 자신은 장자인 몽필 씨를 제대로 인정해 주지 않았다. 이명박이 현대건설 사장으로 있을 때 몽필 씨가 전무로 왔다. 물론 그는 이명박보다 나이가 많았고, 입사도 빨랐다. 그럼에도 정주영 회장은 몽필 씨를 가혹하다 싶을 정도로 엄하게 대했다. 다른 자식들에게는 계열사를 하나씩 떼어 맡기면서도 그에게는 냉정했다. 보다 못한 이명박이 나서 인천제철 경영을 몽필 씨에게 맡기자고 제안하자, 그때서야 그에게 인천제철을 맡겼다.

그러나 정주영 회장은 몽필 씨의 뜻하지 않은 죽음 이후 심경의 변화를 보였다. 당시 이명박은 호상을 맡아 몽필 씨의 장례를 치렀다. 미국 출장 중 비보를 듣고 귀국한 정주영 회장은 장례식 후 전례 없이 현대 고위 임원들에게 일일이 감사의 글을 보내어 노고를 치하했다. 이명박에게는 '어려운 고비 때마다 슬기를 발휘해 오늘의 현대가 존속하는 데 큰 힘이 되었다'는 내용의 글을 보내 주었다.

　장남 몽필 씨가 작고한 뒤 정주영 회장은 그룹 계열사를 쪼개어 2세들에게 나누어 주었다. 대학을 갓 졸업한 몽준 씨에게조차 현대중공업을 맡길 정도였으니 장남의 갑작스런 죽음이 정주영 회장에게 어떤 영향을 미쳤는지 충분히 헤아릴 수 있을 것이다.

　2000년 초, '왕자의 난'이 벌어졌다. 몽구, 몽헌 회장 사이에 벌어진 경영권 다툼의 핵심은 현대자동차의 경영권과 대북 사업을 누가 맡느냐 하는 문제와 연결되어 있었다.

　자동차에 대한 애착이 컸던 정몽구 회장은 몽필 씨가 작고한 뒤 사실상 집안의 장자 역할을 맡아 왔다. 정주영 회장의 평소 생각대로라면 당연히 그룹 경영권을 그에게 맡겼을 것이다. 그러나 문제는 대북 사업이었다. 정주영 회장은 대북 사업에 대한 신념 때문에 몽헌을 택했다. 그 결과 장자인 몽구 회장이 크게 반발하기에 이르렀고, 결국 형제는 전면전을 향해 치달았다. 도하 각 언론들은 이를 '왕자의 난'이라 표현하며 크게 보도했다.

　발단은 그랬지만 '왕자의 난' 이면에는 가신들의 역할도 간과할 수 없었다. 몽구와 몽헌 쪽 가신들이 개입해 사태를 악화시키는 데 적지 않은 영향을 끼쳤다. 이와 관련해 당시 재계에서는, 표면적으로 '왕자의 난'이지만 내막을 들여다보면 '가신들의 전쟁'이라는 소문이 나돌았다.

　'왕자의 난'에서는 일단 몽헌이 승리한 듯 보였다. 정주영 회장이 몽헌의 손을 들어 주었기 때문이다. 몽구 회장은 이에 불복해 현대자동차 사수 의사를 굽히지 않았다.

지금 와서 '왕자의 난'을 돌이켜보자면 승자도 패자도 없다. 정몽헌 씨는 정권이 바뀌고 대북 송금 사건을 조사받는 과정에서 스스로 목숨을 끊었다. 현재는 부인인 현정은 회장이 고인의 유지를 이어 계속해서 대북 사업을 이어 가고 있다. 정몽구 회장 역시 현대자동차를 세계 굴지의 자동차 기업으로 발전시켜 나가고 있다.

제4장
가슴 깊이 묻어 둔 이야기

어머니는 노점상 좌판을 거두고 교도소로 면회를 왔다. 죄수복 차림의 아들에게 어머니는 물었다. "명박아, 기도는 열심히 하니? 공부는 많이 하니? 내 자식이지만 나는 네가 별 볼일 없는 놈인 줄 알았다. 그러나 이제 네가 장차 큰일을 할 수 있을 거라는 생각이 든다. 어미는 이만 간다." 미처 1분도 안 걸린 시간이었다. 어머니는 뒤도 돌아보지 않고 밖으로 나갔다. 이명박은 멍하니 어머니의 뒷모습을 바라보았다. 이명박이 출옥한 지 한 달 만에 어머니는 세상을 떠났다.

현대그룹을 떠나던 날

이명박은 1992년 3월, 제14대 국회의원으로 정계에 첫발을 내디뎠다. 27년간 몸담았던 현대를 떠나 경영인에서 정치인으로 제2의 인생을 시작한 것이다. 이명박은 일개 중소기업을 굴지의 대기업으로 키운 경험을 정치 현장에서 발휘해 보겠다는 의욕에 차 있었다.

정치권에 경영 정신을 불어넣어 정치 선진화를 이루고 국가 발전에 기여하겠다는 생각으로 정치에 입문한 이명박에게는 의욕만큼이나 커다란 자신감이 있었다. 비록 정치 초년병이었지만, 기업에서처럼 집념과 소신을 갖고 노력한다면 반드시 뜻을 펼칠 수 있으리라 믿었다.

물론 낡은 한국 정치에 새 바람을 일으키려면 많은 고충이 따를 거라고 생각했다. '현대 신화'를 이루는 데도 고충은 많았다. 하물며 반세기 동안 굳어진 정치 풍토를 변화시키려면 많은 어려움이 따를 것이 자명했다. 그러나 이명박은 정치인으로서도 기업에서처럼 '신화'를 이끌어 낼 자신이 있었다. 모든 성취는 땀과 눈물로 이루어진다는 것을 잘 알고 있었고, 한국 정치에 새 바람을 불어넣기 위해서라면 기꺼이 굵은 땀방울을 흘릴 각오가 되어 있었다.

그러나 막상 정치권에 들어와서 보니 기업에서 바라볼 때보다 문제는 더 심각하다는 것을 느꼈다. 계파끼리의 힘 겨루기와 보스 눈치만 살피는 풍토에서 토론 문화는 아예 기대조차 할 수 없었다. 그때 그때 상황을 우선 모면하고 보자는 임기응변식 정치가 횡행했고, 정치판 스스로 자정 능력은 전혀 갖추고 있지 못했다.

의사당에서는 멱살잡이를 하며 싸우다가도 회의가 끝나면 언제 그랬느냐는 듯 서로 어깨동무를 하는 이들이 정치인들이었다. 멀쩡히 웃고 있다가도 보도 카메라가 돌아온다 싶으면 심각한 듯 인상을 쓰는 것이 바로 기성 정치인들의 실제 모습이었다. 의정 활동을 열심히 하는 의원보다는 줄을 잘 서는 의원에게 전폭적인 지원이 따랐다.

이명박은 속으로 혀를 찼다. 만약 기업 경영이 이런 식이라면 부도는 필수였다. 그런 한편 복마전 같은 정치판이기에 더욱 막중한 책임감을 느꼈다.

이명박은 기업 경영과 국가 경영이 본질적으로 다르지 않다고 믿어 왔다. 기업의 효율적이고 합리적인 경영 시스템을 정치에 적용해 반드시 '정치 선진화'를 이루고 싶었다. 기존의 그릇된 질서에 순응하는 길을 택하고 싶지 않았다. 보스 눈치 보기, 줄 서기, 공작 등이 횡행하는 정치 시스템은 체질에 맞지 않을 뿐더러 도무지 이해가 되지도 않았다. 편법과 권모술수가 있는 정치 풍토는 시급히 청산해야 할 구시대의 유물일 뿐이었다. 이러한 소신이 있었기에 기성 정치권과의 충돌은 애초부터 불가피한 일이었는지 모른다.

경영학적 관점에서 보자면 공격적인 마케팅이 필요한 때가 있고, 원칙에 입각한 마케팅을 펼쳐야 할 때가 있다. 1996년 서울시 종로구 지역구 국회의원 후보로 출마하여 이명박은 원칙에 입각한 선거 전략을 고수했다.

이명박으로서는 정치 입문 후 처음 치르는 선거전이었다. 그리고 그 선거전은 맹수들이 자신의 영역을 지키기 위해 피나는 싸움을 벌이는 정글이나 다름없어 보였다. 선거는 처음부터 이명박에게 불리했다. 상대 후보는 종로의 터줏대감으로 일컬어지는 4선의 중진 의원이었다. 거미줄처럼 엮인 상대 후보의 탄탄한 조직은 정치적 연고 없이 뛰어든 이명박과는 하늘과 땅 차이였다.

중앙당에서는 종로구를 '경합 지구'로 분류해 놓고 있었다. 대개 중앙당의 분류는 기대치보다 한 단계 위로 발표하는 것이 관례였다. 그것은 다시 말해 종로구를 일찌감치 열세 지구로 분류했다는 뜻이었다.

이명박은 최선을 다했다. 선거전이 본격화되자 지역 구민들에게서 차츰 호응이 느껴졌다. 이명박은 국회의원이 되면 어떤 일을 할 것인지 소신을 밝히는 데 주력했다. 참모들이 상대 후보의 약점을 공격해야 한다고 주장했지만, 기성 정치인들과는 차별화된 모습을 보여 주고 싶었다.

여당에 있다가 탈당한 상대 후보는 자신을 거물로 인식시키기 위해 YS와 벌였던 대결을 열심히 소개했다. YS의 인기 폭락을 이용한 네거티브 선거 전략이었다.

이명박은 여당 후보였지만 프리미엄은 기대조차 할 수 없었다. 여당 후보라면 기존 조직을 활용해야 하는 것이 상례인데, 오히려 상대 후보가 기존의 여당 조직을 그대로 흡수해 활용하고 있었다. 남아 있는 조직원들 역시 상대 후보와 오랜 시간 인간 관계를 맺어 온 사람들이어서 잘못하면 전략이 노출될 우려가 컸다. 그래서 이명박은 유세를 할 때면 기획단에서 만들어 준 연설문을 그대로 읽지 않았다. 연설문이 상대 후보 쪽에 유출되었을 수 있다는 판단 때문이었다.

이명박은 연설 대신 유권자들에게 자연스럽게 다가가기로 결심했다. 딱딱한 정치 이야기 대신 서민들의 살림살이 이야기를 꺼냈고, 그들의 살아 있는 이야기에 귀를 기울였다. 그러면서 유권자들이 진정으로 무엇을 원하는지 알고자 했다.

대화를 나눈 주민들은 하나같이 이명박의 팬이 되었다. 종로 5가의 한 초등학교에서 유세를 끝내고 대학로까지 행진을 하는데 사람들이 줄지어 이명박을 따라왔다. 하이힐을 벗어 손에 든 채 맨발로 뒤따라오는 여성들의 모습도 보였다. 동원된 사람들이라면 아예 편한 차림으로 오지 하이힐을 신고 오지는 않았을 것이다. 그 여성들의 얼굴에는 축제라도 벌이는 것처럼 즐거운 표정이 역력하게 드러나 있었다.

이명박은 그 모습을 보며 미국의 선거가 왜 축제처럼 치러지는지 이해할 수 있을 것 같았다. 미국 사람들은 자신이 지지하는 후보자의 유세 때면 스스로 피켓을 만들고 도시락을 싸 들고 와서 마치 축제에 초대받아 온 것처럼 열광한다. 반면에 한국의 선거는 어떠한가?

    정치권 주변에는 아직도 돈이 없으면 선거를 온전히 치를 수 없다는 인식을 가진 이들이 적지 않다. 하지만 시대는 더 이상 그런 것을 원치 않는다. 이제는 바야흐로 국민들의 의식이 달라진 것이다.

이명박과 YS의 인연

2008년 1월 12일, 이명박은 대통령 당선인의 신분으로 YS의 팔순 잔치에 참석했다.

이명박이 YS의 팔순 잔치에 참석한 것에 대해 언론에서는 정치적 의미를 부여하기도 하지만, 이명박은 전적으로 그에 대한 존경심에서 간 것이었다. 정치적으로 YS는 이명박의 스승이었다.

이명박이 현대를 떠날 무렵, YS는 그에게 민자당 소속으로 국회의원에 출마해 줄 것을 강력히 권유했다. 그러나 이명박은 정치인으로 국회에 진출하는 것보다 서울시장 출마를 원했다. 서울시 행정에 자신이 쌓아 온 경영 기법을 적용해 보고 싶었던 것이다.

YS의 국회의원 출마 권유를 거부했던 또 다른 이유는 그 무렵 정주영 회장이 국민당을 세워 정치에 뛰어든 탓도 있었다. 정주영 회장의 정계 진출에 극력 반대해 온 이명박으로서는 정치인인 국회의원보다는 행정가인 서울시장 출마가 낫다고 생각한 것이다.

이명박의 서울시장 출마 결심에 YS도 찬성 의사를 내비쳤다. 그러나 지방자치제가 1995년으로 연기되자, YS는 이명박이 일단 전국구 의원으로 국회에 들어가기를 바랐다. 훗날 지방자치제가 실시되면 그때 서울시장 선거에 출마하라는 게 YS의 의중이었다.

이명박은 1992년 3월 24일, 민자당 전국구 의원으로 국회에 등원하게 되었다. 그리고 의정 활동을 하면서 1995년 6월 27일에 실시될 민선 광역 자치 단체장 선거에 대비했다. 민자당 내에서는 정원식 씨 등이 초대 민선 서울시장 후보를 자처하고 나섰다.

정치 경력은 열세였지만, 이명박은 서울시장 후보로서 갖추어야 할 청사진을 차근차근 준비했다. 이윽고 때가 되자 당에 경선 출마 의사를 밝히고 정식으로 후보 등록을 마쳤다. 그런데 예상치 못한 일이 벌어졌다. 이명박 말고는 아무도 경선 후보를 등록하지 않은 것이었다. 생각할수록 이해할 수 없는 일이었다. 서울시장 후보로 나서겠다고 공언해 온 사람들은 다 어디로 갔는지 도무지 알 수 없었다. 이유는 곧 밝혀졌다. 경선 출마를 염두에 두고 있던 사람들이 대통령의 눈치를 보느라 한 발 뒤로 물러선 것이었다.

얼마 후 YS가 민자당 소속 의원들을 초청한 비공식 만찬이 열렸다. 그 자리에 참석한 이명박은 YS의 느닷없는 발언에 깜짝 놀랐다. 경선을 하지 않고, 대선 때 선거 대책 본부장을 맡았던 정원식 씨를 서울시장 후보로 내세우겠다는 뜻을 밝힌 것이었다. 이명박은 어이가 없었다. 정치에 발을 들여놓은 후 처음 맞닥뜨린 충격적인 사건이었다. 차라리 정원식 씨를 내정해 놓았다고 미리 알려 주었더라면 아예 후보 등록을 하지 않았을 것이기에 더욱 화가 났다.

민자당 대표와 정보 기관 간부까지 나서 경선 후보 사퇴를 종용했다. 그러나 이명박은 끝내 뜻을 굽히지 않았다. 그런 식의 부당한 압력에 굴복하느니 차라리 정치를 그만두겠다는 결심까지 했다. 그런 차에 청와대로부터 재차 사퇴 압력이 들어왔다. 대통령 비서실장의 방문을 받은 이명박은 논리 정연하게 그 부당성을 지적했다.

청와대에서는 이명박이 끝내 뜻을 굽히지 않자 사생활 문제를 흘리며 은근히 협박을 가해 왔다. 하지만 사생활 문제라면 누구보다 자신 있었다. 부정한 방법으로 돈을 번 적은 단 한 번도 없었다. 가난이 싫어 부자가 되고 싶었고, 어느 누구보다 열심히 일해 돈을 모았을 뿐이었다. 이명박은 도덕성만큼은 자신이 있었기에 갖은 압력에도 완강하게 버티었다.

상황이 YS의 생각대로 수습될 기미를 보이지 않자 청와대는 정무수석을 통해 YS와의 면담을 제의해 왔다.

대통령과 이명박의 청와대 조찬 회동은 아침 7시로 정해졌다. 이명박은 약속 시간보다 15분 일찍 청와대에 도착했다. 비서실장이 현관까지 나와 기다리고 있었다. 사실 대통령 비서실장이 현관까지 나와 기다리는 것은 당 총재나 각계 원로들을 영접할 때 갖추는 예의였다.

YS도 약속 시간 5분 전에 나와 이명박을 반갑게 맞이했다. 간단한 인사말을 주고받은 뒤 이명박은 차분하게 자신의 입장을 밝혔다.

"각하께서는 오랜 세월 민주화 투쟁을 하시어 이 나라 민주주의를 지켜 오셨습니다. 저는 오래 전부터 그 점을 존경해 왔습니다. 각하께서 민주화 투쟁을 하실 때 저 역시 대학에서 학생 운동을 했습니다. 함께 학생 운동을 하던 여러 친구들이 일찍이 정치에 발을 들여놓았지만, 저는 기업에 들어가 이 나라 경제 발전을 위해 애써 왔습니다. 세계 여러 나라에서 공사를 수주했고, 그 덕분에 각국 국가 원수와 기업인들을 가까이에 만나면서 참으로 많은 것을 배우고 경험했습니다. 저는 이처럼 소중한 경험을 바탕으로 정치를 시작했습니다. 서울시장은 제가 기업에서 쌓은 경험을 살릴 수 있는 좋은 자리입니다. 경선을 통해 후보를 정하는 것이야말로 가장 민주적인 방식이라 생각합니다. 저는 당헌 당규에 따라 경선 후보로 나섰습니다. 그런데 별안간 경선을 없애고 특정인을 후보로 추대하는 것은 원칙에 위배되는 일입니다. 민주적인 원칙을 지켜 나간다는 의미에서도 경선을 통해 후보를 정하는 게 바람직합니다."

한참 동안 가만히 듣고 있던 YS가 대답했다.

"내가 후보로 지목한 분은 지난 대선 때 나를 도와 선거 대책 위원장을 지낸 분인데, 이번 기회에 그 신세를 갚고 싶어서 그럽니다. 이 의원은 두뇌가 명석하고 지혜가 출중하니, 앞으로 해야 할 일도 많고 또 기회도 많지 않습니까? 이번만은 그분을 좀 도와 주세요."

YS는 흘긋 이명박의 눈치를 살피더니 한마디 덧붙였다.

"이 의원, 다시 말하지만 이번만은 내 뜻을 따라 주세요. 경선이 민주적인 방식이기는 하지만, 지난 1992년 민자당 내에서 있었던 대통령 후보 경선처럼 부작용이 따를 수도 있어요."

두 사람의 대화는 3시간이 넘도록 이어졌지만 해결점을 찾지 못했다. 그동안 대여섯 잔의 차가 비워졌다. 결국 그날의 만남은 아무런 결론 없이 그렇게 끝나고 말았다.

경선을 둘러싼 그런 대치 상황이 계속되면서 언론에서는 이명박에 대한 조사설, 탈당설 등이 보도되었다. 이명박의 탈당 소문은 민자당 서울시 지부장 회의에서 45명의 위원장들이 정원식 후보를 추대하는 모임을 갖는다는 발표와 함께 흘러나왔다. 그렇지만 이명박은 결코 서울시장 경선 출마 의사를 철회하지 않았다.

정치인들은 뜻대로 안 되면 소리 지르고 욕설을 내뱉으면서까지 자기 주장을 관철시키려 들었다. 그러나 기업 출신인 이명박은 부드럽고 논리적인 협상에 익숙해 있었다. 시간이 거듭될수록 YS를 비롯한 측근 인사들은 이명박이 만만찮다는 사실을 깨달았다.

그런 우여곡절 끝에 비로소 서울시장 후보 선출은 이명박의 뜻대로 경선을 치르게 되었다. 실로 길고도 험한 싸움 끝의 승리였다. 최선을 다해 경선에 임하고, 패배하면 깨끗이 승복하리라 마음먹었다.

그러나 막상 경선은 이명박 진영에 말할 수 없을 정도로 불리하게 진행되었다. 경선 후보자들에게 대의원 명단을 공개하지 않기로 했다는 민자당 사무국의 말은, 이미 상대 후보 진영에서 명단을 확보해 유세에 활용하고 있다는 게 확인되면서 거짓으로 드러났다. 그동안 적극적인 지지 의사를 표명했던 지구당 위원장들과도 통화를 할 수 없었다.

이명박은 망연자실했다. 어떻게 이럴 수 있는지 이해가 되지 않았다. 애초부터 도저히 승산 없는 싸움이었다. 몇 번이나 포기해 버릴까 생각했지만, 신념이 걸린 문제였기에 물러설 수도 없었다. 이기고 지는 건 다음 문제라 생각하며 어떤 상황이 오더라도 중도에 포기하지 않으리라 다짐했다.

이명박은 다시 전열을 가다듬었다. 그나마 선거 유세를 하려면 대의원들이 모여 있는 곳을 불시에 찾아갈 수밖에 없었다. 강북 모 지역구 위원장이 대의원들을 모아 놓고 상대 후보의 유세를 한다는 정보가 입수되었다. 이명박은 연설이 진행되는 장소로 달려갔다. 당황한 위원장이 이명박을 택시에 태워 다방으로 데려가더니 하소연했다.

"이 의원님, 그만 돌아가 주세요. 제발 저를 좀 이해해 주십시오. 이 의원님께 협조했다가는 제가 죽습니다."

그 위원장은 말만으로 부족했던지 손을 들어 자신의 목을 그어 보였다.

경선에 나왔지만 아무런 유세조차 펼칠 수 없었던 이명박은 각 위원장들에게 전화를 걸어 말했다.

"내가 찾아가면 입장이 곤란할 테니 이제는 아예 가지 않겠습니다."

"이 의원님, 참으로 면목이 없습니다."

그들은 고맙다고 했다. 오로지 송파 병 지구당에서만 경선이 공정하게 이루어져야 한다며 대의원들을 모아 연설을 준비해 주었다. 그 후 송파 병 지구당 위원장은 결국 공천을 못 받아 당을 떠났다. 이명박은 자신 때문에 그가 불이익을 당한 것이 못내 가슴 아팠다.

경선 기간 내내 평소 가깝게 지내던 의원들도 전화가 도청된다며 이명박을 기피했다. 주류, 비주류 가릴 것 없이 경선에 찬성한 의원들에게 청와대의 경고가 잇따랐다. 공천을 앞둔 의원들은 잔뜩 겁을 집어먹을 수밖에 없었다.

K의원만 아랑곳하지 않고 이명박을 찾아와 격려를 해 주었다. 그 밖에는 전문 경영인 출신 의원 몇몇만이 이명박의 사무실에 다녀갔을 뿐이었다. 결국 공천에서 탈락한 K의원은 후에 자민련으로 당적을 옮겼다. 이명박을 찾아왔던 전문 경영인 출신 의원들 중 몇몇은 국민회의로 당적을 옮겼다.

경선 전날 밤에는 입술이 마르고 잠이 오지 않았다. 자정 무렵, 경기도지사 경선 후보로 출마한 L의원이 찾아왔다. 그는 다른 사람들의 시선 때문에 늦은 시간에 찾아올 수밖에 없었다고 말했다.

"이 의원님, 경선을 믿습니까? 경기도에서도 불공정한 경선이 있었습니다. 그래서 저는 무소속으로 출마할 마음을 먹었습니다. 서울은 더욱 편파적이라고 들었습니다. 해보나마나입니다. 차라리 내일 경선에 참여하지 마십시오."

L의원은 불공정 경선의 증거를 조목조목 대어 가며 참여를 말렸다. 그의 말은 이명박이 듣기에도 충분히 일리가 있었다.

당이 경기도지사 경선을 공정하게 했더라면 결과는 많이 달라졌을 것이었다.

경선은 불특정 다수의 유권자를 대상으로 치르는 것이 아니라 당이 임명한 대의원들을 대상으로 치른다. 그렇기에 당과 마찰을 빚은 후보는 처음부터 불리한 입장에 처할 수밖에 없고, 불이익을 감수해야만 했다. 이명박은 대답했다.

"의원님 뜻을 잘 알겠습니다. 하지만 이번 일은 저에게 맡겨 주십시오."

이명박은 서로 힘을 모아 불공정 경선에 대처해야 한다는 L의원의 제의를 완곡히 거절했다.

밤 12시가 넘은 시각인데도 계속해서 사람들이 찾아와 경선의 부당성을 성토하며 불참해야 한다고 주장했다. 그러나 이명박은 민주주의 발전을 위해서라도 참여해야겠다는 뜻을 거듭 밝혔다. 그 혼란한 경선의 와중에도 자신의 뜻을 이해해 주는 젊은 기업가 100여 명이 자원 봉사자로 나서 준 것이 큰 위안이 되었다.

1995년 5월 12일, 올림픽 체조 경기장에는 경선 사상 최대 규모인 7,700명의 대의원들이 운집했다. 그러나 축제 마당이어야 할 경선장에서는 이해할 수 없는 상황이 연이어 빚어졌다. 후보자 연설 시간부터 투표, 개표에 이르기까지 차마 눈뜨고 볼 수 없는 광경이었다.

상대 후보가 연설할 때는 멀쩡했던 마이크가 이명박의 차례가 되면서 이상이 생겼다. 이명박이 목소리를 높이면 볼륨이 떨어져 무슨 말인지 들리지 않았고, 목소리를 낮추면 그때서야 볼륨이 커지는 기현상이 빚어졌다. 마이크 밸런스가 맞지 않자 종로구 대의원들이 조정실에 뛰어들었고, 그곳에서 누군가 볼륨을 조작하고 있는 것을 목격했다. 참으로 기가 막히는 노릇이었다.

이명박은 입술이 말라붙어 말이 제대로 나오지 않았다. 보다 못한 비서가 컵에 물을 담아 단상으로 올라가려 하자 서울시 지부의 모 간부가 앞을 가로막았다. 이명박은 하는 수 없이 손수건에 침을 발라 입술에 묻혔다. 마침 그 장면이 경선장에 설치된 대형 스크린에 비쳐졌다. 이명박의 눈에도 자신의 모습이 보였다. 대의원들에게 박수도 못 치게 한 듯, 종로구 사람들만 스크린에 비친 이명박을 향해 뜨거운 박수를 보냈다.

단상 위의 위원장은 숫제 딴전을 피우고 있었다. K의원만이 힘차게 박수를 보내 주었다. 마치 여야가 대립할 때나 있을 법한 일들이 버젓이 벌어지고 있었다. 같은 당 경선 후보에게 어떻게 이럴 수가 있는지 따져 묻고 싶었다.

이명박은 지금도 그때 일을 떠올릴 때마다 쓴웃음이 절로 나온다고 술회한다. 정말이지, 그때는 한국의 정치판 실정을 너무나 몰랐던 것이다.

지구당 위원장들의 책임 아래 지구당별로 투표가 이루어졌다. 개표할 때는 모든 투표함에서 나온 표를 골고루 섞어야 하는데, 실질적으로 지구당별로 투표와 개표를 하니 진정한 의미에서의 자유로운 투표가 이루어질 수 없었다.

관악구 지구당 투표함에서는 부정표가 발견되었다. 대의원 한 사람이 뒤늦게 도착해 투표를 하려는데, 이미 누군가 자신의 이름을 도용해 투표를 끝낸 것이었다. 이명박 쪽에서 입회한 사람이 이의를 제기해 개표를 중단하는 사태가 빚어졌다. 훗날 관악구 지구당 위원장은 그 사건에 대해 이명박에게 사과했다.

당 사무총장이 이명박을 불러 개표를 그대로 진행시키자며 사정조로 말했다.

"이 의원, 어차피 경선에 참여했는데 불미스러운 일 때문에 개표를 중단하면 문제가 시끄러워집니다. 계속 진행할 수 있도록 양보해 주세요."

당내 부정 선거 사실이 알려지면 당의 이미지에 치명적 손상을 입을 것은 주지의 사실이었다. 자원 봉사자로 나서 이명박을 도운 젊은 중소기업인들은 절대로 승복하지 말라며 한목소리를 냈다.

흡사 자유당 시절 부정 선거를 방불케 하는 편파적인 선거였다. 같은 당에서 출마한 후보를 낙선시키기 위해 당 차원에서 부정 선거를 모의하고 실행한다는 것은 도저히 상상할 수조차 없는 일이었다. 게다가 경선장에 나온 대통령이 특정 후보를 지목하며 매우 훌륭한 분이라고 치켜세웠으니 더 이상 말할 나위가 없었다.

이명박은 탈당할지 승복할지를 고민했다. 승복하지 않는다면 한국 정치판에서 경선 제도 자체가 뿌리 내리기 어려울 것이라는 생각이 들었다. 갖은 우여곡절을 겪으며 힘들게 성사시킨 경선을 중도 포기할 수는 없었다. 이명박은 당 지도부에 대해 엄정한 비판을 가하되 경선 제도 자체는 유지시켜야 한다는 결론을 내렸다.

개표 결과 이명박은 2,884표(37.4퍼센트)를 얻었고, 상대 후보는 4,701표(61퍼센트)를 얻었다. 그러나 후회는 없었다. 악조건 속에서도 최선을 다했으니까. 그렇게 생각하니 가슴속에서 뿌듯함이 느껴졌다.

바로 그때였다. 자원 봉사자로 나선 청년들이 이명박을 번쩍 들어 헹가래를 쳤다. 그들은 하나같이 목이 멘 목소리로 "이명박!"을 연호했다. 이명박은 온갖 불이익을 감수하며 끝까지 애써 준 청년들의 얼굴을 바라보았다. 그리고는 말없이 고개를 끄덕였다. 이런 청년들이 있기에 한국 정치의 미래는 결코 어둡지 않을 것이라는 생각이 밀려왔다.

이대성 파일과 북풍 공작

1998년 3월, 세칭 '흑금성 사건'이라는 것이 터져 사회를 떠들썩하게 했다. 이른바 '북풍 사건'이었다. 어처구니없게도 이명박은 이 북풍 사건에 휘말려들었다. 북풍 공작이라면 어느 특정 정파나 인물을 유리하게 만들기 위한 것인데, 이명박은 그럴 위치에 있지 않았다.

그런 그가 왜 이 사건에 휘말린 것일까?

문제의 발단은 이명박이 설립한 동아시아연구소에서 중국 공산당 조직부장을 초청한 데서 비롯되었다. 1997년 초, 중국 공산당 조직부장이 미국 교수인 서영수 박사를 통해 이명박이 초대해 주면 한국을 방문하고 싶다는 의사를 전해 왔다. 이명박은 그를 초청해 강연 및 세미나를 개최했다.

그는 상류 사회 모임인 '사파리'의 아시아 지역 회장을 맡고 있었고, 북한의 금강산 개발에 관여해 온 인물이었다. 그가 이명박에게 금강산 개발 문제를 협의해 왔다. 금강산 개발 문제는 이명박의 현대 재직 시절 이미 정주영 회장이 북에 다녀오면서 협의한 사항이었다.

그들은 정치와 경제를 두루 아는 인물을 찾고 있었다. 정부 승인 절차와 경제적인 문제를 동시에 해결해야 금강산 개발이 가능하기 때문이었다. 그런 이유로 그는 이명박에게 베이징에 오면 북측 사람들과 연결시켜 주겠다고 제안했다.

그해 6월경 이명박은 당시 통일원 부총리와 만나 이 문제를 상의했다. 이명박은 그 자리에서 우리 정부 측 기본 방침이 세워졌는지를 물었고, 정부가 할 일인 만큼 중재만 해 주고 자신은 빠지겠다는 의사를 밝혔다.

부총리는 북한인 접촉 승인에 대해서 "사후 보고도 가능하다"고 말했다. 하지만 정치인 신분이라 다분히 오해받을 소지가 있으니 서면으로 정식 승인해 줄 것을 요청했다. 결국 이명박은 금강산 개발과 관련해 북한 주민과 공식적인 접촉 승인을 얻었다.

그해 9월 이명박은 중국을 방문해 북측 인사를 만났다. 아태경제사회위원회 베이징 주재원 등 2명이 북측 실무자로 나섰다. 일본과 경제 협력을 추진해 본 경험이 있는 인물들이었다. 양측은 일차적으로 구두 합의를 하고 추후에 문서를 작성하기로 약속했다.

당시 북한 측은 '홍콩을 통한 금강산 관광객 모집'을 요구했다. 이에 대해 이명박은 북한 측에 세 가지 제안을 했다. 첫째, 홍콩을 통한 금강산 관광은 비용이 너무 많이 들게 되니 서울에서 곧장 가는 것으로 해야 한다. 둘째, 선박이나 비행기를 이용하도록 하되 자국 국기를 쓸 수 있도록 해야 한다. 셋째, 남북한 정부 차원에서 관광객의 신분을 보장해야 한다. 그렇게 하기 위해 먼저 경제 협력이 이루어져야 한다는 것 등이었다.

이명박은 그 자리에서 구 소련과 국교가 없을 때의 경제 협력을 진행했던 과정을 들려 주었다.

"동서 냉전 시대는 종결되었습니다. 이제 남북도 화해의 시대를 향해 나아가야지요. 남한은 이미 준비되어 있습니다."

이명박의 말에 그들은 모두 수긍했다. 그날 호텔에서 점심을 대접했더니, 저녁에는 그들이 북한 당국에서 경영하는 식당으로 일행을 초대했다.

"술을 마실 때는 그저 흥겹게 마시는 게 최고입니다. 복잡한 정치 문제는 모두 잊어버립시다."

식사를 끝내고 사람들은 남북을 가리지 않고 술잔을 권하며 흥겹게 어우러졌다. 서로의 어깨에 손을 얹고 〈우리의 소원〉과 〈선구자〉 등의 노래를 함께 부르며 줄곧 화기애애한 분위기를 만들었다.

그 후 이명박은 다시 중국을 방문해 2차 회의를 가졌다. 그러나 대통령 선거가 임박한 상황이어서 당국자들에게 합의를 주선할 시기로는 적절하지 않았다. 지속적으로 그 일을 주도할 입장이 아니었던 이명박은 사정을 북측에 설명하고, 선거 후에 만나 합의하자는 제안을 했다. 이명박이 북한 사람들과 접촉한 것은 그것이 전부였다. 그 후 북한은 현대와 직접 협상에 나서 금강산 관광 개발 사업을 성사시켰다.

어이없게도 그때 일로 이명박은 '북풍 사건'에 휘말리게 되었다. 베이징의 북한 식당에서 북측 인사들과 찍은 사진이 TV 뉴스에 보도된 것이다. 그런데 정작 그 사진은 이명박 본인도 가지고 있지 않았다. 그 식당에 식사하러 온 한 여행사 직원이 우연히 찍었다고 했다. 그 뒤 그 직원은 사진을 국민회의 측과 가까이 지내는 인사에게 아무런 뜻 없이 보여 주었고, 국민회의는 이를 '북풍 공작'에 이용했다.

사건의 발단은 국민회의 측과 가까운 인사가 "베이징에 갔을 때 이명박이 북측 인사와 찍은 사진을 보았다"는 말을 국민회의 의원에게 전하면서 불거졌다. 이야기를 들은 국민회의 의원은 이명박이 북한 식당에서 북한 측 인사와 찍었다는 사진을 구하기 위해 베이징까지 직접 날아갔다.

그 의원은 여행사 직원을 만나 사진을 빌려 달라고 했다. 그러나 단호하게 거절당하자 정치권 유력 인사의 편지를 보여 주면서 사진을 정치적으로 이용하지 않겠다는 약속과 함께 사업을 적극적으로 돕겠다며 사진을 입수하기에 이르렀다. 이후 국민회의는 약속을 깨고 9시 뉴스에 사진을 내보냈고, 선거 운동에 전격 활용했다.

그리고 정권이 바뀌자 불거져 나온 '이대성 파일' 때문에 북풍 연루설이 제기된 것이다. 안기부의 대북 공작원 '흑금성'의 활약상이 들어 있는 이 파일은, 이대성 전 안기부 해외실장이 당시 국민회의 부총재에게 전달하면서 언론에 공개되었다. '이대성 파일'은 안기부가 1996년부터 1998년 2월까지 중국 베이징에서 이루어진 국내 정치권 인사들과 북한 측 인사들의 접촉을 취합한 기밀 정보 파일이었다.

이 '이대성 파일'에는 한나라당 의원이 북측에 북풍을 일으켜 달라면서 360만 달러를 전달했다는 보고 내용이 포함되어 있었다. 여기에 이명박에 대한 정보는 단 한 줄만이 들어 있을 뿐이었다. '이명박 의원이 북한을 다녀간 것을 아느냐고 북한 인사가 물어 보았다'는 것이 전부였다.

안기부는 이명박을 조사했고, 결국 무혐의가 드러났다. 그러나 안기부로부터 조사 자료를 넘겨 받은 검찰은 이명박을 소환했다. 검찰에 불려 간 이명박은 너무나 어처구니없어 거칠게 따지고 들었다.

"안기부 조사에서 이미 무혐의가 밝혀졌고. 혐의가 드러나지도 않았는데 왜 또다시 나를 부른 거요?"

이명박은 당시 서울시장 선거를 앞두고 있던 때라 몹시 민감해 있었다. 선거법 위반에 대한 재판 기사가 계속 언론에 나가고 있는 상황에서 북풍 문제까지 거론된다면 선거 결과에 치명적인 악영향을 받을 것이 뻔했다.

수사 기관이든 사법 기관이든 혐의가 없는 이상 아예 소환 자체가 있어서는 안 된다. 검찰의 소환 조사 사실이 언론에 나오면 정치인은 죄가 있든 없든 이미지에 타격을 입는다. 특히 당시 북풍과 연루된 악의적인 보도는 보수적 성향의 정치인인 이명박에게 엄청난 타격을 입힐 수도 있었다.

이명박은 안기부 조사를 받으며 담당자에게 말했다.

"만일 서울시장 선거를 앞두고 계속 북풍 문제를 거론하면 국민회의를 무고죄로 고발할 거요. 그동안 정치적으로 싸우기 싫어 가만히 있었을 뿐인데, 이제는 더 이상 당하고 있지만은

가슴 깊이 묻어 둔 이야기 175

않겠소."

　이명박은 당당하게 대응했다. 잘못이 없었기에 떳떳할 수 있었던 것이다. 만약 그때 북한에 입국했더라면 모든 것을 통째로 뒤집어쓸 수도 있었던 사건이었다. 이명박은 요즘도 어쩌다 그때를 생각하면 끔찍스러워 몸이 오싹해진다.

황소가 되라는 어머니의 가르침

1998년 4월 28일, 법원에서 이명박의 선거법 위반이 결정되면서 서울시장 출마가 무산되었다. 이로 인한 정치적 타격은 결코 작지 않았다. 이명박은 몹시 억울한 심정이었다. 선거 과정에서 그 누구보다도 떳떳했고, 부정을 저지르지도 않았다. 그러나 그런 문제가 발생한 것만으로도 관리 책임을 통감했다.

선거법 위반 판결에 대해서는 정말이지 억울한 점이 많았다. 안타까운 것은 정치인의 줄 서기에 따라 판결이 고무줄 늘어나듯 바뀐다는 것이었다. 그 무렵 이명박은 '홀로서기'였다. 보스를 향한 줄 서기는 체질에 맞지 않았다. 그리고 그것은 신념의 문제였기에 상황이 불리하다고 기존의 철새 정치인들처럼 행동할 수 없었다.

그런 상황에서 재판은 진행되었고, 갈등도 뒤따랐다. 그러나 이명박은 끝내 흔들리지 않았다. 그는 신념을 지켰고, 판결을 고스란히 받아들였다. 그 결과 찾아온 시련은 결코 간단치 않았다. 야인으로 머무는 동안 이명박은 어두운 터널 속에 홀로 내던져진 듯한 절망감을 맛보았다. 도저히 이대로 주저앉아서는 안 된다는 생각이 들었다.

그에게 시련은 숙명이었다. 현대 재직 시절부터 수없이 찾아온 크고 작은 시련을 꿋꿋하게 극복해 온 그였다. 그는 모처럼 찾아온 빈 시간을 미래를 준비하는 좋은 기회로 삼자고 결심했다.

결심이 서자 곧 미국행 비행기에 몸을 싣기로 했다. 그즈음 미국의 조지워싱턴 대학으로부터 객원 교수로 와 달라는 초청을 받았던 것이다. 이명박은 조지워싱턴 대학에서 1년 동안 머물며 '기업과 국가 경영'을 연구할 계획이었다.

이 무렵 국내 유력 일간지에서 실시한 여론 조사에서 이명박은 '대한민국 50년의 50대 인물'에 선정되었다. 그 때문인지 출국을 앞두고 각처에서 쇄도하는 강연 요청으로 정치 현장에 있을 때보다 더 바쁜 나날을 보내야 했다.

한 강연에서 이명박은 이렇게 말했다.

"저는 잠시 정치 일선을 떠나 세계 경제 및 정보의 중심 국가인 미국에 머물면서 21세기의 비전을 찾기 위한 연구에 매진할 생각입니다. 급속히 변화가 진행되는 21세기에 대한민국은 무엇을 준비해야 하며, 어떻게 세계의 중심 국가로 발돋움해 나갈 수 있을지 연구해 볼 생각입니다. 그 어떤 시련이나 고통도 미래로 나아가는 저의 발걸음을 더디게 하지는 못할 것입니다. 그동안 저는 기업 경영과 정치 일선에서 나름대로 최선을 다했습니다. 이제는 지나온 길을 냉정하게 평가해서 계승할 것과 청산할 것을 결정해 미래로 나아가는 나침반으로 삼겠습니다. 미국에 체류하는 대부분의 시간을 21세기의 비전을 준비하는 시간으로 활용하고 돌아오겠습니다."

연단에 오른 이명박은 자신감 넘치는 어조로 또박또박 자신의 포부를 밝혔다. 경제인이었던 그가 정치인이 되면서 갖게 된 신념은, '늘 열린 마음으로 포용하되 균형 잡힌 시각으로 현실을 바라봐야 한다'는 것이었다. 좁은 시각으로는 좁은 부분밖에 볼 수 없었다. 적어도 백년 앞을 내다보는 혜안을 갖고 국민들에게 비전을 제시하며 황소처럼 앞으로 나아가야 한다고 생각했다.

순간 이명박의 뇌리에 고 박정희 대통령과 정주영이라는 거목의 자취가 떠올랐다. 암울했던 시기, 너나없이 보릿고개에 굶주려 있을 때 두 거목은 원대한 비전을 제시하며 황소처럼 이 나라와 기업을 이끌었다. 그 결과는 어떠했던가? 오늘의 대한민국이 이만큼 발전할 수 있었던 것은 두 사람의 황소 같은 추진력이 있었기에 가능하지 않았을까?

어린 시절 이명박은 밭일을 나가는 어머니를 따라 나서곤 했다. 어머니는 뙤약볕에 뚝뚝 흐르는 땀을 손등으로 훔치고 기특한 듯 황소의 잔등을 쓰다듬으며 말했다.

"명박아, 잘 보아라. 황소라는 놈은 말없이 자기 일을 하지. 잔꾀 부리지 않고 아무리 힘들어도 묵묵히 시키는 대로 일을 해. 나는 사람도 이렇게 되어야 한다고 생각한다. 너도 커서 어른이 되면 저 황소처럼 되어야 해."

이명박은 그 후 지금까지 어머니의 그 말을 한 번도 잊은 적이 없다. 샐러리맨으로 시작해 최고 경영인의 자리에 오르기까지, 또 정치의 길로 들어선 이후 겪어야 했던 숱한 어려움 속에서도 그랬다.

아무리 힘들어도 불평 한마디 없는 황소, 묵묵히 자기 일을 해내는 황소. 그저 그런 사람이 되고자 노력해 왔다.

'이제 대한민국에는 또 한 사람의 강력하고 뚝심 있는 황소가 필요하다. 계층간 갈등은 심화되고, 나라의 경제는 어렵기만 하다. 어두운 경제에 빛을 주고, 온 국민에게 희망과 비전을 주는 그런 리더십을 갖춘 일꾼이 필요하다.'

머릿속으로 그런 생각들을 떠올리며 이명박은 자신의 신념을 열정적으로 토해 냈다. 어느덧 30분 예정이었던 강연이 1시간 30분을 넘기고 있었다. 하지만 모두들 한 치의 흐트러짐 없이 강연에 귀를 기울이며 자리를 지켰다. 이명박은 마지막으로 감사의 뜻을 표하고 연단을 내려왔다.

이어 목사의 화답이 따랐다.

"음악에도 쉼표가 있고, 운동 선수에게도 휴식이 필요하듯이 그동안 기업인과 정치인으로 숨가쁘게 달려온 이 의원에게 비로소 재충전의 기회가 주어진 것입니다. 충분한 휴식이야말로 미래를 위한 밑거름이지요. 우리나라의 리더들은 대개 권위적으로 통치하는 스타일입니다. 그에 비해 이 의원은 일을 하는 리더입니다. 미래의 리더는 권위적인 통치보다는 경영 마인드를 갖추어야 합니다. 지금은 기업이나 국가나 경영 마인드가 성패를 좌우하는 시대니까요. 유력 신문의 여론 조사에서 이 의원이 '대한민국 50년의 50대 인물'로 선정된 이유도 누구보다 뛰어난 경영 마인드를 가진 정치인이라는 판단 때문일 겁니다. 이 의원이야말로 위기에 봉착한 지금 이 나라에 꼭 필요한 21세기형 지도자입니다."

 김장환 목사와 김진홍 목사의 덕담을 듣는 동안 이명박의 마음은 절로 숙연해졌다.

보통 아버지, 보통 남편

　　이명박은 1998년 11월부터 1년여 동안 부인 김윤옥 여사와 단둘이 생활했다. 자의 반 타의 반으로 떠난 미국에서 이명박 부부는 다시 신혼을 맞은 것처럼 다정한 시간을 보냈다. 정작 현대건설에 재직하던 신혼 무렵에는 몇 달씩 해외 출장을 나가는 일이 잦아 서로 얼굴조차 볼 수 없는 날들이 많았다.
　　이명박이 정치를 하겠다고 선언했을 때 가장 반대를 많이 하던 사람이 바로 아내였다. 언젠가 아내는 남편에게 어릴 적 꿈이 현모양처였다고 말했다. 그리고 지금 그대로의 생활에 만족한다고도 했다. 말 많은 정치판에 남편을 내보내는 것이 두려웠던 모양이다.
　　이명박은 서른이 되던 1970년 12월 19일에 여섯 살 연하인 김씨와 결혼했다. 공교롭게도 결혼 기념일은 이명박의 생일과 같은 날이다.
　　부인을 만난 것은 고등학교 은사의 소개 덕분이었다. 현대건설에 입사한 지 5년째 되던 해였다. 이명박은 김씨를 보자마자 첫눈에 반했다. 지금도 결혼 기념일이면 젊은 연인들처럼 '명박이가 윤옥에게'라는 글귀를 적어 엽서를 보낸다.

언젠가 이명박이 결혼 기념일에 엽서 쓰는 모습을 보고 정주영 회장이 농담을 건넸다.

"이 회장, 그 나이에 너무 닭살 돋는 일 아니야? 하긴 부부 금슬이 좋아야지. 보기 좋아."

정주영 회장은 그룹사 사장단 부부 모임에서도 이명박 부인을 향해 껄껄 웃으며 말했다.

"두 사람은 천생연분이야, 천생연분!"

이명박 부부는 슬하에 딸 셋, 아들 하나를 두고 있다. 위로 내리 딸만 셋을 낳고 늦게 아들을 얻었다.

이명박은 6남매의 집안에서 셋째 아들로 태어나 가난한 시절을 보냈기에 가정을 무엇보다 소중하게 생각한다. 그래서인지 자녀들이 건강하고 발랄하게 자라는 것이 가장 큰 소망이고 바람이었다.

이명박은 가정이 사회 생활의 근본임을 자주 이야기한다. 가정에서 성실하고 책임감 있는 아이로 키워야 커서도 건전한 사고를 가진 시민으로 성장할 수 있다는 것이다.

부모의 사회적 지위가 높아 갈수록 자녀들과 대화할 수 있는 시간이 줄어들기 쉽다. 부모와 자녀 사이에 대화가 단절되면 거리감이 생기는 것은 당연하다. 그렇게 되면 자녀들의 인격 성장에 좋지 않은 영향을 미치게 된다. 심할 경우 자녀들이 가정을 등지는 일도 발생한다.

필자는 몇 해 전 설날에 이명박의 집을 찾은 적이 있다. 점심 시간 무렵이었다. 집 안으로 들어서자 운동복 차림의 이명박이 환한 얼굴로 맞아 주었다. 평소 정장 차림의 모습만 보다가 간편한 운동복 차림의 모습을 보니 마치 이웃집 아저씨처럼 소탈해 보였다.

마침 거실에서 가족들이 모여 윷놀이를 하고 있었던 모양이다. 출가한 큰딸을 비롯한 네 자녀와 부인, 그리고 사위까지 함께 있었다. 여느 평범한 가정과 다를 바가 없었다. 거실 한구석에서 필자와 이런저런 대화를 나누면서도, 이명박은 손뼉을 치며 자녀들과 함께 놀이를 해 주었다. 그 모습이 너무나 화목해 보였다.

그가 현대건설 회장으로 있을 때의 일이다. 한번은 손님들이 집으로 찾아왔다. 대기업 회장인 그가 자녀들과 거리낌 없이 노는 모습을 보고 손님들은 어리둥절해했다. 대부분 사회적 지위가 높고 점잖은 인사들이었기에, 가족들과 친구처럼 장난을 치며 어울리는 이명박의 모습이 낯설었던 것이다.

손님들이 의아해하는 것을 눈치 챈 이명박이 말했다.

"여러분도 아이들과 한번 놀아 보세요. 배울 게 아주 많을 겁니다."

이명박은 틈만 나면 자녀들과 토론을 벌인다. 그는 자녀들을 가장 신랄한 비판자인 동시에 든든한 조언자로 인식하고 있다. 어느 자리에선가 이명박은 말했다.

"내가 정치를 하겠다고 했을 때, 아이들은 부정적인 반응을 보였어요. 그들 세대에게는 정치인에 대한 좋지 않은 인식이 깊이 박혀 있거든요. 그런 아이들이 아버지가 정치판에 나서는 것을 달가워할 리 없지요."

　이명박이 정치인의 길을 걷게 되면서 자녀들과 함께할 수 있는 시간이 많이 줄었다. 서울시장이 된 후로는 더욱 시간을 내기가 어려웠다. 이제 대통령이 되었으니 만나기조차 힘들지도 몰라 안타깝다.

　가족 가운데 첫째 딸과 둘째 딸은 결혼을 했고, 막내 아들은 유학을 떠나 있는 상태다. 이명박은 자녀들에게 정치인에 대한 부정적인 인식을 심어 주지 않기 위해 최선을 다해 왔다. 모든 정치인이 다 부도덕한 사생활, 부정부패, 거짓말을 즐겨 하는 사람이 아니라는 것을 그 자신부터 증명해 보이고 싶었기 때문이다.

　그런 신념이 있기에 이명박은 지금껏 집으로 배달되는 선물을 단 한 번도 받아들이지 않았다. 기업에 몸담고 있을 때도 마찬가지였다. 특히 인사철에 집을 찾아오는 사람에 대해서는 오히려 인사상 불이익을 주었다. 서울시장이 되어서도 인사나 이권 청탁은 철저하게 배격해 왔다.

　이명박은 우선적으로 자신의 자녀들로부터 '국민과 국가를 위해 봉사하는 정치인'이라는 평가를 받고 싶어한다. 특히나 대통령이 된 지금, 그의 이름이 역사에 오점을 남긴다면 자식들에게도 그 결과가 돌아갈 것이기에 혼신을 다할 작정이다. 정치인의 성공이란 바로 수신제가치국평천하(修身齊家治國平天下)라는 말과 같은 것이기에.

가출 결심과 어머니의 기도

이명박은 어릴 적 집안이 너무 어려워 가출을 생각한 적이 여러 번 있었다. 야간 고등학교를 다니면서 낮에는 뻥튀기 장사, 과일 장사 등을 하던 시절이었다. 불현듯 서울에서 공부를 하는 형처럼 집을 떠나 무언가 다른 일을 해 보고 싶다는 생각이 간절하게 든 것이었다.

그때부터 며칠을 고민하던 이명박은 마침내 집을 나서기로 결심했다. 집을 떠나기 전 마지막으로 어머니의 얼굴을 한번 보고 싶었다. 과일 장사 일을 마치고 집으로 향하는 도중 문득 자책감이 일었다.

'아, 과일 장사를 시작한 게 언제인데 여태 어머니께 과일 하나 드시게 하지 못했구나.'

이명박은 껍질이 손상되어 못 파는 과일이나마 실컷 드시는 어머니의 모습을 보고 싶었다.

어머니는 저녁 무렵 축 처진 모습으로 리어카를 끌고 온 아들을 한 번 쳐다보고는 말없이 방으로 들어갔다. 이명박도 아무 말 하지 않고 방으로 들어가 잠을 청했다. 눈을 감았지만 잠이 오지 않았다. 머릿속은 온통 가출에 대한 생각뿐이었다. 이명박은 누운 채로 몸을 뒤척이다가 스르르 잠이 들었다.

새벽 무렵 어머니의 나지막한 기도 소리에 눈을 떴다. 그런데 기도 소리가 평소와 다르게 느껴졌다. 어머니는 기도를 드릴 때면 늘 서울에서 공부하는 형의 안위를 비는 것으로 시작한다. 그런데 그날만큼은 달랐다.

"사랑이 가득하신 우리 주 하나님, 우리 명박이의 앞길을 하나님께서 바르게 인도하여 주시옵소서."

어린 마음에도 그 기도에 담긴 어머니의 뜻이 헤아려졌다. 기도는 1시간이 넘게 계속되었다. 이명박은 가위 눌린 듯 꼼짝도 하지 않은 채 어머니의 기도 소리를 모두 들었다. 그러는 동안 가출에 대한 생각을 단념했다. 그날 어머니의 기도 소리를 듣지 못했다면 이명박은 서울행 기차를 타기 위해 집을 나섰을 것이었다.

대학에 다니던 청년 시절에도 한때 깊은 절망에 빠진 적이 있었다. 둘둘 만 신문지를 베개 삼아 잠을 청하고, 차갑게 식은 국 한 그릇으로 주린 배를 채우는 일이 다반사였다. 지독한 가난 때문에 느낀 절망감이란 이루 말할 수 없을 만큼 깊었다. 그럴 때 용기를 준 이가 바로 어머니였다.

6·3 학생운동으로 이명박이 서대문교도소에서 복역 중이던 때의 일이다.

어머니는 눈이 오나 비가 오나 중단한 적이 없던 노점상 좌판을 거두고 멀리 교도소로 면회를 왔다. 죄수복 차림을 한 이명박이 면회실에 들어서자 어머니는 물끄러미 바라본 뒤 조용히 물었다.

"명박아, 기도는 열심히 하니? 성경은 읽고 있어? 공부는 많이 하니?"

그러고는 덧붙였다.

"내 자식이지만 나는 네가 참 별 볼일 없는 놈인 줄 알았다. 그러나 이제야 네가 장차 큰일을 할 수 있을 거라는 생각이 든다. 어미는 이만 간다."

미처 1분도 채 안 걸린 시간이었다. 간수가 돌아서는 어머니에게 아직 시간이 더 남았다고 알려 주었다. 어머니는 그러나 뒤도 돌아보지 않고 밖으로 나갔다.

이명박은 멍한 표정으로 어머니의 뒷모습을 바라보았다. 평소 어머니는 형들을 위해 노심초사했을 뿐 자신에 대해서는 별 관심을 보이지 않았다. 그런 분이 그 먼 서울의 교도소까지 찾아와 그 말만 남긴 채 떠난 것이다.

이명박은 어머니가 남기고 간 말을 곱씹으며 소리 없이 눈물을 흘렸다. 그리고 그날 이후 어머니의 말을 한시도 잊은 적이 없다.

이명박이 출옥한 지 한 달 만에 어머니는 세상을 떠났다. 이때부터 그는 이를 악물고 자신에 대한 어머니의 믿음을 실천에 옮겼다.

드라마와 아내의 짧은 오해

이명박은 대학 시절 한 여학생을 사귄 적이 있었다. 아내를 제외하고는 지금까지 살아오면서 유일하게 사귄 여자 친구였다. 물론 아내를 만나기 한참 전의 일이었다.

훨씬 나중에야 알게 된 사실이지만, 그 여학생은 고위직 공무원의 딸이었다. 그녀를 사귀면서도 만날 기회는 많지 않았다. 새벽이면 서울시 청소 미화원으로 일을 하고, 낮에는 학교에서 공부를 해야 했기 때문이다.

그 후 상과 대학 학생회장에 선출된 이명박은 이어 벌어진 6·3사태로 인해 수배를 받고 쫓기는 몸이 되었다. 그러다가 경찰에 잡혀 서대문교도소에 들어가게 되었다.

그 소식을 들은 여학생은 매일 아침 이명박을 면회 왔다. 당시 교도소에서는 하루에 한 차례만 면회가 허용되었다. 여학생은 다른 사람이 왔다 가면 면회를 할 수 없다며 매일 아침 일찍 면회를 신청했다. 그녀가 매일 찾아와 주는 것이 고마웠지만 한

편으로 미안하기 그지없었다.

그러던 어느 날, 아무런 귀띔도 없이 여학생이 돌연 면회를 중단했다. 이명박은 그녀가 오지 못하는 사연이 궁금했지만, 시간이 지나면서 이제 자신을 좋아하지 않게 된 것이라는 쪽으로 생각을 정리했다.

얼마 후 이명박은 출감을 하게 되었다. 그리고 비로소 그녀를 소개해 주었던 친구로부터 그녀가 면회를 올 수 없었던 저간의 사정 이야기를 듣게 되었다. 운동권 학생과 사귄다는 사실을 알게 된 그녀의 부모가 완강하게 막았다는 것이다. 그리고 그녀가 이미 약혼한 사실도 말해 주었다.

그 후 우연한 기회에 그녀를 다시 만나게 되었다. 그녀는 약혼 사실을 고백하면서 둘이서 어디든 떠나자고 말했다. 하지만 이명박은 그럴 수 없다고 생각했다. 그녀가 불행해지는 것을 원하지 않았기 때문이다. 그는 그녀의 마음을 돌리기 위해 이렇게 말했다.

"면회를 오지 않은 시점부터 나는 이미 당신을 단념했소."

마음에도 없는 거짓말을 하며 이명박은 가슴이 아팠다. 하지만 그것이 그녀를 위하는 최선의 길이라 생각했다. 그 후로는 두 번 다시 그녀를 만나지 않았다.

그런데 이명박의 친구들이 그 이야기를 방송 작가에게 알려주면서 뜻하지 않은 오해를 빚게 되었다. 그 이야기가 KBS TV 드라마 〈야망의 세월〉에 나오게 된 것이다. 당시 눈코 뜰 새 없이 바빴던 이명박은 드라마를 볼 시간이 없어 그런 내용이 방영된 사실조차 모르고 있었다. 문제는 그 다음에 벌어졌다.

그 여학생과의 스토리는 사실이지만, 드라마에서는 내용이 다소 각색되어 방영되었던 모양이다. 여학생이 재벌가에 시집을 가고 난 뒤에도 비밀리에 두 사람이 만나는 것으로 설정되었던 것이다. 물론 이명박은 단 한 차례도 그녀를 다시 만난 적이 없었다.

드라마를 본 사람들이 이명박의 부인에게 전화를 걸어 딴에는 위로를 해 준답시고 엉뚱한 말을 하게 되었다.

"사모님, 많이 속상하시죠? 저라도 기분이 썩 좋지 않을 거예요."

어느 날, 이명박이 집에 들어갔더니 부인의 태도가 갑자기 쌀쌀하게 느껴졌다. 이튿날은 아예 잠자리에서 일어날 생각조차 하지 않았다. 나중에 안 일이지만 그 드라마가 원인이었다. 드라마 속 두 사람은 만날 장소가 마땅치 않자 어느 호텔 방에서 만남을 지는 것으로 나온다. 이명박의 부인은 특히 그 부분에서 오해를 했다. 어이없는 일이었지만 달리 해명할 방법이 없었다. 그날 저녁 일을 마치고 돌아왔을 때에야 부인은 밝은 얼굴로 돌아가 있었다.

"미안해요. 드라마를 보고 사람들이 뭐라고 하는 바람에 그만 오해를 했어요."

아내의 겸연쩍은 웃음에 이명박은 비로소 안도하며 같이 밝게 웃을 수 있었다.

당신의 작은 눈에 반했어요

이명박은 박정희 대통령과 성격뿐 아니라 외모에서 많이 닮았다는 소리를 들었다. 또한 한때 아시아 최고의 육상 선수였던 장재근 씨를 닮았다는 소리도 심심찮게 들었다.

특히 장씨와는 건장한 체격과 가느다란 눈, 긴 코가 서로 비슷하다고 했다. 그중에서도 눈이 가장 닮았다고 하는데, 이명박은 어렸을 때부터 눈에 대해서는 많은 말을 들었다.

어린 시절, 이명박이 영양 실조로 누워 있을 때 동네 어른들은 말했다.

"저놈 눈을 좀 보소. 지금은 비실비실해 보여도 분명히 살아날 거요."

이명박의 작지만 힘이 느껴지는 눈빛에는 광채가 담겨 있다. 눈은 마음을 비추는 거울이라고 한다. 이명박의 굳은 의지는 그 번뜩이는 눈에서 그대로 발견된다. 그러나 집에서는 별로 인기가 없는 눈이다. 그는 집에서 자녀들로부터 가끔 장난스런 질문을 받곤 한다.

"아빠 눈은 왜 그리 작아요?"

가끔 이명박의 자녀들은 엄마에 비해 아빠의 외모가 많이 떨어진다고 농을 한다. 그러면서도 그런 아빠를 세상에서 가장 존경하고 사랑한다.

이명박은 또 바둑 기사 이창호와 비슷하다는 말을 자주 들어 왔다. 일을 추진할 때 가만히 지켜보면 이창호처럼 조용하면서도 대단한 뚝심이 느껴진다는 것이다.

이명박이 국회의원과 서울시장, 대통령 선거에 출마했을 때, 주변 사람 가운데에는 TV에 출연하면 점수가 깎일 거라고 말하는 이도 있었다. 강한 이미지보다는 부드러운 이미지가 어필하는 시대라는 게 그 이유였다.

눈에 얽힌 얘기 중에는 웃지 못할 일도 있다. 서울시장 선거를 앞두고 한바탕 소동이 벌어진 것이었다.

당내 경선 준비가 한창이던 2002년 3월 중순 무렵, 서초동 선거 대책 본부에서는 이른 아침부터 작은 소동이 빚어졌다. 그날 조간 신문에 이명박 후보가 성형 수술을 하기로 했다는 기사가 보도된 것이다. 그 기사를 본 다른 언론사 기자들이 성형 수술을 한다는 소문이 사실인가를 물어 왔다. 그날은 하루 종일 그 사실 확인을 하려는 전화 때문에 업무를 할 수 없을 지경이었다.

경선이 2주일 앞으로 다가온 시점이어서 언론들이 후보의 일거수일투족에 촉각을 곤두세우고 있을 때였다. 후보에 관한 것이라면 별것 아닌 내용도 크게 취급되던 시점이었다. 선거 참모들 역시 후보의 이미지에 영향을 줄 수 있다는 점 때문에 기사 하나하나에 매우 민감하게 반응할 무렵 난데없이 성형 수술 건이 터진 것이다.

결론부터 말하면 성형 수술 기사는 오보였다. 하지만 그런 기사가 나오게 된 데는 이유가 있었다. 기사가 나기 전날, 이명박은 강북 지역 대의원들과 간담회를 가졌다. 그 자리에서 한 여성 대의원이 이런 발언을 했다.

"여당 후보는 얼굴이 잘생겨 여성들에게 호감을 사는 모양인데, 혹시 성형 수술을 해 보실 의사가 있으신지요?"

"제 얼굴이 못생겼다는 걸 세상 사람들이 다 아는데, 굳이 성형을 할 필요가 있을까요?"

미소를 지어 보인 이명박은 다시 말을 이었다.

"사람이라면 누구나 잘생겨 보이고 싶은 게 인지상정이니 저 역시 마찬가지겠지만 말입니다."

마침 그 자리에 참석했던 기자가 그 이야기를 듣고는 가십성 기사를 작성한 것이었다. 나중에 이명박이 해당 언론사 기자에게 사실을 해명하고, 다른 정치부 기자들에게도 오보였음을 밝혀 성형 수술 소동은 해프닝으로 일단락되었다.

"이 참에 정말 성형 수술을 해 볼까?"

성형 수술 오보 소동이 한창이던 당시 이명박은 주변 사람들과 그런 농담을 하기도 했다. 물론 진심은 아니었지만 얼굴에 대한 콤플렉스가 전혀 없지는 않았다. 정치인이 되고 난 후로 너무 경직되어 보인다는 지적을 받은 것도 여러 번이었다. 그럴 때마다 그는 옛일을 떠올렸다.

이명박은 현대건설에 입사하자마자 태국 고속도로 건설 현장으로 파견되었다. 20대의 젊은 총각이던 그는 태국 남부 열대림에서 근무하는 동안 얼굴이 새까맣게 그을릴 수밖에 없었다. 가뜩이나 작은 눈에 얼굴이 숯처럼 새까맣다 보니 자신이 보기에도 영 못마땅했다.

그즈음 한 중국 여성을 알게 되었다. 그녀는 공사 현장 인근에 있는 중국 음식점 주인의 딸이었는데 상당한 미인이었다. 직원들과 그 음식점에 자주 들르게 되면서 자연스레 그 아가씨와 가까워졌다. 그녀와 가끔 데이트를 가지면서 이명박은 자신의 용모에 콤플렉스를 느끼게 되었다.

어느 날, 첸링이라는 이름을 가진 그 여인에게 말했다.

"당신은 눈이 너무나 아름다운데 나는 눈이 너무 작아요. 방콕으로 나가 수술해서라도 잘생긴 얼굴을 만들고 싶은데, 어떻게 생각하세요?"

그러자 그녀는 급히 고개를 저으며 말했다.

"당신 얼굴에서 가장 매력적인 곳은 그 맑은 눈이에요. 도대체 누가 당신 보고 못생겼다는 말을 하던가요?"

그날 이후 이명박은 자신의 외모에 대해 자신감을 갖게 되었다. 늘 눈이 작고 못생겼다고 생각해 온 자신이 부끄러웠다. 그리고 누가 뭐라고 하든 지금 자신의 얼굴이 가장 매력적일 수 있다는 생각을 갖기 시작했다.

'세상 사람 모두가 다 미남일 수야 없지. 이만하면 잘생기지는 않았지만 나름대로 매력 있는 얼굴 아닌가?'

스스로 그렇게 자부심을 가지게 되었던 것이다.

서울시장에 당선된 후에도 성형에 대한 이야기가 끊이지 않았다. 하루는 출근을 하자 비서가 편지 한 장을 건넸다.

'시장님, 신문에서 보니 성형 수술을 하신다던데 저는 오래 전부터 시장님의 지금 얼굴을 좋아하고 있습니다. 반드시 외모가 뛰어나야 하는 것은 아니라고 생각합니다. 외모보다는 내면의 아름다움이 더욱 중요하다고 생각합니다. 정말 많은 일들을 이루어 오셨기에 지금 모습만으로도 저는 시장님을 존경합니다. 성형 수술은 재고해 주시기 바랍니다.'

이명박은 편지를 보낸 사람의 마음을 헤아리며 빙그레 웃음을 지었다.

면접에서 좋은 점수를 얻기 위해 젊은이들 사이에서 성형 수술이 유행하고 있다. 이명박은 외모지성주의가 만연한 풍조를 보며 마음이 씁쓸하다. 외모에 대해 지나치게 신경을 쓰는 분위기다. 정치인들 역시 마찬가지다. 선거 때만 되면 의상이나 외모에 각별히 신경을 기울인다. TV 토론 때는 전문 코디네이터가 동원될 정도다.

이명박 역시 기업에 있을 때부터 정치인으로 살아가는 지금까지 이미지 관리에 많은 신경을 기울인다. 그러나 연륜이 쌓일수록 외모보다 내면의 깊이를 더 중시한다. 젊은 사람들을 만나면 늘 내면을 가꾸라고 말하는 것도 그런 이유에서다. 외모도 중요하지만 그보다 더 중요한 것은 식견을 넓히고 내면의 아름다움을 쌓아 가는 일이다.

외모를 가꾸어 호감을 얻고자 하는 바람은 누구에게나 있다. 하지만 이명박은 마음은 그대로인데 외모만 치중하는 것은 바람직하지 않다고 생각한다.

    사람에게는 각자 그 사람에게서만 느낄 수 있는 독특한 이미지가 있다. 특히 요즘 세대들은 이미지 관리에 많은 투자를 한다. 저마다 그 스타일 개발에 열중하는 것은 외모이기에 좀 안타깝다. 자기 자신만의 변하지 않는 고유한 향기는 결국 마음 깊은 곳에서 우러나오는 법이기 때문이다.

제5장

프로페셔널 비즈니스 정부

세금을 거두어 정책을 펴면서 국민들의 욕구를 수용하지 못한다면 정부는 존재 가치가 없다. 국민이 세금을 내 정부를 지탱시키는 만큼, 정부는 납세자인 국민에게 양질의 서비스를 제공할 의무가 있다. 그러기 위해 정부는 반드시 해야 할 일, 해도 될 일, 하지 않아야 할 일, 절대로 해서는 안 되는 일이 무엇인지 면밀히 따져야 한다. 그것이 프로페셔널 비즈니스 정부다. 정부가 모든 것을 다 하겠다는 생각 때문에 여러 가지 복잡한 문제가 파생되는 것이다.

해야 할 일과 해서는 안 되는 일

이명박이 가진 국가 경영의 패러다임은 '정치 논리'에서 '경제 논리'로 바뀌어야 한다는 것이다. 대통령이 된 지금도 그의 이 생각은 변함이 없다. 이미 서구 선진국의 경우 정치 논리보다 경제 논리로 국가의 통치 개념이 바뀌어 가고 있다.

중앙 정부든, 지방 자치 단체든 경제 논리를 적용했을 때만이 선진국 같은 사회 복지도 실현 가능하다는 생각이다. 모든 정책은 경제 논리로 풀어야 하며, 그 바탕 위에서만 삶의 질이 윤택해지기를 기대할 수 있다는 것이다.

이명박은 대한민국을 진정으로 기업 하기 좋은 나라, 기업인이 존경받는 나라, 일자리 걱정이 없는 나라로 만들고 싶은 꿈을 가지고 있다. 우리는 지금 나이 50세만 넘으면 직장에서 쫓겨날 수밖에 없는 시대에 살고 있다. 이태백, 삼팔선, 사오정이 현실화되어 가는 것은 순전히 국가 경영자의 잘못에서 기인된 것이라고 그는 생각한다.

50대는 돈이 가장 많이 필요한 나이다. 가장 힘든 시기에 직장을 떠나야 하는 데다, 재취업마저 어려운 실정임에도 아무런 대책을 세우지 못한 채 수수방관한 것은 오로지 정부의 잘못이다. 그런 정부는 한마디로 국민을 고통스럽게 하는 정부다. 일하고자 해도 일자리가 없는 것만큼 불행한 현실은 없기 때문이다. 정년 퇴직한 이들에게도 적당한 일거리가 주어져야 한다. 사람은 일이 없으면 건강을 해치기 쉽고, 그 결과 의료비 부담도 커진다. 나이가 들어서도 일할 수 있다는 것은 큰 행복이고, 나라 발전에도 많은 도움이 된다.

언젠가 이명박은 싱가포르 리콴유 총리의 집무실을 방문한 적이 있다. 그는 이명박에게 비디오를 틀어 주었다. 제목은 〈싱가포르는 프로 비즈니스(pro-business) 정부입니다〉였다. 이명박은 그 비디오를 보면서 리콴유 총리가 경제 문제에 얼마나 골몰하는지 엿볼 수 있었다.

이처럼 총리는 물론이거니와 싱가포르의 장관들 역시 CEO 마인드로 철저하게 무장되어 있었다. 또 각료들 중에는 100만 달러가 넘는 연봉을 받는 사람도 있었다. 큰 기업의 CEO가 받는 봉급을 능가하는 액수다.

싱가포르에서는 국영 기업체 사장들도 개인 기업과 마찬가지로 대접받는다. 국가가 100퍼센트 투자한 기업이라도 모든 결정은 사장 책임하에 이루어진다. 이러한 경제 마인드가 인구 500만이 못 되는 싱가포르를 부강한 나라로 만든 원동력일 것이다.

경제가 발전하려면 기업과 기업인이 존경받는 풍토가 이루어져야 한다는 게 이명박의 생각이다. 한국인은 숫자 개념이 빠르고 천부적으로 경제 능력이 뛰어나다. 전세계에 분포해 있는 700만 교포들을 보면 금세 알 수 있는 일이다. 한국인은 어디에 내놓아도 잘살 수 있는 자질을 갖추고 있다. 미국 교포들 중에 성공한 사람이 많은 것은 결코 우연이 아니다.

이처럼 우수한 민족이지만, 유독 우리의 땅 한국에서는 고전을 면하지 못하고 있다. 이명박은 기업 하기 힘든 사회 환경이 그 근본적인 원인이라고 분석한다. 정치가 기업 활동에 지대한 영향을 미치는 사회 구조 때문에 국가 경쟁력이 심각할 정도로 뒤떨어진다.

우리나라처럼 정치가 사회 모든 분야에 막강한 영향력을 행사하는 나라는 찾아 볼 수가 없다. 미국처럼 큰 나라에서도 정치권이 기업인들에게 큰 영향을 미치지 못한다. 국회의원이나 공직자는 기업에 영향력을 행사할 수 없다. 국회의원이나 공직자는 오히려 기업의 활동을 돕는 일을 한다. 그것이 국가를 위하는 일이고, 그래야 국익이 커진다. 그러나 한국에서는 공직자의 영향력이 지대하다. 한국 사회의 경직성을 보여 주는 단적인 실례다.

사실 1970년대만 해도 대다수 한국 기업의 수준은 낮았다. 당시 기업인들은 관의 주도하에 사업의 기반을 다져 나갈 수 있었다.

그러나 한국에서는 지금도 여전히 관이 모든 것을 주도하고 있다. 참으로 기업 하기 어려운 나라다. 기업에 대한 정부의 규제와 간섭이 숨이 막힐 정도로 지나치다. 한국에 투자했던 외국

기업들이 보따리를 꾸려 중국으로 나가는 것도 그런 이유 때문이다. 이런 상황이기 때문에 국내의 일자리는 날이 갈수록 줄어들고 있다.

정부의 규제는 교육 분야라고 해서 예외는 아니다. 최근 사회적인 문제가 되고 있는 대입 시험도 30년간 교육부가 입시 정책을 주도해 온 결과라 할 수 있다. 이명박은 적어도 15년 전, 아니 10년 전에라도 입시 제도를 대학 자율에 맡겨 두었다면 대학의 경쟁력이 지금보다 훨씬 좋아졌을 것이라 생각한다. 대학 수능 시험에 휴대 전화 부정 사건까지 벌어지고 있으니 참으로 기가 막힌 현실이 아닐 수 없다.

이명박은 정부가 해야 할 일과 하지 말아야 할 일을 구분해야 한다고 강조해 왔다. 정부가 반드시 해야 할 일, 해도 될 일, 하지 않아야 할 일, 절대로 해서는 안 되는 일이 무엇인지 면밀히 따져 하루빨리 민간에 넘겨야 한다는 생각이다. 정부가 모든 것을 다 하겠다는 생각 때문에 여러 가지 복잡한 문제가 파생되는 것이다.

정부의 지나친 간섭 사례는 많다. 예를 들면 몇 해 전, 정부는 김밥 장사를 하려면 승인을 받도록 제도화했다. 정부에서 의도한 대로 될 경우 기존의 김밥 장사를 하던 사람들은 새로 장사를 시작하는 사람을 막을 수 있어 덕을 볼 수 있지만, 나중에는 정부 승인을 받은 각종 장사들이 골목골목 가득 메울 수도 있는 문제다. 정부가 기존 영세 업자를 돕겠다는 생각은 옳지만, 그런 각론적인 일에까지 매달리는 것은 나라의 모양새를 갈수록 우습게 만들 뿐이다.

과당 경쟁을 막고 영세 업자들의 아픔을 보호하겠다는 생각은 옳다. 그러나 500만에 이르는 영세 업자들을 생각한다면 애초에 실현 불가능한 정책이라는 답이 나온다. 그런 까닭에 정부는 해야 할 일과 해서는 안 되는 일을 반드시 구분해야 하는 것이다.

부동산 정책과 산돼지론

서민 경제에서 주택이 차지하는 비중은 매우 높다. 그런데 집값은 여전히 널뛰기를 한다. 정부가 강력한 부동산 정책을 발표하면, 한동안은 숨을 죽이지만 얼마 안 되어서 다시 들썩거린다. 한몫 잡은 투기꾼은 속으로 웃어 대는데, 정작 서민들은 울고 싶은 심정인 것이다.

이명박은 서민 경제의 안정을 위해서는 부동산 정책이 매우 중요하다는 사실을 알고 있다. 노무현 정부는 부동산 정책을 특정 계층을 겨냥한 세칭 '강남 죽이기' 식과 같은 것에 몰두했다. 정부의 정책은 보편 타당하고 합리적이어야 한다는 점을 무시한 것이었다. 부동산 투기를 조장하는 세력에 대해서는 엄격한 규제와 통제를 해야 마땅하지만, 그 정책이 '빈대 잡자고 초가삼간 태우는 식'이 되면 나중에 더 큰 문제를 유발할 수 있다는 생각이다.

이명박은 어떤 것이든 정책은 일관성이 있어야 한다고 믿는다. 특히 부동산 정책은 서민 경제와 직결되기 때문에 일관성을 결여하면 국민들이 큰 혼란을 겪게 되고 결과적으로 이 혼란은 다른 형태, 즉 부동산 가격 폭등이나 투기와 같은 부작용으로 연결될 수 있다.

이명박이 생각하는 부동산 정책의 핵심은 '산돼지론'이다. 그는 오래 전, 한 방송사 토론회에 참석해 부동산 정책의 방향에 대해 이 '산돼지론'을 폈다.

"산돼지를 잡으려면 반드시 산돼지가 다니는 길목을 지키고 기다려야 합니다. 그 길목을 모르면 산돼지는 못 잡고 나물 캐는 아낙네만 쏘게 됩니다. 부동산 문제를 잡는 것도 마찬가지입니다. 한 채의 집을 가진 사람이 집을 늘려 가는 것을 문제 삼으면 안 됩니다. 집을 두세 채 이상 가지고 사고 파는 것에 대해 중과세를 하는 정책이 되어야 바람직하다고 봅니다."

이명박은 그런 점에서 노무현 정부 시절에 취한 아파트 원가 공개 문제에 대해서는 원칙적으론 찬성하고 있다. 실제로 이명박은 서울시장 시절에 분양한 상암동 단지의 원가를 공개했다. 그 역시 원가 공개 문제가 아파트 값을 잡을 수 있는 길이라는 점을 인정한다.

그러나 민간 기업들의 사정은 다르다. 민간 기업에서 분양하는 아파트의 원가를 공개하라고 하는 것은 시장경제의 이치에 맞지 않다는 생각이다. 대신 그는 세계화, 국제화된 규정을 만들어 민간 기업이 이에 따르도록 하겠다는 의지를 가지고 있다. 이렇게 되면 아파트 원가 문제는 자연스럽게 해소될 수 있다고 본다.

이명박이 서울시장 시절에 추진했던 강북 뉴타운 개발 계획은 주택 문제 해소를 위한 실천적 방안이었다. 뉴타운 개발 계획은 재개발 예정지를 중심으로 인근의 동일 생활권 지역 전체를 포함하여 개발하는 종합 도시 개발 계획이었다. 이 사업의 핵심은 주택 재개발 사업은 민간 부문이 담당하고 도시 기반시설은 시 또는 자치구에서 시행하며, 주거 중심형, 도심형, 신시가지형 뉴타운 등 세 가지 유형으로 개발이 이루어진다.

뉴타운 개발의 목표는 강남 지역 개발로 인해 상대적으로 소외된 강북 지역이며, 이 계획이 성공할 경우 서울의 주택 가격 문제는 안정될 것으로 확신했다.

이명박이 서울시 차원에서 강북 뉴타운 개발에 나선 것은 정부가 추진하는 각종 부동산 정책이 공급을 억제하는 쪽에 포커스가 맞추어져 있었기 때문이었다. 그는 부동산 수요가 계속 창출되고 있는 상황에서 공급이 억제된다면 부동산 투기는 근본적으로 막을 수 없다는 생각을 가졌다. 뉴타운 개발은 근본적으로 주택 공급을 늘릴 수 있어 주택 가격 안정에 절대적으로 기여할 수 있다는 것이었다.

이명박 정부는 부동산 정책도 이 같은 방향으로 추진할 생각이다. 늘어나는 수요에 부응해서 공급을 해주어야 가격이 안정된다는 경제 원론적 사고에서 부동산 문제를 풀어 갈 예정이다. 다만 특정 지역을 중심으로 벌어지는 가격 왜곡 현상에 대해서는 세제 문제와 행정력을 적절히 조화해 대응하는 것도 중요하다는 인식을 가지고 있다.

사고는 보수, 실천은 진보

이명박은 기업에 있을 때나, 정치인이 되었을 때나, 행정 관료로 있을 때나 대학생들과 토론하는 자리를 자주 가졌다.

서울시장에 재직할 때 어느 대학의 강연회에서 한 학생이 그에게 이런 질문을 던졌다.

"시장님은 일하는 방식을 보면 진보적인데, 소속이 한나라당이라서 보수적으로 비칩니다. 시장님의 정치 성향이 보수인지 진보인지 알고 싶습니다."

그 질문에 이명박은 껄껄 웃으며 대답했다.

"저는 학생의 질문이 잘못되었다고 생각해요. 왜냐하면 한나라당 소속이니 보수인데, 막상 일하는 것을 보면 진보 같다는 얘기는 선입견이 작용한 탓이거든요. 21세기 글로벌 시대에 진보와 보수로 갈라져 싸우는 나라가 어디에 있습니까? 우리는 혁신적, 실용적인 시대에 살고 있어요. 요즘 시대의 변화 속도가 무척이나 빠르다는 것은 학생도 알고 있지요? 문제는 우리가 그 빠른 속도를 이끌고 개척해야 한다는 거예요. 빠르게 변화하는 세상을 따라잡기 위해서는 그보다 더 빨리 변화해야 한다는 겁니다. 세상은 빠르게 변화하는데, 늘 같은 속도로 변화하고자 하면 그것은 속도 싸움에서 뒤지는 일이지요. 누가 변화의 속도를 이끄는가 하는 것이 성공 여부를 결정 짓는 요소입니다. 속도가 핵심인 이 시대에 진보니 보수니 따지는 것은 무의미한 일이지요."

이명박의 이러한 생각은 그가 살아온 삶에도 그대로 투영된다. 그는 시대의 흐름에 적응한 것이 아니라 앞서 개척하려 했다. 포항 동지상고 야간부를 다닐 당시, 낮에는 장사를 하며 돈을 벌었고, 밤이 되면 열심히 공부했다.

가난했던 이명박의 부모는 자식들 중 장남만 서울에 유학을 보낼 생각이었다. 때문에 중학교를 졸업한 이명박은 곧바로 생활 전선으로 뛰어들어야 했다. 그런데 평소 이명박의 재능을 아끼던 중학교 선생님 한 분이 그의 집을 찾아와 부모에게 고등학교 진학을 설득했다. 세상을 살려면 고등학교 졸업장은 반드시 필요하다는 게 그 선생님의 주장이었다. 그러나 집안 형편상 진학은 어려운 일이었다. 부모의 반대가 완강하자, 그 선생님은 야간 상고를 보내면 낮에는 일하고 밤에는 공부할 수 있다며 재차 설득했다. 이명박의 부모는 끝내 그럴 형편이 못 된다면서 거절했다. 선생님 또한 물러서지 않았다.

"정 그러시면 명박이가 시험이라도 칠 수 있게 해 주세요. 일등이 되면 학비를 면제받을 수 있다고 하더군요."

결국 이명박의 어머니는 선생님의 제안을 받아들였다. 그러면서 조건을 달았다.

"명박이가 운이 좋아 일등으로 들어갔다고 해도, 이등이 되어서 학비를 낼 상황이 되면 당장 학교를 그만두어야 합니다. 우리는 학비를 낼 형편이 못 되니까요."

이명박은 시험에 응시했다. 결과는 일등이었다. 학교에 입학한 그는 이를 악물고 공부했다. 학교에서 쫓겨나지 않기 위해 그야말로 한눈팔지 않고 공부에 매진한 것이다.

한번은 책을 사지 못해 낙심하고 있을 때, 누군가가 청계천에 가면 헌책을 싸게 살 수 있다고 말해 주었다. 이명박은 청계천 책방을 찾아갔다. 대학 입시 공부를 위한 책을 사러 왔다고 하자 주인이 문과인지 이과인지를 물었다. 질문을 받은 이명박은 말문이 막혔다. 문과니 이과니 하는 말을 들어 본 적이 없었던 것이다. 주인이 재차 묻자 이명박은 얼떨결에 상과 대학에 갈 것이라고 말했다.

고려대 상대를 가게 된 것은 우연히 종로에서 고려대 경영학과에 시험을 쳤다가 떨어진 친구를 만난 것이 계기가 되었다. 그 친구는 재수생이었다. 이명박은 그 친구와 함께 고려대 상과에 원서를 냈다. 결과는 합격이었다. 하지만 입학금이 없었다. 돈이 없어 등록을 못한다는 이야기가 알려지자, 아는 사람이 나서 환경 미화원 일을 할 수 있게 배려해 주었다.

대학에 들어가서도 이명박은 환경 미화원 일을 계속했다. 새벽 4시경 통행 금지가 해제되면 청소를 시작해 수거한 쓰레기를 지정된 한강 다리 밑에 갖다 버렸다. 적을 때는 네 번, 많을 때는 여덟 번까지 했다. 겨울에는 한강이 꽁꽁 얼어붙어 얼음을 깨고 쓰레기를 버려야 했다. 고된 생활의 연속이었지만, 그래도 그 일 덕분에 학교를 다닐 수 있었다.

이명박은 그런 식으로나마 대학을 다닌 것이 인생에 큰 변화와 발전을 가져왔다고 믿는다. 스스로 인생을 변화시키겠다는 열망으로 공부에 매진했던 그는 주위 사람들에게 주저 없이 말한다.

"변화하지 않으면 멸망합니다."

고인 물이 썩는 것과 똑같은 이치다. 국가도 마찬가지다. 정치인이든 기업인이든 노동자든, 시대의 변화에 맞추어 인식이 변화해야 한다고 본다. 우리 사회에서 공무원을 가리켜 '철밥통'이라는 우스갯소리를 한다. 서울시장이 된 이명박은 왜 공무원들이 변화하지 않는지 깊이 생각해 보았다. 그리고 그것은 변화에 따른 결과의 두려움 때문이라는 결론을 얻었다.

엘리트 공무원일수록 몸을 사리는 경향이 많다. 열심히 고시 공부를 해서 합격하고 고급 공무원이 된 것까지는 좋은데, 그 다음이 문제다. 공직자는 몸을 바쳐 성실히 일하다가 조금만 실수해도 승진에서 누락된다. 한번 승진에서 누락되면 8년이란 세월을 기다려야 한다. 이러니 대부분의 공무원들이 무사안일주의에 빠질 수밖에 없는 것이다.

이명박은 그러한 공무원의 애로점을 충분히 이해할 수 있을 것 같았다. 그들을 변화시키려면 동기 부여가 중요하다는 판단이 섰다.

서울시 산하에 설립된 시립미술관이 있다. 그 미술관에서 일하는 공무원들은 오전 9시에 출근해 10시에 문을 열고는 퇴근 전 5시에 문을 닫는다. 이러다 보니 정작 낮에 일을 해야 하는 시민들은 관람을 하고 싶어도 그럴 수 없는 실정이었다. 그 문제를 고민하던 이명박에게 어느 순간 아이디어가 번쩍 떠올랐다. 다음날 서울시 간부 회의에서 이명박이 말했다.

"내가 이번에 시립미술관에 전시되는 작품을 꼭 보고 싶은데, 낮에는 바빠서 안 될 것 같고 밤에 가야 하니 어떻게 하면 좋겠습니까?"

그러자 담당 간부가 즉각 대답했다.

"걱정하지 마십시오. 오시는 시간에 문을 열어 놓겠습니다."

이명박은 다음날 회의에서도 같은 말을 꺼냈다.

"내가 아는 몇몇 사람들도 작품 전시회를 밤에 가 보고 싶다는데 어떻게 해야 할까요?"

이런 일들이 수차례 반복되자 3개월쯤 후 시립미술관 담당실에서 품의서가 올라왔다. 품의서 내용은 다음과 같았다.

'시민들이 낮 시간에 오기 힘드니 야간에도 미술관을 열어 친구와 연인, 가족과 함께 저녁을 먹고 그림을 볼 수 있도록 관람 시간을 바꾸는 게 좋겠습니다.'

시립미술관이 야간 개장을 하면서 시민들에게 큰 인기를 얻자, 한 달쯤 뒤에는 역사박물관에서 야간 개장 계획서를 올렸다. 이후 역사박물관도 시민들의 호응을 얻었음은 물론이다.

변화는 밑에서 시작될 수 있지만, 변화를 유도하는 리더십 또한 꼭 필요하다는 것을 여실히 보여 주는 사례였다.

정치는 타협의 예술이다

흔히 정치는 '타협의 예술'이라는 말을 한다. 비단 정치 분야뿐만이 아니다. 이명박은 정치든 기업 경영이든, 다른 분야에서도 타협의 정신은 꼭 필요하다고 믿는다. 대화와 타협은 다른 생각을 가진 사람들 사이에 서로를 이해할 수 있는 기회를 제공해 줄 뿐만 아니라 신뢰감도 더해 준다. 때때로 그것은 어떤 문제에 대한 더 나은 해법을 찾는 지름길이 되기도 한다.

이명박은 기업에 있을 때나 정치인이 된 이후에나 끝없이 대화와 타협을 요구받아 왔다. 기업에서는 거래선을 잃지 않기 위해 타협을 했고, 정치에 들어서서는 이념과 철학이 다른 사람과 대화를 나눴다.

한나라당 경선이 끝난 직후, 후보 경쟁을 벌였던 박근혜 대표와는 약간 서먹해졌다. 경선 기간 중에 너무 많은 상처를 서로가 입었기에 약간의 소강 시간이 필요했었다. 하지만 주변에서는 박근혜 대표와 하루빨리 만나 공조를 해야 한다고 압박을 가했다. 하지만 이명박은 그리 서둘지 않았다. 그러자 주변에서는 "당선되고 나더니 오만해진 것이 아니냐?"며 말들이 많았다.

주변의 권유에도 이명박이 서둘지 않은 것은 박근혜 대표에게도 시간이 필요할 것이라고 생각했기 때문이었다. 치열한 선거전을 마친 뒤 서로에게 가진 감정을 정리하기까지는 진정시킬 시간이 있어야 하는 것이다. 자칫 서둘러 껴안는 모습을 보이는 것은 상대방을 배려하기보다는 오히려 상대방을 무시하는 듯한 태도로 비칠 수 있기 때문이라는 게 그의 생각이었다.

대통령 선거가 끝난 뒤에도 국회의원 공천 문제로 박근혜 대표 측과 실랑이가 벌어졌다. 이명박은 그런 첨예한 문제가 돌출했을 때는 가급적 시간을 가지고 대화를 나누는 것이 서로에게 낫다는 것을 경험적으로 알고 있다.

실제로 이명박은 현대그룹 재직 시절 노조원들과 자리를 자주 가졌다. 스스로 원해서 가진 자리라기보다는 회사에 대해 불만을 가진 노조원들이 그와의 대화를 바랐기에 부득이 '총대를 메고' 나선 적이 여러 번이었다.

실제로 현대건설이나 현대자동차, 현대중공업에서 노사 분규가 발생하면 정주영 회장은 다른 중역들을 제치고 이명박을 파견했다. 운이 좋아서였는지 모르지만 이명박이 노조원들과 대화를 시작하면 문제가 쉽게 풀렸다.

노조원들은 종종 협상 파트너로 이명박을 원했다. 월급 사장이긴 하지만 오너 못지않은 신뢰가 있었기 때문이다. 그러나 실제 숨은 이유는 노조를 대하는 그의 자세 때문이었다. 이명박은 철저히 대화를 통해 문제를 풀려고 했다. 양보할 것은 양보하되, 부당하다고 판단되는 것은 논리 정연한 설득으로 동의를 구했다.

헌법재판소까지 갈 정도로 국민의 이목을 집중시켰던 신행정 수도 이전과 행정 도시 건설 문제는 대화와 타협의 정치가 아쉬웠던 대표적인 사례라는 것이 이명박의 생각이다. 이 문제를 국민적 합의가 필요한 매우 중대한 사안이라고 보았기 때문이다. 그는 국가의 만년 대사인 수도 이전 문제를 특정 정치 집단의 이해 관계에 의해 결정하는 것은 타협의 정치에서 있을 수 없는 일이라고 못 박았다.

이명박은 노무현 대통령이 행정 수도 건설과 관련해 인터넷에 올린 '행정 수도 건설을 결심하게 된 사연'에 대한 견해를 공개적으로 밝혔다.

"저 이명박에게는 꿈이 있습니다. 저의 꿈은 통일 수도입니다. 대통령께서는 분할된 수도를 꿈꾸고 계시지만, 저는 통합된 수도를 꿈꾸고 남북한이 하나 되고 7,000만 겨레가 합의하는 통일 수도를 꿈꾸고 있습니다. 대통령께서 개혁과 국가 발전에 애쓰고 계신 것에는 힘찬 박수를 보냅니다. 하지만 수도 분할은 아닙니다. 그것은 개혁도 아니고, 균형 발전도 아닙니다."

이명박은 행정 수도 건설 문제는 정치적 계산에서 추진된 것이지, 국가 균형 발전이나 수도 발전을 위해 추진된 것이 아니라는 판단을 갖고 있다. 설령 수도 이전의 필요성이 있다고 해도, 국가 중대사를 결정할 때는 당리 당략이나 특정 세력의 정치적 목적이 개입되어서는 안 된다는 것이다. 그처럼 중차대한 문제일수록 국민의 입장에서 생각하고, 갈등이 있으면 대화와 타협을 통해 무엇이 옳고 그른지 가려 내야 한다는 것이다. 결국 행정 수도 문제는 헌법재판소의 위헌 판결로 대단원의 막을 내렸으나 후유증은 결코 적지 않았다. 국론 분열은 물론이고, 정치권의 대립도 한층 심화되었다. 그 과정에서 타협의 여지는 어디에도 없었다.

정치인이 된 후, 이명박은 바람직한 국가 지도자상에 대해 수없이 많은 생각을 했다.

그가 머릿속에 그리는 국가 지도자는 과연 어떤 인물일까. 그는 국가 지도자는 '토털 매니저(Total Manager)'의 개념을 갖고 실행해 나가야 한다고 설명한다. 즉 국가 지도자는 국민 전체의 구심점을 이룰 목표를 세우고, 이를 구체적으로 제시하고, 총체적으로 실행하는 토털 매니저가 되어야 한다는 것이다. 또한 지도자는 국민 위에 군림하지 않고, 스스로 세일즈맨이 되어 국가 경영에 발 벗고 나서야 한다.

지도자가 권위를 앞세워 국가를 통치하려 들면 국민은 안중에도 없게 되고, 후계자까지 통치권 안에 두려 한다. 그 결과 시대와 국민이 원하는 인물보다 충성도를 먼저 따지게 되는 것이다. 한국 정치사를 보면 실제로 이와 같은 일이 끝없이 반복되어 왔다.

봉건 시대에나 어울리는 이러한 정치적 발상으로는 경제 원리에 의해 급속하게 움직이는 세계의 흐름을 제대로 읽어 낼 수 없다. 이런 실정이라면 무기력증에 빠진 민심을 수습해 국민의 힘을 하나로 결집시켜 국부(國富)를 창출하는 동력으로 승화시켜 낼 수가 없다.

이명박은 정치 논리로 무장한 지도자의 가장 큰 맹점은 모든 일을 혼자 하려는 것이라고 지적한다. 아무리 뛰어난 지도자라 해도 모든 일을 다 잘할 수는 없다. 일을 혼자서 처리하겠다는 욕심은 무리한 결과를 초래하게 마련이다. 지도자란 해당 분야 전문가들에게 일을 맡기고 자신은 큰 방향만 설정해 주면 된다.

이와 함께 모름지기 국가를 경영하는 지도자라면 세계 경제와 국가 경제, 지방 경제, 기업 경제, 그리고 개인 경제가 어떻게 서로 유기적으로 맞물리는지 꿰뚫고 있어야 한다. 지도자는 긴박하게 돌아가는 국제 정세의 변화와 작동 원리, 방향을 정확하게 분석하고 전략적인 판단을 내려야 한다. 거대한 정부 조직을 효율적으로 관리하는 방법에 능숙해야 하며, 군사·외교 분야는 물론 국내 정치의 생산성을 획기적으로 끌어올릴 수 있는 개혁성을 가져야 한다.

경제 전쟁 시대인 21세기에 국가 경영을 제대로 수행하려면 실물경제의 노하우가 반드시 필요하다. 그런데 실물경제 감각은 단기간의 과외 수업을 통해 얻어지지 않는다. 경제 학자 출신들이 정부 관료가 되었을 때 자주 실패하는 것은 실물경제에 대한 현장 경험과 기업가로서의 경영 마인드가 결여된 탓이다. 국가 경제는 실험 대상이 아니다. 연구실에서 익힌 경제 지식만으로 나라 살림을 운영하다 자칫 잘못되면 그 부담을 수천만 국민이 뒤집어쓰게 된다. 실제로 IMF 때 실패는 국민의 '고통 분담'으로 나타났고, 그 후유증은 계속되고 있다.

또한 관록이나 훈장처럼 붙어 다니는 '다선 의원'에게 국가 경영을 맡기는 것도 여러 가지 문제를 야기할 수 있다. 정치인 출신 관료는 새로운 전문가의 영입을 주저한다. 막상 새로운 인물을 영입해도 정치 논리에 따르려는 관행 때문에 전문적인 지식을 국정 운영에 반영하기 어렵다.

뜻있는 많은 지식인들은 각 분야 전문가들의 깊이 있는 지식을 국정 전반에 충분히 반영할 수 있도록 정치 풍토를 바꾸어야 한다고 주장한다. 뿐만 아니라 기득권을 노린 패거리 정치와 연줄 정치 역시 한시바삐 사라져야 할 구시대적 유물임을 지적한다. 최근 3김 정치가 역사의 뒤안길로 사라지면서 많이 약화되긴 했지만 몇몇 사람이 국정을 좌우하는 오너 정치는 영원히 사라져야 마땅하다.

21세기는 매우 복잡하고 종합적인 사고를 요한다. 정치적 접근 방식으로 해결되지 않는 부분이 적지 않다. 국가 경영도 기업 경영과 다를 바 없다. 각국 지도자들은 세계 시장에서 경쟁력을 향상시키기 위해 세일즈의 첨병으로 나서고 있다.

거대 로마 제국의 통치 비결

이명박은 노무현 정부가 행정 도시를 건설하겠다는 뜻을 밝혔을 때, 이를 강력히 반대했었다. 이를 두고 정치권에서는 그가 서울시장이기 때문에 반대하는 것 아니냐고 말했다. 그런 견해에 대해 이명박은 자신이 왜 행정 도시 건설을 반대했는지 조목조목 이유를 밝혔다.

서울은 한반도의 중심지로 600년 역사를 자랑해 왔다. 그 중심지를 남쪽으로 이동하거나 정략적인 목적으로 수도를 분할한다면, 국가 경쟁력 차원에서도 막대한 손실을 가져온다는 게 그의 대전제다. 역사적으로 수도를 이전하려는 시도는 여러 차례 있었다. 고려 시대에 정치적인 이유와 북진 정책을 앞세운 세력에 의해 평양 천도 계획이 추진된 적이 있었다. 그러나 이러한 시도는 결국 무산되었다. 조선 시대에 들어와서는 임진왜란 당시 왜군의 한양 침공으로 선조가 피난을 간 적이 있지만, 이는 불가피한 이유에서였다.

이처럼 역사적 관점에서 볼 때도 수도를 이전하려는 시도의 이면에는 다분히 정치적인 이유가 깔려 있었다. 그렇지만 그 시도는 결과적으로 실패에 그쳤을 뿐 아니라, 그 후유증은 국민들에게 큰 부담으로 작용했다. 이런 역사적 개연성과 함께 이명박은 수도 이전이나 수도 분할에 대해 다음과 같은 다섯 가지 불가론을 내세웠다.

첫째, 국가 경쟁력이 치명적인 타격을 입게 된다는 것이다. 치열한 국제 경쟁 시대에 국정 운영의 효율성은 국가 경쟁력의 기초인데, 대통령과 국무총리, 장관이 120킬로미터 떨어진 지역에서 근무하는 것은 효율적인 국정 운영 수행에 차질을 빚을 수밖에 없다.

둘째, 국민적 의사 통합의 절차를 무시하고 있다는 점이다. 국가 지도자와 정부는 아무리 작은 프로젝트라 할지라도 이해 당사자나 해당 분야 전문가와 오랜 기간 기술적, 경제적으로 치밀한 사전 검토와 충분한 협의를 거쳐야 한다. 이것이 국민을 위한 최소한의 예의이자 필수적인 절차다. 이러한 문제를 외면하고 정부가 일방적으로 일을 추진하는 것은 국민을 무시하는 행위이다.

셋째, 행정 수도 건설의 이유로 내세운 국가 균형 발전은 수도 분할과는 상관없는 정치적 이유가 그 배경이다. 국가의 균형 발전은 중앙 정부에 집중되어 있는 권한과 재원을 과감히 지방으로 이양하는 것에서 출발해야 한다.

넷째, 수도권의 인구가 줄고 있는 상황에서 인구 분산 차원의 수도 분할은 이치에도 맞지 않다. 실제로 수도권 인구 과밀

이 문제가 된 것은 1990년대 이전이다. 서울의 인구는 1990년대 이후에는 점차 줄어들어 오히려 과소를 걱정할 단계이다.

다섯째, 현재 서울은 도쿄. 베이징. 싱가포르 등의 수도와 치열한 경쟁을 벌이고 있으며, 이들과의 경쟁에서 이겨야 대한민국의 국력이 신장될 수 있다. 이런 점을 도외시하고 수도를 두 동강 낸다면 서울과 대한민국의 경쟁력은 심각한 타격을 받을 게 분명하다.

일본의 경우에도 수도 이전 문제를 국가 차원에서 고려했던 적이 있다. 그러나 일본은 오랜 검토 끝에 지난 2003년 수도 이전 논의를 전격적으로 중단했다. 뿐만 아니라 오히려 정부 차원에서 도쿄의 개발 규제법이던 '수도권 기성 시가지의 공업 및 제한에 관한 법률'을 폐지하여 경쟁력을 더욱 강화시키고 있다.

유럽의 국가들도 국토 균형 발전을 위해 수도권 인구 분산 정책을 취한 적이 있다. 하지만 21세기에 들어와서는 대도시의 경쟁력을 고양시키는 새로운 국가 전략을 채택하고 있다. 런던, 파리, 로마, 베를린, 브뤼셀 등 유럽 각국의 수도들은 서로 유럽연합(EU)의 주도권을 차지하기 위해 오히려 강력한 집중 전략을 펴고 있다.

이명박은 국가의 균형 발전은 획일적인 형평성을 지향하는 '하향 평준화'가 아니라 국가 전체의 경쟁력을 강화하는 '상향 일류화'가 되어야 한다는 생각이다. 다시 말해 수도권과 지방이 상호 보완을 이루어 나라 전체의 파이를 키우는 방안을 선택해야 한다는 것이다. 더욱이 수도 이전은 '평화 통일'이라는 민족의 염원과 통일 한국의 장래를 염두에 두고 구상되어야 하는 크고 깊은 사안이다.

　유럽의 역사를 보면 소수의 로마인들이 자신들의 영토보다 수십 배나 큰 대제국을 오랜 세월 통치했다. 그것이 가능했던 가장 큰 이유는 근대의 중앙 정부 격인 로마가 해야 할 일과 지방 자치 단체인 호민관의 권한을 철저히 나누었기 때문이었다. 중앙과 지방의 명확한 '분권'이 거대 로마 제국을 수백 년 동안 유지할 수 있게 만든 통치 비결이었던 것이다.

22만 명을 상대로 한 역발상

이명박은 평소 지도자에게 가장 필요한 덕목은 '일의 우선 순위와 중심을 어디에 두어야 하는지 항상 생각하는 것'이라고 말한다. 그것을 망각하면 임기를 헛되이 보내기 십상이기 때문이다.

이명박은 서울시장 재직 시절에 청계천 복원 사업을 추진하면서 진정한 리더십이 왜 필요한지 절감했다. 당시에 그에게 닥친 가장 큰 과제는 청계천을 따라 생계를 꾸려 온 22만 명의 상인들을 설득하는 일이었다. 그들은 생활 터전을 지키기 위해 완강하게 청계천 복원 사업을 반대했다.

이명박은 22만 명의 상인을 모두 설득하는 것은 불가능하다는 판단을 내렸다. 고민 끝에 그는 역발상을 했다. 22만 명의 상인을 모두 설득하는 것은 불가능하지만, 그들이 이명박 한 명을 이해하는 것은 충분히 가능하다는 발상의 전환을 하게 된 것이다. 결국 이 발상은 성공을 거두었고, 상인들과 극적인 합의를 이끌어 내는 지침이 되었다.

그는 노무현 정부 시절에 부안 핵폐기물 처리장 설치를 두고 벌어진 이른바 부안 사태를 보면서 정책 담당자들이 역발상의 기지를 발휘하면 어떨까 생각했다. 당시 정부가 핵폐기물 처리장을 설치하겠다고 했을 때, 2만 명의 부안 군민들이 거세게 저항하고 나섰었다. 정부에서는 해당 장관들을 내려 보내어 설득 작업을 벌였으나 결국 실패했다. 이렇게 된 데에는 근본적으로 국민들이 정부에 큰 불신감을 가진 때문으로 보인다.

그 사태를 지켜보며 이명박은 '신뢰의 문제'가 참으로 중요하다는 것을 느꼈다. 부안 사태의 해결을 위해서는 정부가 2만 명의 군민을 설득하려 하지 말고, 2만 명의 부안 군민이 정부를 신뢰할 수 있는 환경을 조성했어야 한다는 생각이다. 군민들이 정부의 말을 믿으면 문제를 해결할 수 있을 텐데, 그 신뢰의 바탕이 없었던 것이다.

이명박은 어떤 정책이든 지도자가 신뢰를 얻기 위해서는 일관성이 있어야 한다는 점을 강조한다. 지도자의 생각이 조변석개(朝變夕改)식으로 바뀌면 근본이 무너지게 되는 것이다. 이명박은 또 지도자는 항상 예측이 가능해야 한다고 주장한다. 특히 인터넷 디지털 시대에는 이 예측 가능에 대한 신뢰야말로 무형의 소셜 캐피털(social csptal)이다. 기술과 돈이 아니라 서로가 서로를 믿는 것이 사회의 힘이라는 얘기다.

이명박은 시장 취임 후 1년 만에 지하철 파업이라는 큰 악재를 만났다. 그러나 파업 기간 중 지하철은 단 하루도 멈추지 않았다. 파업이 있기 전, 서울시 산하 119 소방 대원들에게 기관사 교육을 시켰기 때문이다. 뿐만 아니라 이명박은 서울시 자하철공사 간부들에게도 기관사 교육을 받게 했다.

그러자 공무원들 사이에서는 서울시장이 새로 오더니 갑자기 기관차를 몰라고 한다며 불만이 이만저만이 아니었다. 행정고시에 합격한 공무원들에게 기관차를 몰라고 하니 그들로서는 여간 자존심이 상한 게 아니었던 모양이다. 비판이 거세어지자 이명박은 공무원들을 향해 "그렇다면 여러분은 누구를 위해 있느냐?"고 물었다. 그리고 "지하철이 파업하면, 간부가 아니라 시장이라도 기관차를 몰아 시민이 불편하지 않도록 할 의무가 있다"고 말한 뒤 계획대로 밀어붙였다.

파업이 시작되자 이명박은 119 소방 대원과 지하철공사 간부들을 비상 소집해 새벽 5시부터 지하철 운행에 들어갔다. 물론 처음에는 운전이 미숙해 정확하게 정차를 하지 못하기도 했다. 그러자 신문 등 언론에서는 기관차가 30센티미터 앞서 멈추어 섰다며 난리를 피웠다. 하지만 비판은 얼마 못 가서 잠잠해졌다. 소방 대원과 간부들은 정신을 집중해 기관차를 운행하기 시작했고, 2, 3일 후부터는 진짜 기관사만큼이나 운전을 잘할 수 있게 되었다.

상황이 이렇게 되자 파업 1주일 만에 지하철공사 노동자들은 모두 두 손을 들고 말았다. 물론 파업 기간 동안 단 한 번의 사고도 없었고, 시민들이 불편을 겪은 일은 더더욱 없었다. 미리 사태를 예견하고 철저하게 대비한 이명박의 대처 능력이 크게 빛을 발한 것이었다.

감세론과 선순환 경제

　　이명박은 경제를 살리기 위해서는 국민들의 세금 부담이 줄어야 한다는 기본 원칙을 가지고 있다. 특히 국가 경제의 근간인 서민 경제를 살리기 위해서는 세금 부담률을 낮추는 것이 무엇보다 시급하다고 본다.

　　서양 속담에 '사람이 태어나 세금을 내는 것과 죽는 것은 피할 수 없다'는 말이 있다. 소득이 있는 이상 세금을 내는 건 당연하다. 하지만 경제가 발전하려면 세금을 지금 수준보다 낮추어야 한다는 게 이명박의 생각이다. 세금을 낮추되 줄어든 만큼 다른 방법으로 세원을 넓혀 이를 충당해야 한다. 그것이 세금 부담을 줄이면서 국가 재정을 늘릴 수 있는 가장 합리적인 방안이라는 것이다. 따라서 정부는 국민들에게 직접적인 부담을 주지 않으면서 세원을 넓히는 방안을 연구하고 개발해 내야 한다.

　　국가는 세금을 많이 내는 사람을 우대하고 존경해야 한다.

선진국에서는 세금을 많이 내는 납세자는 국가로부터 그에 상응하는 충분한 보상을 받는다. 또한 국가는 세금을 거두어 들이는 이상, 국민의 생명을 귀하게 여기고 복지 정책에 만전을 기해야 할 의무를 지게 된다.

이명박은 대통령이 된 지금도 세금을 줄이는 문제만큼은 총력을 기울일 생각이다. 그는 서울시장에 취임한 후 시민이 내는 세금만큼 복지 정책을 펴는 방안을 마련하는 데 골몰했다. 서울시의 재정이 허용하는 범위 내에서 많은 개발 정책을 만들어 고용을 확대하고, 장애인 시설을 확충하는 데 노력을 기울였다. 또 시민들의 삶의 질을 향상시키는 차원에서 청계천 복원 사업과 환경 정리 사업, 뚝섬 개발 사업과 같은 대규모 친환경 사업을 벌였다.

이에 대해 '이명박은 신개발주의자'라는 비판이 있었다. 하지만 이명박의 생각은 달랐다. 이 사업들은 한결같이 결과적으로 시민들에게 수혜가 돌아갈 뿐만 아니라 소득 향상에도 크게 기여하여 꿩 먹고 알 먹는 식의 효과를 낳을 것이라는 판단에서 추진한 일들이었다.

이명박은 2000년 이후 많은 국민들이 자녀 교육 문제로 이민을 떠나는 현상에 대해 우려하고 있다. 물론 교육 환경을 스스로 선택하는 것 자체를 비난할 수는 없는 노릇이다. 부인과 자식을 외국으로 떠나 보내고 독수공방하는 기러기 아빠들도 이해할 수 있다. 하지만 이런 모든 현상의 원인이 교육 수요자들의 욕구를 충족시켜 주지 못한 정부의 정책 부재 때문이라면 얘기는 달라진다.

세금을 거두어 정책을 펴면서 국민들의 욕구를 수용하지 못한다면 정부는 존재 가치가 없다. 국민이 세금을 내어 정부를 지탱시키는 만큼, 정부는 납세자인 국민에게 양질의 서비스를 제공할 의무가 있다. 나아가 소비자가 상품을 선택하기 때문에 기업간 경쟁이 치열해지듯이, 정부도 양질의 행정 서비스를 국민들에게 공급할 수 있도록 경쟁력을 높여야 한다.

성공은 야망의 크기에 달렸다

이명박은 많은 사람들로부터 "성공의 비결이 무엇이냐?"는 질문을 받곤 한다. 샐러리맨의 신화를 창조하고, 대통령의 신화까지 창조했으니 그런 질문을 하는 것은 당연한지 모른다.

필자도 언젠가 그에게 이런 질문을 한 적이 있다. 그러자 그는 뜻밖의 답변을 했다.

"네가 지금 하고 있는 분야에서 최고가 되려고 노력해라. 남이 무엇을 어떻게 하든, 네가 하는 분야에서 남보다 앞서면 반드시 성공한다."

그러면서 그는 이런 말을 덧붙였다.

"옛날에 고철이나 휴지를 주워 하루하루를 살아가는 사람들이 많았는데, 그들 중에서도 휴지를 가장 빨리 줍고 가장 정확하게 분류할 줄 아는 사람은 나중에 큰 부자가 되는 걸 봤지. 요즘 사람들이 들으면 웃겠지만, 똥지게를 지는 사람들 중에서도 최고가 되기란 정말 어렵거든. 매사에 어중간하게 일을 하는 사람은 결코 성공할 수 없어."

이명박은 현대그룹을 떠나 1992년 민자당 전국구 의원으로 정계에 진출한 뒤, 자신이 설립한 동아시아연구소라는 사무실을 서초동 영포빌딩에다 열었다. 당시 그는 매일 이 사무실에 출근했는데, 일요일에 교회를 가는 것만 빼고는 하루도 거르지 않고 똑같은 시간에 출근했다. 물론 해외 출장이나 조찬 약속과 같은 긴급한 용무가 있을 때는 출근 시간이 늦을 때도 없지는 않았지만, 필자는 그가 항상 오전 9시 이전에 사무실을 지키는 모습을 보았다. 스스로 자기 자신에게 몸가짐과 자세가 흐트러지지 않도록 채찍을 가하는 그런 사람이었다.

한번은 그에게 "성공하는 리더는 무엇이 다른가?"라는 질문을 던진 적이 있다. 이에 대해 그는 '조화(調和)와 실행력(實行力)'이라고 답했다.

조직을 화합하고 단결시키는 힘이 진정한 리더십이며, 리더는 반드시 그 같은 자질을 갖추어야 한다는 것이었다. 그는 정주영 회장과 이병철 회장의 경영법을 예로 들었다. 정주영 회장과 이병철 회장이 보여 준 경영법의 공통점은 조직을 다원화한 것이었다고 한다. 조직을 일원화하면 다양한 의견을 표출할 수 있는 루트를 차단하기 때문에, 어떤 사안을 결정하는 데 객관적으로 판단할 수 없을 뿐 아니라 조직을 경직화시켜 화합을 해친다는 것이었다.

이명박은 현대건설의 CEO를 지낼 당시에도 주요한 경영 정책을 결정할 때는 자기 자신만이 정한 법칙에 따라 삼심제(三審制)를 거쳤다. 먼저 보통 직원들로부터 좋은 사업 기획안이 올라오면 임원 회의를 통해 충분한 의견 수렴을 거치고, 마지막에 심사 숙고를 거쳐 최종 의사 결정을 하는 방식이었다. 물론 이런 의사 결정 과정을 거치지만, 그는 속도를 매우 중요시했다. 그는 어떤 계획이든 '된다', '안 된다'는 결정을 최대한 빠른 시간 안에 내린다.

이명박이 서울시장을 지낼 당시, 많은 서울시 공무원들이 놀란 것 중 하나가 의사 결정의 신속성과 명쾌성이었다고 한다. 그는 무슨 일이든 주저하는 법이 없었다. 그가 서울시장에 취임한 뒤 그에게 결재를 받아 본 서울시 공무원들은 "시장님이 너무 일을 가볍게 처리하시는 듯하다"고 수군거렸다고 한다. 하지만 6개월도 안 돼 공무원들의 선입견은 완전히 바뀌었는데, 시정 내용에 대해 담당 공무원들보다 더 정확하게 한치 오차도 없이 줄줄 꿰는 그의 앞에서 적당히 얼버무리다가는 낭패를 겪기 일쑤였다는 것이다.

이명박은 현대 시절부터 정치에 몸담은 이후까지 대학생이나 청년들을 상대로 수많은 강연을 했다. 그는 강연을 시작하는 서두에서나 말미에 반드시 "야망을 키우십시오!" 하고 말했다. 개인이든 국가든 야망이 없으면 희망이 없고 발전도 없다. 특히 대한민국이 세계의 중심 국가로 발돋움하기 위해서는 지금보다는 앞으로, 오늘보다는 내일에 대해 더욱 큰 야망을 품어야 한다는 생각이다.

국토의 크기나 인구, 자원 보유량이 국가의 힘을 결정하던 때는 이미 오래 전에 지났다. 아무리 작은 나라도 꿈과 야망이 크면 세계 중심 국가로 발돋움할 수 있다는 게 이명박의 지론이다. 그는 스위스와 영국과 일본을 그 대표적인 사례로 들었다. 스위스 사람들은 비록 국토는 좁을지언정 야망은 원대했다. 현재 스위스 국민들은 세계 어느 나라에 가도 일등 국민 대접을 받는다. 야망이 큰 국가라는 점에서 영국이나 일본도 마찬가지다. 개인이든 국가든 야망의 폭이 좁으면 행동 범위도 작아질 수밖에 없다.

한반도는 미국 · 일본 · 중국 · 러시아라는 세계 4강의 틈바구니에 끼어 있다. 지정학적 위치상 한국은 더욱 야망을 크게 가져야 한다. 미래를 위한 비전을 뚜렷이 정하고, 역량을 효율적으로 결집시켜야 한다. 꿈과 야망이 크면 반드시 지정학적 현실을 극복할 수 있다고 이명박은 굳게 믿고 있다.

현대가 중소기업에 불과하던 시절, 정주영 회장과 이명박은 커다란 야망과 비전과 뉴프런티어 정신을 가지고 있었다. 경부고속도로 공사는 바로 그러한 정신의 소산물이었다. 누구도 꿈꾸지 못했던 이상을 실현하기 위해 나선 결과 그 뜻을 이룰 수 있었다.

현대건설 성공 신화를 만든 태국 나라티왓 고속도로 공사 역시 마찬가지였다. 본사 직원보다 더 많은 인력을 파견해 추진한 이 공사는 당시 7, 8억 원에 불과하던 현대건설의 매출보다 수십 배나 많은 500만 달러짜리 대공사였다. 현대의 기술과 인력, 경영 능력으로 볼 때 이런 대규모 프로젝트를 수주해 시공한다는 것은 거의 도박에 가까웠다. 그럼에도 현대는 이를 성공시켰고, 여기서 얻은 자신감으로 중동까지 뻗어 나갔다.

리더의 야망이 컸기에 현대는 기적을 만들었다. 해 보기도

전에 안 된다고 포기하는 것은 스스로 자신을 죽이는 일이다. 이명박은 현대건설 시절에 체득한 이 도전 정신을 30여 년이 지난 지금까지도 잊지 않고 있다.

이명박은 아무리 어려운 일에 직면해서도 단 한 번도 '안 된다'고 생각해 본 적이 없다. 무슨 일이든 일단 부딪쳐 본 다음 문제 해결의 실마리를 찾았다. 만약 그렇지 않았다면 가난뱅이 출신이 대기업의 회장에, 국회의원에, 서울시장에, 마침내 대통령에 결코 오를 수 없었을 것이다.

그는 이러한 성공의 원천의 하나로 '말의 힘'을 꼽는다. 말이란 자신의 생각을 표현하는 것에 그치지 않고 스스로의 행동을 결정하고, 더 나아가 다른 사람의 생각에도 영향을 끼치기 때문이다. 그는 많은 사람들이 불가능하다고 한 열사의 중동에서도 '할 수 있다'는 생각 하나로 사막에 빌딩을 짓고 도로를 닦았다. 모든 일에 긍정적으로 임하는 사람은 결국 아무리 어려운 일이라도 헤쳐 나갈 수 있는 것이다.

분배 정책과 기빙 문화
giving

이명박은 대통령 선거 기간 중에 살 집만 빼고 자신의 전재산을 사회에 내놓겠다고 선언했다.

이에 대해 혹자는 선거용이라느니, 매표 행위라느니 힐난했다. 선거전이 치열하던 시점에 그가 재산 환원 발표를 했으니 그런 비난이 나올 법도 했다.

하지만 필자는 그의 재산 환원 결정이 단순히 선거용으로만 이루어진 것은 아니란 점을 잘 안다. 다만 시기상 선거 기간에 있었기 때문에 그런 평가를 받았을 뿐이라는 생각이다.

그의 재산 문제는 비단 대통령 선거 때만 이슈가 된 것이 아니었다. 그가 정치에 발을 들여놓은 이후 끊임없이 제기되어 왔던 소재였다.

오래 전, 종로구 국회의원 선거에 나섰을 때도 선거 참모들은 그의 많은 재산이 선거 운동에 이롭지 않다면서 걱정을 했다. 서울시장에 출마했을 때도 그의 재산이 상대 후보의 공격

소재가 되었다.

그때마다 이명박은 참모들에게 "나에게 잘못이 있다면 언제든 모든 것을 버린다. 나는 결코 부정을 저지른 적이 없다. 내가 부정한 사람이었다면 30여 년을 현대그룹에서 일하면서 정주영 회장이 가만두었을까?" 하고 말했다.

그는 찢어지게 가난한 집에서 태어나 어렵게 성공을 한 사람이다. 그는 항상 "나는 원래 부자가 아니었다. 언제든 처음으로 돌아갈 준비가 되어 있다"고 말했다.

이명박이 가진 부자에 대한 생각은 단순하다. 얼마나 많은 부를 가지고 있느냐로 평가해서는 안 되며, 어떻게 부를 축적했느냐로 평가해야 한다는 것이다. 부를 쌓는 과정과 절차에 대한 도덕성이 시비의 대상이 될 뿐, 부의 크기로 도덕성을 재단하는 것은 사회 윤리나 가치 판단에 혼란을 초래한다는 것이다.

인간은 누구나 부자가 되기를 희망하고, 그렇게 되기 위해 피와 땀을 흘린다. 이명박 역시 그러했다고 스스로 고백한 적이 있다.

하지만 그는 아무리 도덕적으로 부를 축적했다 하더라도 부를 그릇된 방향으로 사용하는 것은 안 된다는 생각이다. 자신을 부자로 만들어 준 사회를 위해 사용하고, 다시 돌려줄 준비를 해야 한다는 것이다.

이명박은 오래 전, 한 신문 기사를 읽고 '부자가 가야 할 길'에 대해 깊이 생각한 적이 있다. 기사에 나온 주인공은 아시아의 최고 갑부인 리카싱(李嘉誠)이란 인물이었다.

그는 중국 문화혁명이 한창일 때 맨손으로 홍콩으로 건너가 세계적인 갑부가 된 사람이었다. 그는 부자가 되기 위해 돈이 되는 일이면 물불을 가리지 않았다. 결국 그는 마카오 카지노 회사들의 지분 60퍼센트를 소유하고, 경마 사업에 손을 대어 막대한 부를 쌓았다. 사실 우리의 기준으로 보면 도박 사업으로 돈을 번 리카싱의 재산 축재 과정은 그리 환영받을 일은 아니었다.

하지만 그는 자신이 쌓은 부를 하나하나씩 홍콩 시민들에게 돌려주기 시작했다. 그는 1980년대 후반부터 홍콩 정부가 거두어 들이는 연간 세수의 10퍼센트를 냈고, 집값이 세계 최고 수준인 홍콩의 서민들을 위해 수십만 채의 서민용 아파트를 지어 무상으로 공급했다. 지금도 홍콩 서민들은 보증금 없이, 매달 전기세와 수도료만 내면 리카싱이 지은 서민 아파트에 들어가 살 수가 있다.

리카싱은 20년째 홍콩 시민들 사이에 가장 존경받는 인물로 꼽히고 있다. 홍콩 시민 중 누구도 리카싱의 부를 비난하는 사람이 없고, 그가 부자라는 사실만으로 이상한 눈길을 보내는 사람이 없다. 얼마 전, 홍콩에 태풍이 닥쳐 10만 명의 이재민을 냈을 때도 그는 피해자들을 위해 수재 의연금으로 무려 2조 원이라는 거금을 쾌척했다.

비단 리카싱뿐만 아니다. 얼마 전 세계 최고 부자인 빌 게이츠와 워렌 버핏이 수십억 달러의 재산을 사회를 위해 선뜻 내놓는 장면을 보면서 이명박은 숙연한 마음을 가졌다.

이명박은 선진 사회로 향하는 기본은 기빙(Giving) 문화의 확산에 있다는 생각이다. 김대중, 노무현 정부에서 우리 사회는 부자와 가난한 자의 편 가르기 의식이 지배했다. 정부의 정책은 분배론이라는 미명 아래 부자 죽이기에 맞추어졌었다.

선진국으로 가기 위해서는 정부의 강제적 분배 정책으로는 안 된다는 게 이명박의 신념이다. 기빙 문화의 정착은 제도나 정책 이상의 분배 효과를 가져올 수 있다고 보는 것이다. 누구나 부자가 되어 사회를 위해 부를 환원한다면 그것만큼 좋은 일은 없을 것이기 때문이다. 기빙 문화의 정착은 사회의 계층간 갈등 해소에도 절대적인 영향을 발휘할 것이라는 게 그의 신념이다.

제6장
그가 꿈꾸는 그린 대통령
green

라인 강과 도나우 강을 연결하며 유럽 대륙을 가로지르는 운하가 100년 전에 만들어져 지금 유람선과 바지선들이 드나드는 운하를 굽어보며, 앞날을 내다보는 유럽인들의 혜안에 감탄했다. 지혜와 힘을 모으면 모든 것이 잘 풀릴 것이다. 꿈을 가져 보지 않은 사람은 일을 두려워한다. 사람들은 혹시나 일이 잘못되지나 않을까 우려하는 것은 아닐까?

대운하를 둘러싼 3가지 오해

　　이명박의 대운하 건설 계획에 대해 찬반론이 많다. 필자는 솔직히 대운하 건설 계획에 대해서는 정치적이든 경제적이든 해석을 내릴 수 있는 전문적인 식견을 갖고 있지는 않다. 때문에 대운하 건설 계획을 두고 벌어지는 논란에 대해서는 이렇다 저렇다 말할 수 있는 처지가 아니다.
　　다만 필자는 이명박이 왜 대운하 건설을 한국의 경제 발전에 매우 중요하다고 생각하는지에 대해서는 이해를 한다. 정치인들은 이명박의 대운하 건설 계획에 대해 청계천 복원 사업으로 인기를 얻었던 것을 염두에 두고 무리하게 추진하고 있다는 말을 한다. 하지만 필자가 아는 한 이 같은 얘기는 다분히 정치적인 해석으로, 잘못된 견해라 생각한다.
　　이명박은 국가 지도자는 국민이 피부로 느낄 수 있게 예측 가능한 목표를 제시하고, 이를 강력한 추진력으로 이끌어 나가야 한다는 확고한 신념을 가지고 있다.

실제로 그는 서울시장에 취임한 이후 이를 실천에 옮겼다. 청계천 사업과 서울시 교통 체계 변환, 강북 뉴타운 건설 계획은 그가 서울 시민들이 진정으로 바라는 것이 무엇인지 간파해 실천한 사업들이다. 주변의 반대와 비판, 그리고 비관적인 시각이 있었지만 그는 세 가지 사업 모두를 강력한 의지로 추진해 나갔다.

청계천 복원 사업에 대해서도 반대가 심했다. 당초 그가 청계천 복원 계획을 수립하자, 정치인들은 황당한 주장이라며 거들떠보려 하지도 않았다. 심지어 가까운 측근들도 "청계천 복원 공사는 선거를 위한 캠페인이었을 뿐이다"라고 말했다. 서울시 공무원들조차도 과연 그 계획이 제대로 성사될 수 있을지 의심의 눈초리를 보냈다.

이명박은 처음부터 하나하나 사업 계획을 챙기고 추진해 나갔다. 그리하여 마침내 30년 된 청계 고가가 헐리고, 지하에 묻혀 있던 광교가 모습을 드러냈다. 사람들은 그제야 환성을 지르며 좋아했다. 서울시장으로서의 이명박의 안목과 추진력이 비로소 인정받기 시작한 것이다.

이명박은 1992년 민자당 소속으로 처음 국회에 등원했을 때 지금의 대운하 건설 계획인 경부 운하 건설을 제안했다. 그가 이 제안을 한 것은 증가하는 물류 비용 때문에 경제가 경쟁력을 잃어 가고 있다고 판단했기 때문이었다. 그러나 당시 김영삼 정부는 이명박의 제안을 도외시하고 고속 전철 사업에 착수했다. 이에 대해 이명박은 의문을 제기했다.

고속 전철은 많은 비용이 들지만 화물 운송 수단이 아니어서 설사 완공되더라도 경제적인 효용성이 떨어진다고 설명했다. 물론 사람을 실어 나르니까 상대적으로 경부고속도로의 통행량을 줄이는 효과는 있겠지만 급속하게 보급되는 자동차 대수만큼 고속 전철이 큰 효과를 거둘 수 있을지 의문이라는 견해였다.

현대그룹에 재직하던 시절, 이명박은 유럽을 방문하면서 라인 강과 도나우 강을 연결하며 유럽 대륙을 가로지르는 운하가 100년 전에 만들어졌다는 사실을 알고 큰 충격을 받았다. 유람선과 바지선들이 드나드는 운하를 굽어보며, 앞날을 내다보는 유럽인들의 혜안에 감탄했다.

사실 이명박이 대운하 건설을 처음 제기한 때는 그가 현대에 몸담고 있던 1987년 겨울이었다. 노태우 대통령 당선자가 상공회의소를 방문했을 때, 상공회의소 부회장으로 있던 이명박이 대운하 건설을 제안한 것이다. 당시 노태우 대통령은 고개를 끄덕였지만 취임 후에는 아무런 말이 없었다.

이명박은 그렇게 흐지부지된 계획을 국회의원이 된 후 정식으로 제안했던 것이다. 그러나 정치권과 해당 부처 관료들은 한결같이 불가능하다는 반응을 보였다. 낙동강의 경우 가뭄이 잦아 입수량이 부족하고, 강심을 깊게 파다 보면 근처 지하수가 강으로 유입되어 식수 자원이 고갈될 것이며, 대규모 건설로 인해 생태계 파괴 현상을 빚게 될 것이라는 게 반대 이유였다.

그러나 그들은 이명박이 제안한 대운하 건설 계획의 본질을 잘 파악하지 못하고 있었다. 그의 계획은 서울에서 부산까지 운하를 파 내려가는 것이 아니었다. 강과 강을 소형 댐으로 연결해 비용을 최대한 줄이면서 운하와 같은 효과를 건설하면 수량이 풍부한 남한강의 물이 낙동강으로 유입되어 물 부족 현상이 자연스럽게 해결된다고 보았다. 여러 개의 소형 댐을 만들면 수자원 관리에도 큰 도움이 된다는 판단이었다.

생태계가 파괴될 것이라는 비판은 이해할 수 없는 부분이었다. 운하가 생태계 파괴를 몰고 온다면 왜 유럽에서는 그 많은 운하들을 건설하고 있겠는가? 생태계 파괴의 주범은 소형 댐이 아니라 오히려 대규모 댐이라는 게 그의 생각이었다.

결국 그 제안은 일언지하에 묵살되었다. 그러자 "꿈을 가져보지 않은 사람은 일을 두려워한다"는 말이 떠올랐다. 현장 경험이 없는 고위 공직자들은 혹시 일이 잘못되지나 않을까 두려워하고 있었다. 그런 자세 때문에 복지부동이라는 말을 듣는 것이 아니겠는가?

적어도 국민을 위해 봉사하는 자세를 가진 공직자라면 물류비용이 국가 경제에 얼마나 큰 마이너스 요인인지 알고 있어야 한다. 그것을 알고 있다면 비용을 최소화할 수 있는 방법을 연구라도 해야 마땅하지 않겠는가? 그런 생각이 의정 활동을 하는 내내 이명박의 머리를 떠나지 않았다.

그의 이 꿈은 20년이 지난 뒤에 17대 대통령으로 당선되면서 추진을 눈앞에 두고 있다. 필자는 그의 이런 생각을 오래 전에 들은 바 있었으나, 솔직히 필자도 그의 생각이 처음에는 비현실적인 게 아닌가 하는 의구심을 가졌었다. 따라서 그동안 대운하 건설에 대해서는 까마득히 잊고 있었다. 그러다가 대통령 선거에서 그가 이 공약을 하면서 다시 들으니 한편으로 반갑기까지 했다. 그래서 다시 한 번 그의 대운하 건설 계획을 꼼꼼히 살펴 보게 됐다.

필자가 생각하기엔 대운하 건설 계획을 두고 벌어지는 찬반 논란의 핵심은 크게 세 가지로 요약되는 듯하다.

첫째는 건설 방법이고, 둘째는 재원 마련이며, 셋째는 운하 건설에 따른 주변 환경 파괴에 대한 걱정이다. 이중에서 반대론자들이 가장 앞서 내세우는 반대 근거는 환경 파괴에 대한 우려인 듯하다.

이명박이 생각하는 대운하 계획은 한마디로 한강과 낙동강을 이어 중부 지방에서 남부 지방으로 연결되는 물길을 만들겠다는 구상이다. 한강의 길이가 212킬로미터이고 낙동강이 288킬로미터이니, 두 강을 연결하면 500킬로미터가 넘는 긴 강이 탄생하게 된다. 이렇게 연결된 운하에 배를 띄워 다니게 되면 한강에서 낙동강까지 내륙 물류로가 만들어진다는 것이다. 이렇게 되면 경부고속도로에 버금가는 새로운 물류로가 탄생하게 되고, 더불어 강을 따라 레저 단지나 문화·관광지가 조성되어 지역 경제 발전에도 큰 도움을 줄 수 있다는 것이 이명박의 생각이다.

이런 구상대로 대운하가 만들어진다면 대한민국의 지도를 바꾸는 역사적 사건이 될 것이고, 한강이나 낙동강이 모두 내륙의 오지를 굽이굽이 돌아 흐르기 때문에 이들 지역의 문화적·경제적 발전 효과가 매우 클 것만은 분명해 보인다. 더욱이 500킬로미터가 넘는 물길이 만들어지면 장마철만 되면 해마다 반복되는 물난리도 사라질 수 있다고 본다.

그런데도 대운하를 두고 상당수가 반대하는 까닭은 무엇일까 하는 궁금증이 생겼다. 전문가들이 보기에는 건설 방법이나 15조 원이 투입되는 건설 재원, 그리고 환경 파괴 등 각론적인 문제점이 있는 듯하다.

필자가 보기에는 처음부터 대운하 건설 계획을 국민들에게 알리는 방식에서 잘못이 있었던 것이 아니냐 하는 생각이 든다.

다시 말하면 국민들이 대운하를 쉽게 이해할 수 있도록 설명해 주는 과정이 생략된 채 "대운하를 건설하면 국가 경제에 도움이 된다"는 식으로 이 사업을 홍보하다 보니, 많은 국민들은 영문도 모른 채 "대운하 건설은 왜 해?" 하면서 냉소적인 태도를 보이는 듯하다.

솔직히 필자도 처음에는 '대운하'라는 말에 다소 거부감을 느낀 것이 사실이다. 우선 '대운하'라는 단어에서 받는 어감(語感)은 중국 수나라 때 백성들을 수십 년 동안 동원하면서 만든 것이 '대운하'였던 것이다. 그러니 어떤 이는 "우리도 운하 공사에 동원되는 것 아니냐?"는 우스갯소리까지 하기도 한다. 가급적 크고 넓은 것이 좋아 보일 수도 있지만 본질을 흐리게 하는 결과를 가져온다는 점을 생각해 볼 필요가 있는 것이다.

그 이름이야 어떻든 국민 모두의 뜻이 모여서 최선의 방법과 결과가 나오기를 기대해 본다.

청계천 복원 반대론자들의 침묵

2005년 6월 1일, 이명박은 조용히 휴대 전화기를 들었다. 그리고 떨리는 목소리로 말했다.

"통수문을 여세요."

그 말이 떨어지기 무섭게 지시를 기다리고 있던 청계천 복원 사업 팀 김윤호 국장이 배수구 개폐 버튼을 눌렀다. 순간 광화문 동아일보 앞 청계 광장 배수로를 타고 막혔던 물이 콸콸 쏟아져 내렸다.

청아한 소리를 내며 배수구를 타고 쏟아져 내린 물은 600년 찬란한 역사의 맥을 이으며 서울 도심을 가로질렀다. 그 얼마나 가슴 졸이며 기다려 온 청계천 복원이었던가?

맑은 물이 서울의 한복판을 가로지르는 광경을 지켜보는 동안 이명박의 눈가는 촉촉히 젖어들었다. 가슴 저 밑바닥부터 뭉클한 감동이 치솟았다. 이어 1년 11개월 전의 일이 주마등처럼 가슴속을 휘돌았다.

2003년 7월 1일, 이명박은 청계천 복원 공사의 기공식을 거행했다. 그때 그는 시민들에게 확신에 찬 목소리로 말했다.

"청계천에 반드시 맑은 물이 흐르도록 할 것입니다."

비로소 그는 그 약속을 지켰다. 공사를 시작한 지 정확히 700일 만에 통수식을 가진 것이다. 많은 사람들이 청계천 복원은 불가능한 사업이라고 말했다. 그러나 이명박은 자신이 있었고, 성공을 굳게 믿었다. 사실 우리 민족이 가진 불굴의 위대성이라면 못 해 낼 일이 없는 것이다.

무엇보다 청계천을 다시 살려 내어 시민들에게 돌려주게 된 것이 기뻤다. 청계천 복원은 결코 개인의 특별한 의지만으로 착수한 사업이 아니었다. 그 일은 모든 서울 시민의 염원이라 생각했다. 그리고 이 땅의 역사와 자연을 사랑하는 온 국민의 소망이라 생각했다.

배수로를 따라 맑은 물이 콸콸 쏟아지자 구경 나온 시민들이 일제히 함성을 질렀다. 우렁찬 함성을 듣는 이명박의 가슴 깊은 곳에서도 다시 한 번 감격이 격랑처럼 출렁거렸다.

'드디어 해냈다!'

이명박은 속으로 외쳤다.

사실 이 사업에 대해 그는 확고한 신념을 갖고 있었다. 모든 사람이 불가능하다고 말할 때도 그는 믿었다. 청계천은 반드시 복원된다고. 이제 다시 부활한 청계천은 시민들에게 운치 있는 산책로와 휴식 공간을 제공하게 될 것이었다. 역사에서 사라졌던 유물이 50여 년 만에 다시 햇빛을 보게 된 감동의 순간이었다. 이제 청계천은 자손 대대로 수도 서울의 중심부를 적시며 흘러갈 것이다.

청계천에 다시 맑은 물이 흐르기까지 얼마나 많은 고통과 시련을 품고 있어야 했던가? 이명박에게 청계천 복원 사업은 '거대한 도전'이었다. 그리고 어쩌면 그 '도전'은 이명박의 삶에서 결코 떼어 놓을 수 없는 숙명과도 같은 것이었다. 그의 인생 역정 자체가 도전의 연속이었기에.

그에게는 원천적으로 가난과 시련이 자리 잡고 있다. 소년 시절에는 포항의 여학교 앞에서, 그리고 죽도시장 속에서 풀빵과 사과와 뻥튀기를 팔면서 스스로 학비를 벌어 야간 상고를 다녀야 했다. 청소 일을 하며 다닌 대학 졸업 후 우여곡절 끝에 현대건설에 입사해서도 돈을 벌기 위해 해외 현장을 지원해서 나갔다.

거친 사막의 모래 바람을 맞으며 고생하면서 '도전'과 '성공'이라는 두 단어를 잊어 본 적이 없었던 그였다. 청계천 복원 사업 역시 이명박에게는 거대한 도전이었다.

청계천 복원 사업은 특별한 의도가 있어서 시작된 일이 아니었다. 일부 사람들은 정치적인 의도가 개입되어 있는 것이 아니냐며 색안경을 끼고 보기도 했다. 하지만 이명박은 나름대로 비전을 갖고 그 사업을 진행시켰다.

청계천 복원 사업의 목적은 단순히 냇물 하나를 '복원'하는 것에 있지 않았다. 오랜 세월 단절된 우리의 역사를 복원하는 일이었다. 치욕의 일본 강제 점령 이후 어거지로 막혔던 우리 민족의 숨통을 트는 일이었고, 그만큼 소중한 가치가 담긴 일이었다.

이명박은 통수식이 끝난 뒤, 뚫린 청계천의 물줄기를 응시하며 간절히 염원했다.

콸콸콸……!

거침없이 쏟아져 내리는 저 맑은 물줄기처럼 이제 이 나라도 마음껏 용틀임하며 앞으로, 또 앞으로 나갈 수 있게 되기를!

믿은 도끼에 찍힌 발등

2005년 5월 새벽 6시.

여느 해보다 일찍 찾아온 더위에 이른 아침부터 후텁지근한 기운이 훅훅 몰아쳤다.

서울 성북동 서울시장 공관의 전화 벨이 요란하게 울렸다. 서울시 당직 사령으로부터 걸려 온 전화였다. 전화는 부인 김윤옥 여사가 받았다. 다급한 당직 사령의 목소리에 부인은 바짝 긴장했다.

"여보, 시청에서 전화가 왔어요. 당직 사령이라는데……."

"당직 사령이?"

이명박은 침대에서 용수철처럼 튀며 몸을 일으켰다. 왠지 불길한 예감이 스쳤던 것이다.

"접니다."

이명박은 마른침을 삼켰다.

"시장님, 서울 지검에서 수사관 2명이 압수 수색 영장을 가지고 양윤재 부시장실을 압수 수색하기 위해 왔습니다. 어떻게 할까요?"

"무슨 소립니까? 압수 수색이라니요?"

"내용은 잘 모르겠습니다. 수색 영장에 적힌 내용은 뇌물 수수죄라고 하는데요."

이명박은 뜬금없는 보고에 영문을 몰라 어리둥절했다.

"지금 수사관들은 뭘 하고 있나요?"

"일단 시장님께 보고를 드린 뒤 결정해야 할 것 같아 잠시 기다리시게 했습니다."

이명박은 잠시 생각에 잠겼다.

"규정대로 관계관 입회하에 압수 수색에 응하도록 하세요. 그리고 국장단에 긴급 연락해서 7시 30분까지 회의실로 모이도록 소집하십시오."

"네, 알겠습니다."

전화를 끊자마자 이명박은 집을 나섰다. 너무나 갑작스런 일이라 어떻게 된 영문인지 알 수가 없었다.

이명박은 즉시 비서관에게 전화를 걸었다. 그는 경찰청에서 서울 시청에 파견된 인물로, 평소 듬직한 말씨가 마음에 든다고 여기던 사람이었다.

"양 부시장 건은 무슨 일인가?"

이명박은 대뜸 사건의 경위부터 물었다. 그러나 비서관도 예상치 못했던 일이라 정확한 상황 파악이 안 된 모양이었. 바로 그때였다. 뭔가 썩 좋지 않은 느낌이 머리를 때렸다. 정치에 몸담은 뒤로 이런 저런 사건을 겪어 온 터라 갑작스런 사태가 발생한 것에 대해 직감적으로 불길한 느낌이 든 것이다. 그러나 양 부시장이 무슨 까닭으로 뇌물 수수 혐의를 받아 검찰의 압수 수색을 받게 되었는지 도무지 감이 잡히지 않았다.

"빨리 시청으로 들어와서 자세히 보고해 봐!"

통화를 마치는 이명박의 목소리도 어느새 긴장되어 있었다.

이명박이 시청에 도착하자마자 비서관이 헐레벌떡 시장실로 들어왔다.

"도대체 무슨 일인가?"

이명박은 따지듯이 물었다.

"아직 자세한 건 모르겠지만, 청계천 사업과 관련해 뇌물을 받았다고 합니다."

"아니, 이 사람아. 좀 정확히 말해 봐! 양 부시장이 뭐가 어쨌다구?"

"네, 양 부시장이 업자에게서 뇌물을 받았답니다."

순간 이명박은 몸에서 피가 모두 빠져나가는 느낌이 들었다. 혼란스럽다 못해 머릿속이 아득해졌다.

도대체 무슨 일이란 말인가? 뇌물이라니? 청계천 사업과 관련해 여태껏 모든 관계자들에게 한 점 의혹이 없도록 수도 없이 '투명성'을 강조해 온 터였다. 더욱이 양 부시장은 자신이 가장 믿어 온 사람이 아닌가? 서울대 교수 출신에 사회적인 신망도 높은 인물인데 뇌물 사건에 연루되다니. 정말이지 열 길 물속은 알아도 한 길 사람 마음속은 알 수가 없는가 싶었다.

다시 자초지종을 알아보기 위해 바깥으로 나간 비서관으로부터 전화가 걸려 왔다. 내용은 양 부시장이 청계천 재개발 사업과 관련해 업자로부터 1억 원의 뇌물을 받은 것으로 검찰에서 파악하고 있다는 것이 그 골자였다. 이명박은 다시 눈앞이 캄캄해졌다.

'청계천이 어떤 사업인데…….'

가슴이 무너지는 듯했다. 그러면서도 뭔가 석연찮은 느낌이 스쳤다.

그동안 '병풍(兵風)', '총풍(銃風)' 등 많은 의혹들에 의해 스러져 간 인물들처럼 자신에게도 혹시 그런 시련이 닥친 게 아닐까 하는 의혹이 든 것이다. 아니나 다를까, 이튿날 검찰은 "단서가 나오면 이명박 시장에 대한 수사도 배제할 수 없다"고 언론에 발표했다.

'이 무슨 날벼락인가?'

이명박은 충격을 받았다. 사건은 마치 이명박의 비리 또는 청계천 복원 사업 전반에 대한 비리 수사로 확대되는 모습이었다. 이명박은 억울한 심정을 가눌 길 없었다.

분한 나머지 밤에 눈을 감아도 잠들 수가 없었다. 억지로 잠이 들어도 가위눌림에 몸부림치다가 깨면 여전히 한밤중이었다. 그런 날이 며칠 계속되었다. 보다 못한 아내가 걱정이 담긴 목소리로 말했다.

"여보, 제발 좀 주무세요. 이러다 건강 해치겠어요."

이명박은 사건의 진실을 파악하기 위해 알 만한 사람들에게 전화를 걸었다. 하지만 누구도 속시원히 말해 주는 사람이 없었다. 언론 보도도 믿을 수가 없었다. 누구보다 잘 안다고 생각했던 사람이 저지른 일이라 더욱 믿어지지가 않았다.

한 방송에서 자신의 비서관이 수뢰했다고 보도했을 때는 그야말로 청천벽력이 따로 없었다. 그 비서관은 10여 년이나 자신을 보좌해 왔던 사람이었다. 그런데 어떻게 그럴 수가……. 평소 그 비서관의 성실성으로 볼 때 이명박은 도저히 믿을 수가 없었다. 머릿속에서 강한 의문이 들었다.

'혹시 이번 사건이 나를 잡으려고 하는 것이 아닐까? 그렇다면?'

의혹이 거기까지 마치자, 이명박은 '나 때문에 많은 주변 사람들이 조사받고 피해를 당하고 있는 것은 아닌가?' 하는 생각이 들었다. 그래서 어떻게든 대응해야겠다고 판단했다. 그러나 달리 어떻게 해 볼 길이 없었다. 그저 속수무책으로 지켜볼 수밖에 없었다.

결국 이 사건은 20여 일에 걸친 수사 결과, 검찰이 양윤재 서울시 행정2부시장과 김일주 전 한나라당 지구당 위원장 등 두 사람을 기소하면서 일단락됐다. 이명박 시장에 대해서는 '관련 없음'이라는 결론이 내려졌다.

그렇게 사건의 막은 내렸지만 의문은 여전히 남아 있었다. 이 사건에 검사가 3명, 수사관이 33명이나 투입된 것을 놓고 법조계 인사들은 이해하기 어렵다는 반응을 보였다. 이 때문에 검찰 주변에서조차 정치적 의도가 있었던 게 아니냐는 얘기가 나돌기도 했다.

수사 초기, 검찰은 "단서가 나오면 (이명박 시장에 대한 수사도) 배제할 수 없다"며 야릇한 의지의 일단을 드러냈다. 그러한 검찰의 태도는 유력한 야당 차기 대선 후보로 거론되던 이명박

시장에 대한 흠집 내기용 수사가 아니냐는 의문을 낳기에 충분했다. 결국 무혐의 판정을 받기는 했지만, 결과적으로 이명박으로서는 이미지에 큰 상처를 입은 꼴이 되었기 때문이다.

 검찰 수사는 신중하고도 공정하게 이루어졌어야 했다. 개인의 비리 의혹에 불과한 사건이 마치 청계천 사업 전반에 비리가 있는 것처럼 비추어지면 자칫 국민의 오해를 살 소지가 컸기 때문이다.

청계천 보고서가 나오기까지

2001년 10월 어느 날.

이명박은 오전 내내 외부와 연락을 끊고 있었다. 평소 같았으면 8시 이전에 서초동 동아시아연구소로 출근했을 테지만, 이날은 움직이고 싶지 않았다. 그는 중요한 결정을 내릴 때면 외부와 연락을 끊고 홀로 깊이 생각하는 습관이 있었다. 이날도 그랬다.

이명박은 거실에 앉아 있었다. 창밖에 펼쳐진 뜰의 풍경이 한눈에 들어왔다. 뜰 한구석에 단풍나무 잎이 곱게 물들어 가고 있었다. 얼마 전 세 마리 새끼를 낳은 진돗개 순돌이가 가을 햇살을 받으며 졸린 눈을 껌벅거렸다. 물끄러미 그 광경을 바라보던 이명박의 입가에 살며시 미소가 피어올랐다.

문득 정주영 회장의 생전 모습이 떠올랐다. 그가 앉아 있는 논현동 집은 정주영 회장이 오래 전 자신에게 선물해 준 것이었다. 현대건설 사장 시절 압구정동의 한 아파트에 살고 있었는데, 하루는 불쑥 집으로 찾아온 정주영 회장이 이렇게 말하는 것이었다.

"현대건설 사장이 아파트에 사는 건 보기에 안 좋아. 외부 손님을 치를 일도 많을 텐데 내가 논현동에 집 한 채를 마련해 줄 테니 그리로 가."

그러면서 마련해 준 집이 논현동 집이었다. 정주영 회장은 항상 그렇게 사려가 깊은 이였다.

수십 년 동안 동고동락한 정주영 회장이 유명을 달리하던 날, 이명박은 고인의 영정 앞에서 목놓아 울었다. 보잘것없던 한 청년의 뜻을 세워 준 그 은혜를 어떻게 이루 다 말로 표현할 수 있을까?

이명박이 현대를 떠난 후, 정주영 회장과의 관계에 대해 주변에서 이러쿵저러쿵 속상한 말들이 많았다. 그런 말을 하는 사람들을 붙잡고 일일이 사정을 설명해 주고도 싶었지만, 이명박은 이내 마음을 고쳐 먹곤 했다. 그것조차 고인을 욕되게 하는 일이라 생각했기 때문이었다.

이날 이명박이 깊은 상념에 사로잡힌 이유는 '청계천 복원 사업 계획'에 대해 최종 결정을 내리기 위해서였다. 그는 이 사업의 타당성을 알아보기 위해 2001년 초부터 전문 연구 팀에 의뢰해 보고서를 만들도록 했다. 마침내 연구 팀의 노력 끝에 보고서가 나온 것이 바로 어제의 일이었다.

이명박은 문을 걸어 잠근 채 종일 보고서를 보고 또 보았다. 그리고 밤새 보고서를 검토한 끝에 마침내 청계천 복원 사업이 성공할 수 있을 것이라는 확신을 얻었다.

이명박은 8개월여 앞으로 다가온 서울시장 선거에서 이 계획을 주요 캠페인으로 내세울 작정이었다. 물론 당내 경선을 앞두고 있어 후보가 될 수 있을지는 미지수였다. 당의 중진인 홍사덕 의원이 일찌감치 출사표를 던진 상황이어서 판세가 결코 만만치 않을 전망이었다.

들려 오는 정보에 의하면, 홍사덕 의원은 용산 미군 기지 이전 계획을 선거 공약으로 준비하고 있다고 했다. 사실 그 공약도 대단한 관심을 끌 만한 것이었다. 서울 시민들에게 용산 미군 기지 이전 문제는 크게 어필할 가능성이 높았다. 물론 당내 경선이야 대의원을 상대로 하기 때문에 공약이 절대적인 것은 아니었다. 그러나 대의원들 역시 시민의 여론에 따라 움직일 것이기 때문에 이명박으로서도 뭔가 획기적인 공약을 개발할 필요가 있었다. 이명박이 깊은 생각 끝에 꺼낸 히든 카드가 바로 청계천 복원 사업이었다.

이명박은 즉각 지인들에게 자신의 계획을 알렸다. 또한 동아시아연구소를 중심으로 연구에 착수하도록 지시했다. 그리하여 많은 전문가들이 연구에 매달리게 되었고, 마침내 보고서가 완성되어 나온 것이었다.

파리의 센 강과 서울의 청계천

　　청계천 복원 사업 계획을 발표했을 때, 많은 사람들은 '이명박다운 발상'이라고 말했다. 이 말 속에는 여러 가지 의미가 담겨 있었다. 그중에서도 '건설 회사 출신'이라는 뜻이 가장 컸다. 물론 그 같은 평가의 바탕에는 다소 조롱의 의미도 내포되어 있었다. 실제로 2002년 서울시장 선거전이 시작되었을 때, 경쟁자들은 '허무맹랑한 선거 공약'이라며 비아냥거렸다. 그러나 분명한 것은 이명박에게 있어 청계천 복원 사업은 단순히 선거용 공약이 아니라는 점이었다.

　　언젠가 이명박은 필자에게 다음과 같은 일화를 털어놓은 적이 있다. 그가 청계천 복원 문제를 막연하게나마 처음 착안한 것은 1980년대 중반 아내와 함께 프랑스 파리에 갔을 때였다고 한다.

　　흐르는 센 강을 바라보고 있는데, 부인 김윤옥 여사가 무심코 지나가듯 남편에게 말했다.

"서울에도 청계천이 있는데, 이 센 강처럼 개발하면 사람들이 좋아할 것 같아요. 그러면 휴식처도 생길 테고, 볼거리도 많아질 테고……."

이명박은 그 말에 무릎을 탁 쳤다.

"그래, 맞아! 서울에도 청계천이 있었어!"

이명박은 서울로 돌아오자마자 이곳저곳에 청계천 복원 가능성을 타진했다. 그러나 대부분의 사람들이 실현성이 희박하다는 견해를 보였다. 그 이유로 개발비가 너무 많이 소요되는데다 현실적으로 이미 세운상가 등이 자리 잡고 있어 도저히 엄두를 낼 상황이 못 된다는 것이었다. 게다가 이미 박정희 대통령의 지시에 의해 청계천이 복개되었는데, 이를 다시 뜯어 내고 예전의 모습으로 개발하는 것은 무리라는 주장도 있었다. 무엇보다 서울시 재정이 튼튼하지 못한 점도 문제였다. 그런 저런 이유로 주변에서는 이명박의 구상을 허무맹랑한 공상쯤으로 치부해 버렸다.

그 이후 청계천 복원 사업을 다시 떠올리게 된 것은 20년 가까이 지난 2000년 초였다고 한다. 당시 이명박은 미국에 있었다. 부득이한 사정으로 국회의원직을 그만두고 미국으로 건너가 있을 즈음. 절친하게 지내 온 학계의 한 인사로부터 편지가 날아왔다. 그 인사는 평소에도 늘 이명박의 지도자적 자질을 높이 평가하고 흠모해 온 사람이었다.

편지에는 이명박을 아끼는 그의 마음이 고스란히 스며 있었다. 어떤 목적이 있어서 보내 온 편지도 아니었다. 그저 진정으로 나라의 미래를 위해 참일꾼이 되어 달라는 간곡한 요청을 담고 있을 뿐이었다.

　사실 이명박은 의원직을 버리고 미국에 건너갈 때만 해도 큰 실의에 빠져 있었다. 1992년 현대그룹을 떠나 정치에 입문한 이후 나름대로 최선을 다했지만 정치판은 그리 녹록치 않았다. 참신한 사고와 정책으로 정치 개혁을 꿈꾸던 그로서는 여간 실망스러운 일이 아니었다. 2000년 총선에서 정치 1번지라는 종로에 출마해 이종찬, 노무현을 제치고 당선될 때만 해도 그는 감격했다. 하지만 그 이후 몰아닥친 음모와 술수는 한국 정치라는 것이 얼마나 이상한 것인지 새삼 깨닫게 했다.

　그렇게 등을 떠밀리다시피 건너 온 이명박에게 이 인사의 편지는 한 줄기 빛과 같았다. 이명박의 가슴에 잠자고 있던 열정이 용틀임치며 되살아났다. 서울시장에 도전! 언제나 목표가 정해지면 이명박은 앞을 행해 불도저처럼 밀고 나갔다. 그러나 여기는 지금 이역 만리 미국 땅이었다. 이명박은 냉철하게 생각을 가다듬었다.,

　서울시장 자리는 정치적인 의미도 크지만, 무엇보다 1,000만 서울 시민의 미래를 책임지는 막중한 자리다. 산재한 많은 일들을 효율적으로 처리해 내려면 남다른 창의력과 함께 탁월한 리더십이 필요하다. 내가 과연 그 막중한 일들을 해 낼 수 있을 것인가?

　이명박은 스스로 정직하게 수없이 자문자답했다. 그런 끝에 1,000만 서울 시민의 소중한 삶을 위해 크게 이바지하고 싶은 열망이 걷잡을 수 없이 솟구쳤다. 사우디아라비아의 거친 모래 폭풍 속에서 불굴의 신화를 이루어 낸 자신이었다. 그리고 지금은 그때와는 비교할 수 없을 만큼 원숙해졌다. 그렇다면 비전을 제시하고 강력한 추진력으로 밀어붙인다면 수도 서울을 지금보다 낫게 탈바꿈시킬 수 있지 않을까?

이명박은 결단을 내렸다. 그리고 귀국을 서둘렀다. 고국에 들어온 그는 서초동에 있던 동아시아연구소 문을 다시 열었다. 그러자 평소 친분이 있던 교수들과 선후배들이 삼삼오오 몰려들었다. 이들은 대부분 아무런 대가를 바라지 않고 이명박의 성공을 위해 시간과 정열을 바쳤다.

이명박이 한나라당 경선을 통과한 뒤 서울시장 후보로 나서자, 그의 청계천 복원 사업 계획은 본격적으로 논란의 도마 위에 올랐다. 민주당 김민석 후보는 "청계천 복원 사업은 많은 시간과 엄청난 개발비가 들어가는 장기 계획"이라며 신중론을 폈다. 그러나 이명박은 운하가 아니라 수심 20~30센티미터의 자연 하천으로 복원한다면 공사비 3,867억 원, 공사 기간 2년 6개월이면 충분하다고 판단했다. 소요 재원은 청계 고가 보수 비용으로 책정된 800억 원과 일반 세출 예산 3,067억 원에서 조달하면 될 것으로 판단했다.

이에 대해 반대론자들은 6조2,000억 원의 부채를 지고 있는 서울시로서는 도저히 불가능하다며 이명박의 계획에 반대했다. 이들은 재개발에 따른 상업 및 업무용 시설의 공급 과잉 현상이 나타날 경우 지역 업체들이 큰 피해를 당할 수 있고, 공사 기간도 상가 세입자들이 보상금 등을 요구하며 버틸 경우 예상 밖으로 길어질 가능성이 높다고 주장했다. 이상용 교통개발연구원 연구위원은 "청계천을 따라 주변 1킬로미터 지역을 재개발한다는 것은 사실상 서울 강북 도심부 대부분을 재개발하겠다는 무모한 발상"이라고 주장하기까지 했다.

그 같은 반대에도 불구하고 이명박은 시민들이 청계천 복원을 희망하고 있다는 여론 조사에 큰 힘을 얻었다. 서울 시민의 75퍼센트가 여론 조사에서 '예상되는 어려움과 불편함에도 불구하고 청계천을 옛 모습으로 돌려놓고 싶다'고 응답했다.

공사가 시작되면 매일 출퇴근 때 이용해 온 청계 고가를 다니지 못하게 된다. 청계천 복원 사업은 광교에서 평화시장을 거쳐 신답 철교에 이르는 5.8킬로미터나 되는 긴 구간의 복개 하천을 뜯어 내고 주변 60만 제곱미터를 재개발하는 대역사다. 따라서 시민들의 불편이 많을 수밖에 없다. 그런데도 서울 시민들은 불편을 기꺼이 감수하겠다고 나선 것이다.

서울 시민들의 이 같은 생각은 자신들보다 후손을 위한 위대한 선택이었다. 그런 생각이 들자 이명박은 마음이 숙연해졌다. 이어 두 주먹에 절로 힘이 불끈 쥐어졌다. 이명박은 시민들의 기대에 부응하기 위해서라도 자신의 모든 것을 바치리라 결심했다.

맑은 공기, 깨끗한 물, 그린 대통령
green

2003년 7월 1일 오후 2시.

이명박은 흥분된 마음으로 서울 시청 앞에 마련된 '청계천 복원 공사 기공식' 단상에 올랐다. 행사장에는 시민 대표와 여러 정·관계 인사, 외교 사절 등 4,000여 명의 인파가 운집해 있었다. 이명박은 마른침을 꿀꺽 삼켰다.

사회를 맡은 탤런트 유인촌 씨가 "마침내 대역사의 막이 올랐다"고 낭랑한 목소리로 서두를 열자, 이명박의 얼굴에 비장한 각오가 서렸다. 이명박은 국민 의례에 이어 축하 인사를 하기 위해 단상에 마련된 마이크 앞에 섰다.

"존경하는 시민 여러분! 청계천 복원은 자연과 인간의 복원입니다. 우리는 지금 새로운 미래를 향한 출발점에 서 있습니다. 시민 여러분의 적극적인 협조와 이해가 없었다면 청계천 복원 사업은 애초 시작할 수 없었을 것입니다. 서울 사랑과 나라 사랑의 큰 뜻을 모아 주신 시민 여러분께 깊은 감사의 말씀을 드립니다. 우리의 열정과 의지가 살아 있는 한, 청계천 복원은 반드시 성공할 것이라 확신합니다."

이어서 평소 친하게 지내 온 김장환 목사(한국기독교연합회 회장)와 법장 스님(조계종 총무원장), 소설가 박경리 씨 등의 축하 메시지가 낭랑하게 울려 퍼졌다.

이명박은 조용히 눈을 감았다.

앞으로 2년 3개월 후 이곳은 다시 맑은 물이 흐를 것이라는 생각을 하자 가슴이 설레었다. 50여 년 전 청계천은 맑디 맑은 물이 흘러, 시골의 개울가와 마찬가지로 아낙네들이 모여 빨래를 하던 곳이었다. 그러나 지금은 어떤가? 청계천이 끝나 가는 용두동과 마장동 인근을 제외하고는 물길조차 볼 수 없다. 하천 위에는 폭 50미터의 아스팔트가 덮이고, 흉물스런 고가 도로가 공중을 가로지른다. 청계천 지하는 켜켜이 쌓인 오물과 쓰레기로 만신창이가 되어 있었다.

이런 곳에 그 옛날처럼 다시 푸른 물이 넘쳐 흐른다면 얼마나 마음이 풍요로울까? 이명박은 그런 상상을 하며 흐뭇한 미소를 지었다.

사실 청계천 복원 계획을 밝혔을 때 시민들의 반응은 반반이었다. 그중 한 가지는, 복원은 유익한 일이지만 공사가 가능하겠느냐는 것이었다. 그러나 이명박은 확신했다. 열사(熱沙)의 건설 현장에서도 난관을 헤치고 그보다 더한 기적을 이룬 그였다. 그는 인간에게 불가능한 일은 없다고 믿어 왔다. 그래서 과감하게 청계천 지하로 들어간 것이다.

이명박은 청계 3가 대림상가 부근 화물 주차장에 뚫린 계단을 타고 50여 년 동안 묻혀 있던 청계천 밑을 직접 확인했다. 입구에 들어서자마자 악취가 진동했다. 숨이 절로 턱턱 막혔다. 지하 천장에는 보수 공사 때 마구잡이로 붙여진 탄소 섬유(FRP)와 콘크리트 더미가 군데군데 금이 간 채 심하게 부식되어 있었다. 빗물에 쓸려 왔을 모래와 진흙이 군데군데 쌓여 있는 것을 보며 이명박의 입에서는 탄식이 흘러나왔다.

"여기가 바로 하천이었구나."

입구에서 2.8킬로미터쯤 들어갔을 때 석축으로 된 '광교'가 실제로 모습을 드러냈다. 감격적인 순간이었다. 청계천이 복원되면 광교 또한 복원된다. 광교에서 신답 철교까지 5.8킬로미터의 하천이 만들어지고, 하천 양쪽으로는 3차로가 뚫린다. 그 광경을 상상하는 것만으로도 이명박은 가슴이 뛰었다.

다시 지하에서 지상으로 올라오자 기대감보다 걱정이 앞섰다. 광교에서 청계 2가, 종로 2가를 넘어 연결되는 청계천 주변 곳곳에 공구, 조명 기기, 건자재 등을 취급하는 각종 도소매상 10만여 개가 자리 잡고 있었다. 그 지역을 터전으로 삼아 살아가는 상인 수만 해도 22만 명에 달했다. 그들의 가족까지 합하면 약 50만 명에 이르는 사람들이 청계천 주변을 생활 터전으로 살아가고 있는 셈이었다.

"청계천 복원도 좋지만, 사업이 시작되면 당장 우리는 무얼 먹고 살라는 말입니까? 이주나 보상 대책부터 세워 놓고 사업을 추진해야 하는 것 아닙니까?"

공사로 인한 상권 위축과 이에 따른 생계 문제, 보상 및 이주 문제 등 해결해야 할 일이 산적해 있었다. 설사 복원이 되더라도 하천의 물은 어디서 끌어 오고, 재원은 어떻게 조달하고, 공사 중 교통난은 어떻게 해결해야 좋을지 생각할수록 첩첩산중이었다. 이명박은 그러나 뒤로 물러서지 않았다. 벽돌을 쌓듯 하나씩 차근차근 일을 처리해 나갔다.

그가 공약대로 청계천 복원 사업에 착수하자, 여당인 열린우리당 의원들은 물론 한나라당 인사들도 반신반의하는 태도를 취했다. 일례로 평소 이명박 시장과 가까웠던 한 국회의원은 "이 시장, 청계천 복원 사업은 선거 공약으로 충분했던 것 아닙니까? 괜히 시간 낭비하지 말아요" 하고 말하기도 했다.

그 말을 듣는 순간, 이명박은 속에서 울컥 분노가 치밀어 올랐다. 그는 속으로 '한심한 사람들'이라고 혀를 찼다. 하긴 따지고 보면 그 말도 아주 틀린 것은 아니었다. 누가 봐도 청계천 복원 사업은 현실적으로 불가능해 보일 수도 있었다. 그러나 이명박은 생각이 달랐다. 시민과 굳게 약속한 사업을 지레 겁먹고 포기할 거라면 차라리 시장 선거에 나서지 않았어야 옳다는 생각이었다.

그는 지금껏 살아오면서 '안 된다'고 생각해 본 일이 없었다. 그렇게 쉽사리 포기하는 성격이었다면 지금까지 온다는 것 자체가 불가능했을 것이다. 이제껏 이룬 성공의 가장 큰 원천은 바로 '할 수 있다'는 자신감이었다. 노력해 보지도 않고 지레 포기한다는 것은 그의 신념에 역행하는 것이었고, 결코 허용될 수 없는 일이었다.

어떤 이들은 이명박이 정치적 목적으로 청계천 복원 사업을 추진하는 거라고 수군거렸다. 그러나 따지고 보면 청계천 복원은 이미 오래 전부터 예정된 사업이었다. 자유당 때인 1958년부터 건설이 시작된 청계천 복개 도로와 고가 도로 구조물은 1994년 성수대교 붕괴 사고 직후 서울시의 안전 진단을 받았다. 그 결과 사고 우려가 있으니 즉시 보수 공사를 실시해야 한다는 결론이 내려졌다.

이에 따라 서울시는 청계천의 전면 보수, 보강 공사에 착수해 1999년까지 남산 1호 터널 입구에서 청계 4가에 이르는 길이 2,030미터에 대한 보수 공사를 단행했다. 2001년부터는 청계 4가에서 마장동까지 정밀 안전 진단을 실시해 전면 보수 작업이 필요하다는 결론을 내렸다. 이런 상황에서 2002년 6월 서울시장 선거에 나선 이명박은 시의적절하게 청계천 복원이라는 역사적 과제를 선거 공약으로 내걸었다.

건설 분야에 정통한 이명박은 청계천이 복원되면 서울 시민을 비롯한 국민들에게 큰 혜택을 줄 수 있을 것이라 확신했던 것이다. 우선 청계천을 햇빛과 맑은 공기, 깨끗한 물이 흐르는 자연 하천으로 복원하고 주변을 생태 공원으로 조성하여, 시민들에게 정서적 풍요로움을 선사하고 도심에 부족한 휴식 공간을 제공할 계획이었다.

또 광교와 수표교 등 조선 시대 석축교 유적을 원상 회복시켜 수표교 다리 밟기, 연등 행사 등 전통 문화를 재현하고, 4대문과 연계된 문화 공간을 조성해 600년 고도 서울의 정체성을 재확립할 계획이었다. 이명박은 이 모든 계획이 순조롭게 진행된다면 청계천을 서울의 대표적인 문화·관광 자원으로 활용할 수 있을 것이라 내다보았다.

결국 청계천 사업은 서울의 역사와 문화, 환경을 복원하고 강남과 강북의 균형 발전을 이루겠다는 이명박의 원대한 야심이 깃든 사업이었다.

청계천을 그대로 방치할 경우, 복개 도로 지하 공간의 유해 가스가 서울의 공기를 점점 더 악화시킬 것이고, 청계 고가 도로의 노후화로 인한 대형 안전 사고 위험이 컸다. 반면 복안대로 사업을 추천할 경우, 자연 하천 복원으로 청계천로 주변 환경이 크게 개선되면서 노후된 인근 지역의 산업 구조가 개편되고, 도심 경제가 활성화될 것이었다. 그 결과 서울의 강남과 강북의 균형적인 발전을 가져와 서울을 동북아의 중심 도시, 국제 금융의 거점 도시로 다시 태어나게 하는 계기가 될 것이라 확신했다.

사상 최다 득표율에 담긴 민심

　필자가 이명박을 처음 만난 것은 1989년 무렵이었다. 당시 그는 현대건설 회장으로 재직하고 있었다. 현대그룹을 담당하게 된 기자로 계동 사옥을 드나들면서 그를 만났던 것이다.
　이명박은 이따금 필자를 불러 이런 저런 세상 돌아가는 얘기도 들려 주고 젊은 시절을 반추하기도 했다. 아마도 대학 후배라는 점과 동향 출신(필자는 경주가 고향이고, 이명박은 포항이 고향)이라는 것 때문이 아닌가 생각된다.
　필자는 그를 처음 만났을 때의 기억을 잊지 못한다. 이명박은 계동 현대그룹 사옥 동편 10층이 사무실이었는데, 필자가 사무실에 들어서자 마치 오랫동안 잘 알고 지내 온 사이처럼 "이리와 앉아!" 하고는 거의 반말투로 자리를 권했다. 가뜩이나 그의 명성에서 오는 부담감으로 위축된 필자는 큰 소리로 소파 자리를 권하는 통에 어쩔 줄을 몰라 잠시 우왕좌왕했다.
　필자가 당황하는 기색을 보이자, 그는 대뜸 "몇 살이야?",

"몇 학번이야?", "집은 어디야?", "기자 생활은 몇 년째야?"는 등 신상을 묻는 질문을 연이어 쏟아 냈다. 한꺼번에 너무 많은 질문을 던지는 통에 필자는 거의 정신을 차릴 수 없었다. 답변을 할라치면 끝나기도 전에 다른 질문을 던졌다. 그런 질문 공세가 10여 분 동안 이어진 뒤 상황은 가라앉았다. 그제야 그는 우왕좌왕하는 초짜 기자가 귀여운 듯 빙긋 웃어 보였다.

나중에 그에게 첫 만남에 대해 얘기하자 "그런 일이 있었느냐?"며 기억조차 못하고 있었다. 그런데 이런 첫 만남은 비단 필자에게 국한된 것이 아님을 나중에 알았다. 그는 거의 모든 사람들과 처음 만날 때 그런 장면을 연출했다. 아마도 그것이 그의 첫 만남 방식인지도 모르겠다. 그 이유를 물어 보니 자신이 그렇게 행동하는지조차도 느끼지 못했다.

필자가 생각하기에는 그의 그런 첫 만남 방식은 오랜 습관인 듯했다. 바쁜 스케줄과 일상에서 느슨한 대화는 그에게 시간 낭비였다. 그는 자신이 상대방에게서 알아야 할 필수 사항을 빠른 질문으로 파악해 내는 것이다. 그렇다고 해서 상대방의 답변을 절대 흘려듣지 않았다. 워낙 빠르게 질문이 이어지기 때문에 그가 상대방의 답변을 제대로 듣지 않는 것이 아니냐는 느낌을 갖게 되기도 한다. 하지만 나중에 이야기를 나누어 보면 단 한마디도 빼놓지 않고 필요한 사항은 모두 파악하고 있다는 것을 알게 된다. 그만큼 그는 어떤 만남도 건성으로 넘기지 않는다.

이명박은 잘생긴 얼굴이 아니다. 그 역시 언젠가 웃으면서 "쌍꺼풀 수술이라도 할까?"라며 농담을 한 적이 있다. 하지만 이명박의 부인 김윤옥 여사는 상당한 미인이다. 언젠가 설날에 그의 논현동 집을 찾아 세배를 간 적이 있는데, 처음 가까이서 김윤옥 여사를 보고 적잖은 나이인데도 우아한 모습이어서 내심 놀라기도 했다.

흔히 이명박을 가리켜 "가난한 삶에서 시작해 성공한 사람의 신화"라고 말한다. 샐러리맨의 신화라는 말도 그가 오랫동안 들어 온 수식어다. 사실 30대에 대기업의 임원이 되고, 40대에 사장과 회장이 되었다면 샐러리맨으로서는 가히 우상으로 여길 만하다. 하지만 정작 본인은 이런 수식어를 그리 달가워하지 않는다.

2007년 12월 19일 저녁, 대통령 선거 개표에서 승리하자 TV 방송에서 '샐러리맨의 신화'라고 표현했다. 사실 이 부분에 대해 이명박은 별로 좋아하지 않았다. 필자는 그가 왜 그런 표현에 대해 달가워하지 않는지 잘 알고 있다.

그는 1992년 자신의 자서전인 〈신화는 없다〉라는 책을 펴냈다. 이 책을 출간할 당시 초고를 써 보았던 필자는 그가 왜 '신화는 없다'라는 제목을 고집했는지를 안다.

그에게 '신화'는 없었다. 그의 성공은 노력과 피, 땀으로 일구어 낸 결과물이었다. 우연과 행운보다는 땀이 성공을 가져오는 밑천이라는 점을 그는 굳게 믿는 사람이었다.

그만큼 이명박은 현실주의자다. 그는 실현되는 것은 현실이지, 공상적인 신화는 아니라는 믿음을 가지고 있다. 한 가지 예를 들면 청계천 복원 사업이 그렇다. 사실 그가 2001년 서울시장 선거 캠페인으로 청계천 복원 계획을 밝혔을 때 선거 사무실에서조차 고개를 갸우뚱했다. 하지만 그의 신념은 확고했다. 다른 사람들이 손을 저으며 불가능하다고 말할 때 그는 가능하다고 말했다.

지금도 이명박은 비슷한 상황에 처해 있다. 대운하 건설 계획이 그것인 듯하다. 필자는 건설 분야에 대해서는 문외한이어서 대운하가 뭔지, 어떤 내용인지는 솔직히 잘 알지 못한다. 하지만 필자는 그가 그런 계획을 내놓았을 때는 충분한 이유가 있다고 생각한다. 환경 파괴에 대한 우려를 하는 사람도 있고, 이런 저런 이유로 이 계획을 반대하는 사람도 많다.

하지만 그가 주변의 반대에도 무릅쓰고 대운하를 추진하는 데는 분명 뭔가 이유가 있다고 믿는다. 그는 철저한 조사와 기초 자료를 가지지 않으면 절대 시작하지 않는 사람이다. 어떤 대통령 후보가 특정 지역의 지지를 끌어내기 위해 행정 수도 이전 계획을 말했다가 수조 원의 나랏돈만 낭비하고 슬그머니 접어 버린 것과 같은 정치적 행위를 하지는 않을 것이다. 일회성 이벤트나 세상의 관심을 끌기 위해 대충대충 너스레를 떠는 그런 성격이 아니다.

물론 사람이 하는 일에는 때로 어떤 오류나 착오가 있을 수 있다. 이명박도 사람이기 때문에 그의 모든 것이 옳다고 할 수는 없을 것이다. 하지만 그에게는 분명 다른 사람과는 차별화되는 확고한 현실 의식이 있는 것만은 분명하다. 그것이 40년 동안 그를 '성공신화 창조의 주인공'으로 만든 원동력이었다고 필자는 믿는다.

어쨌든 대한민국은 이명박을 대통령으로 선택했다. 이명박은 자신을 선택한 국민들에게 산업화 시대에서 민주화 시대를 거쳐 선진화 시대로 가는 주춧돌이 되겠다고 다짐했다. 그것도 역대 선거에서 전례 없이 높은 지지율로 당선되었다.

이 부분은 이명박에게 큰 영광일 수도 있지만, 큰 부담일 수도 있다. 사랑이 크면 실망도 크다는 말처럼, 그가 국민의 기대에 부응하지 못하면 그것은 곧바로 냉혹한 심판으로 이어지게 된다. 그를 대통령으로 뽑아 준 국민들은 그의 행보를 주시할 것이다.

제7장
대한민국의 100년 먹을거리

개인과 기업의 자유를 최대한 존중하면서, 경쟁은 보장하되 탈락자는 국가와 사회가 보호하는 그런 국가 공동체가 일류 국가라고 생각하는 것이다. 정당한 방법으로 돈을 번 부자들이 존경받고 동시에 노블리스 오블리제의 책무를 지는 사회, 능력에 맞게 모두가 일하는 사회, 일하는 것이 최고의 복지인 사회, 국민 한 사람 한 사람이 살맛 나는 인정 넘치는 사회가 바로 이명박이 꿈꾸는 '따뜻한 시장경제주의'이다.

대한민국 흑자 경영을 위하여

    이명박은 대통령이 된 지금, 나라 경영의 기본 목표를 흑자 경영에 두고 있다. 기업에서나 국가에서나 흑자 경영은 리더가 반드시 실현해야 할 통치 원칙이어야 한다고 믿는다.
    국가의 흑자 경영은 세수를 늘리거나 국민들의 고통을 밑천으로 해서는 안 된다. 대통령으로서 나라 경제를 살찌울 실현 가능한 플랜을 짜고, 그 플랜을 실천에 옮겨서 얻는 이익을 다시 주주인 국민들에게 돌려주는 그런 경영을 해야 한다는 것이다.
    그가 서울시장에 재직하던 시절, 서울시에서는 2004년에 'FC서울'이라는 축구단을 출범시켰다. 그러자 정치권에서는 물론 언론에서도 말들이 많았다. 일부에서는 이명박이 프로 축구단 창단에 왜 그렇게 열성적이냐며 곱지 않은 의문을 제기하기도 했다.
    이명박은 그것을 고정관념에 사로잡힌 사고라고 보았다. 그는 프로 스포츠가 도시의 경영과 홍보에 보탬이 된다는 판단 아래 축구단을 출범시켰다. 많은 선진국에서는 도시를 연고로 하는 스포츠 팀에 대한 애정이 매우 높다. 또한 이러한 스포츠단이 도시의 이미지를 높이는 데 적지 않은 도움이 된다고 판단하고 있다.

2002년 월드컵에서 한국이 거둔 4강의 성적은 국제 사회에 깊은 인상을 남겼다. 이명박이 로마 시장을 만났을 때, 그의 첫마디는 이탈리아가 한국에 져서 곤혹스러웠다는 것이었다. 월드컵 덕분에 로마 시민들은 한국과 서울에 대해 더 많이 알게 되었고, 질투심과 놀라움을 동시에 갖게 되었다는 것이 그의 설명이었다.

관광 도시로 유명한 로마에는 축구 스타의 티셔츠를 사려는 관광객도 많았다. 유럽과 미주의 도시들을 방문해 보면 이를 잘 알 수 있다. 이명박은 세계 일류 도시가 되기 위한 방안 중 하나로 서울에 프로 축구단을 만들면 수익과 홍보의 두 마리 토끼를 잡을 수 있다고 본 것이다.

그런 차원에서 이명박은 베이징과 도쿄는 물론 유럽과 남미의 프로 팀을 초청해 FC서울과 친선 경기를 펼치는 계획을 마련했다. 프로 축구가 볼거리가 되고 청계천과 도심 광장이 휴식 공간을 제공하면, 도시 홍보와 관광 수입 증진에 큰 보탬이 될 것이라 믿은 것이다. 특히 서울 연고의 프로 축구단은 시민들이 수도 서울에 대한 귀속감과 '서울 사람'이라는 정체성을 갖는 데에도 크게 기여할 것으로 보았다.

이명박의 생각은 사실 철저한 경제 논리에서 출발했다.

한국의 스포츠 산업은 2005년에만 38조 원 규모로 커졌다. 세계적인 스포츠 마케팅 회사들도 한국 시장의 잠재력에 눈독을 들이고 있다. 이 황금 시장을 어영부영 외국 회사에 빼앗기지 않으려면 한국 업체들의 경쟁력을 높이는 육성책이 시급한 실정인 것이다.

이명박은 미국의 애틀랜타 시를 방문한 적이 있었다. 애틀랜타는 CNN과 코카콜라의 본사 소재지라는 점 외에도 세계 최대의 '스포츠 용품 박람회'가 열리는 곳으로 잘 알려져 있다. 이명박은 애틀랜타처럼 서울시도 '서울 컨벤션뷰로'를 통해 관련 업체가 '국제 스포츠 용품 전시회'를 조직하도록 지원했다. 독일 프랑크푸르트 등과의 네트워크를 통해 행사 기획의 품질을 높이고 고객 관리 기반을 확충하는 방안도 만들었다. 한국은 아직까지 스포츠 마케팅의 경험과 역사가 일천하지만, 자신감과 노력으로 뭉치면 충분히 해낼 수 있다는 생각이 들었다.

이명박은 월드컵이 끝난 후 가장 우려했던 상암 월드컵 경기장을 흑자 경영으로 만들었다. 이를 두고 국내외 스포츠계에서는 보기 드문 성과라며 비결을 물었다. 이명박은 '경영 마인드의 결과'라고 설명했다. 상암 월드컵 경기장에 월드컵 몰을 세우고, 세계 최대의 야외 오페라 공연을 유치하는 등의 경영 마인드야말로 흑자 경영의 최대 비결이었다.

공한증과 공화증

2002년 한일 월드컵 축구 대회는 우리 국민들에게 커다란 자부심을 심어 주었다. 이명박 역시 한국 축구가 세계 4강에 오르는 장면을 지켜보며 눈물을 흘렸다. 우리 국민의 위대성과 무한한 잠재력을 눈으로 직접 확인한 것이다.

축구와 관련해 중국은 한국에 대해 공포심을 가지고 있다고 한다. 언론에서는 이를 '공한증(恐韓症)'이라고 표현한다. 중국은 한국과의 경기에서 단 한 번이라도 이겨 보는 것이 소원이라고 한다. 그래서 세계적인 명장들을 막대한 돈을 주고 데려오는 등 선진 축구 도입에 지원을 아끼지 않았지만, 아직 한국의 벽을 넘어서지 못하고 있다.

많은 사람들은 중국이 단기간에 한국 축구를 앞설 수는 없을 거라 생각한다. 이유는 간단하다. 한국은 1980년대에 프로리그를 출범시키며 선진 축구 기술을 받아들였고, 이를 우리 나름의 것으로 재창조해 냈다. 또한 6연속 월드컵 진출로 많은 경험을 축적했다. 한국의 재능 있는 선수들이 세계적인 명문 축구팀에 스카우트되어 활약하고 있는 것도 중국이 한국을 당분간 앞서기 어려운 이유에 속한다.

이명박은 중국 축구가 공한증을 극복하는 것은 중국 자체의 문제가 아니라고 본다. 중국은 끊임없는 투자와 기술 개발로 한국 축구를 이기기 위해 애쓸 것이다. 문제는 한국에 달려 있다. 한국이 더 이상 발전하지 못하면 언젠가 중국에 추월당할 수밖에 없는 것이다.

이명박은 경제도 마찬가지라고 생각한다. 중국은 10년 전만 해도 한국을 부러워했다. 지금도 반도체나 조선 분야 등에서 한국에 상당한 격차를 두고 뒤처져 있다. 하지만 한국은 경제에 있어서만큼은 '공화증(恐華症)'을 가져야 한다. 중국의 거센 도전을 예상하고, 이에 대비하는 경계심인 공화증이 절실히 요청된다고 하겠다.

이명박은 거대 중국 시장이 한국 경제에게는 희망일 수도 있는 동시에 절망일 수도 있다고 본다. 13억 인구의 거대 중국 시장은 신천지일 수도 있지만, 그 시장이 자본주의 마인드로 완전 탈바꿈할 때는 거대한 위협이 될 수 있기 때문이다. 그런 까닭에 한국은 중국 시장을 더욱 면밀하게 분석해 실체를 정확히 알아야 한다. 1990년대 이후 중국은 유연한 정책으로 투자자들을 대거 끌어들였다. 상하이 주식 시장이 외국 투자자로 거대한 물결을 이룬 것은 중국의 무한한 잠재력과 가능성을 외국 투자자들이 인정하고 있기 때문인 것이다.

이명박은 중국과의 국교가 수립되기 전인 1989년에 정주영 회장과 함께 베이징을 방문했다. 물론 1986년에도 아시아수영연맹 회장 자격으로 중국을 방문한 적이 있지만 그것은 단순한 스포츠 행사였다. 1989년의 중국 방문은 이명박에게 큰 의미가 있었다. 현대그룹의 경영인 자격으로 중국 정부에서 직접 초청해 방문이 이루어졌기 때문이다.

 3년 만에 다시 찾은 중국은 엄청나게 변모해 있었다. 당시 중국은 덩샤오핑이 자본주의 시장 원리를 받아들여 정경 분리 정책을 내세우고 있었다. 검은 고양이든 흰 고양이든 쥐만 잘 잡으면 된다는 '흑묘백묘(黑猫白猫)'론 과, 남쪽으로 오르든 북쪽으로 오르든 언덕만 오르면 된다는 '남파북파(南坡北坡)론'을 앞세운 덩샤오핑은 개방 정책을 표방하는 주룽지 상하이 시장을 베이징으로 불러들여 재경부 장관에 해당하는 역할을 맡길 정도로 경제에 올인했다. 실제로 중국은 우리와 국교가 수립되기 전이었는데도 정주영 회장과 이명박 일행을 국빈처럼 예우했다. 중국 공안이 호위하는 최고급 리무진에 태워 숙소까지 영접했고, 호화 만찬도 열어 주었다.

 당시 이명박이 느낀 것은 두려움이었다. 그들은 이미 공무원부터 자본주의 마인드로 무장하고 있었기 때문이었다. 중국의 그 같은 변화가 곧 한국 경제를 위협하고, 머지않아 무서운 경쟁자로 떠오르게 될 것임을 직감적으로 느끼는 순간 온몸에 소름이 돋았다.

 이명박은 오랜 세월 기업에 몸담아 오는 동안 경제에 대해서는 동물적인 직관을 갖게 되었다. 중국의 변화는 '탈한국' 차원을 넘어 거대한 도전으로 받아들여졌다.

그 후 서울시장이 되고 난 뒤인 2003년 11월, 중국 청화대학교 초청으로 다시 중국을 방문했다. 그때 느낀 인상은 과거와는 또 달랐다. 중국은 이미 원바오(溫飽 : 등이 따뜻하고 배부름)와 샤오캉(小康 : 여유로운 중산층의 생활)을 넘어 '전면적 샤오캉'을 향해 달리고 있었다.

중국 정부는 2008년 베이징올림픽을 계기로 한국 경제를 넘어 아시아의 거대한 용이 되고자 하는 야심을 품고 있다. 중국 관료들은 1990년대까지만 해도 한국의 눈부신 경제 발전을 부러워했다. 한국의 경제 발전 모델을 벤치마킹하기 위해 애쓰는 분위기였다.

그러나 이제 한국을 따라잡아야겠다고 말하는 중국 관료는 눈을 씻고 찾아보아도 없었다. 그들은 이미 한국을 넘어 세계를 향해 용솟음치는 중이었다. 조만간 우리는 중국을 두려워하는 공화증을 가지게 될지도 모른다.

이명박은 중국을 이기기 위해서는 남북 경제 협력을 확대하는 것이 시급하다고 생각한다. 거대한 중국 시장을 파고드는 것도 중요하지만, 13억 중국 시장과 맞서기 위해서는 남북 경제 협력을 통해 자생력을 길러야 한다는 것이다.

한반도는 삼면이 바다와 닿아 있고, 대륙과도 연결되는 전략적 요충지다. 남북 경제 협력이 활성화되어 육로가 열리면 사면이 모두 세계로 트이는 천혜의 조건을 갖게 된다. 부산에서 출발해 압록강을 거쳐 인도, 중앙아시아를 경유해 유럽까지 연결되는 신실크로드의 시대를 열 수 있는 것이다.

남북 경제 협력과 통일이 시급한 까닭은 남북의 육로가 뚫리는 시점에서 동북아 경제 블록이 형성될 수 있기 때문이다. 남북으로 육로가 뚫리고 항만·도로·철도·운하 등 사회간접자본이 확충되면, 동북아 경제권에서 발생하는 물동량의 상당 부분이 한반도를 경유해 세계 시장으로 나가게 된다. 그러나 남북이 대립하는 상황이 지속된다면 한민족 경제 공영권은 물거품이 될 뿐이다.

한국은 지난 반세기 동안 엄청난 비용을 지출했다. 분단 현실 때문에 지출하는 비용에 비하면 통일 비용은 상대적으로 적은 액수이자 투자 개념으로 환치할 수 있다. 남북 경제 협력에 쓰는 돈은 커다란 이윤이 바로 눈앞에 보이는 만큼 안전한 투자이기 때문이다.

그러나 경제적 실리를 취하기 위해서는 남북 경제 협력을 정치 논리로 이용해서는 안 된다고 이명박은 경고한다. 그 선례가 정치 논리가 앞선 금강산 관광 사업과 나진·선봉 지구 개발이다. 이 사업은 들어간 경비와 노력에 비해 쓰디쓴 실패를 안겨 주었다.

현대그룹은 초기에는 정주영 회장의 소 떼 방북으로 얻어낸 금강산 개발 사업과 개성 공단 사업을 철저한 비즈니스 마인드로 접근했다. 그러나 김대중 정부의 햇볕 정책과 맞물려 정치 논리로 문제가 변질되면서 실패를 겪었다.

캄보디아와 베트남의 경우를 보자. 두 나라에는 이미 많은 한국 기업들이 진출해 활발하게 활동하고 있다. 기업은 이익이 발생하는 곳이라면 어디든지 찾아간다. 남북 경제 협력도 이처럼 정치 논리가 아니라 기업이 스스로 이익을 창출할 수 있도록 여건을 마련해 주는 경제 논리로 접근하는 기본 개념으로서 철저히 경제 논리에 맞추어야 한다.

이명박은 현대그룹이 추진한 금강산 관광 사업을 생각할 때마다 현대 단독이 아니라 여러 업체가 컨소시엄을 구성하는 방식으로 착수했다면 지금보다 훨씬 더 바람직한 결과가 나왔을 거라는 아쉬움을 느낀다. 현대가 배를 운행하고, 호텔 및 숙박 시설은 다른 기업에서 짓고, 호텔 경영은 전문성이 있는 기업이 맡아서 운행했더라면 훨씬 더 좋은 결과를 낳았을 거라는 지적이다.

이명박은 남북 경제 협력을 통해 더욱 실질적인 이익을 얻기 위해선 '3통 정책'이 선행되어야 한다고 주장한다. 우선 인적 교류인 '통행', 물품 교류인 '통상', 그리고 마인드의 교류인 '통신'이다. 이 3통 정책이 선행되어야 남북 경제 협력을 본격적으로 확대해 나갈 수 있다. 북한 당국의 마인드 변화도 3통이 이루어져야 가능할 것이다.

이를 위해서는 북한이 남북 경제 협력을 정치적 관점이 아닌 경제적 관점으로 보아야 하며, 남한은 북한이 그렇게 할 수 있도록 유도하는 정책을 써야 한다. 당연히 남북한의 경제 협력은 상호 이익이 전제되어야 한다. 사실 중국도 사회주의 노선을 유지하고는 있지만 덩샤오핑 시대에 시장경제 원리를 도입함으로써 세계 여러 나라로부터 투자를 이끌어 내고 경제 활성화를 이루었다.

이명박은 한국의 대기업들이 미래에는 반드시 북한에 투자해야 할 것이라 믿지만, 섣불리 투자에 나서지 않는 것은 '북한

리스크'가 아직 상존하기 때문이라고 보고 있다. 북한이 전혀 변하지 않은 상태에서 경제 협력을 원하기 때문에 어느 기업도 적극적으로 나설 수 없다는 것이다. 세상에 어느 기업이 이윤이 생기지 않는 사업에 투자하겠는가?

이태백과 사오정의 경쟁력

이명박은 요즘 한국 사회에 나타나고 있는 세대간, 계층간 갈등에 대해 큰 우려를 갖고 있다. 그는 이 같은 사회 갈등의 원인은 정치적 산물이라고 생각한다.

과거 정치권에서 동서간, 영호남간의 지역 갈등을 이용해 권력을 잡았듯이, 지금은 세대간, 계층간 갈등을 조장해 권력을 잡으려는 정치 집단들의 이해 관계가 보이지 않게 작용하고 있는 것은 아닌가 하는 우려를 가지고 있다.

이 같은 갈등은 나라 발전을 저해하는 장애물이 아닐 수 없다. 한국이 세계의 중심 국가로 도약하기 위해서는 이런 갈등을 치유하고 봉합하는 것이 급선무이다. 특히 세대간 갈등은 의학의 발달로 수명이 연장되는 지금, 반드시 해결해야 할 국민 의식 과제라는 게 그의 생각이다.

현재 50대를 넘어선 세대는 가난한 보릿고개 시절, 자본도 기술도 경험도 없는 악조건 속에서 너나없이 몸뚱이 하나로 조국 근대화를 일구어 낸 '역사의 산 증인'들이다. 세계는 이를 '한강의 기적'으로 불렀다. 이 기적을 이룬 중심 세대가 작금에 들어 '쉰 세대'라거나 심지어 '수구 보수'라고 폄하받으며 사회의 울타리 밖으로까지 내몰리고 있다.

하지만 이 세대들은 과연 누구인가? 그들이 그 정도로 욕을 먹을 만큼 우리 사회에 해악을 끼쳤는가? 그들은 지금 한국의 젊은 세대들에게 이렇게 말할지 모른다.

"대한민국의 장래를 짊어진 개혁과 신진의 주체, 젊은이들이여! 여러분은 우리 50~60대가 겪은 아픔을 얼마나 알고 있는가? 그대들은 조국을 위하여 과연 얼마만큼 땀을 쏟았으며 눈물을 흘렸는가?"

이명박은 그 시대를 살아온 산업 역군의 한 사람으로서 이야기한다. 지금 신세대가 누리는 풍요 뒤에는 50~60대들의 피와 땀과 눈물이 숨어 있다는 사실을 결코 잊어서는 안 된다고. 이명박은 젊은 시절 열사의 중동 사막에서, 또 다른 이들은 낯선 땅 지하 수백 미터의 숨 막히는 탄광 속에서 목숨을 걸고 일했다. 우리의 누이들은 가족들의 밥을 위해 간호사 복장을 하고서 알지도 못하는 나라로 나아갔다. 그리고 햇볕도 들지 않는 먼지투성이의 작업실에서 손가락을 찔려 가며 밤새도록 재봉틀을 돌렸다. 참으로 숨 가쁘게 뛴 시절이었다. 그때의 동료들은 앞만 보고 달리고 또 달렸다. 그야말로 혼신의 힘을 기울여 외화를 벌었고, 그 돈이 국내로 송금되어 오늘날 경제 발전의 귀중한 시금석이 되었다.

그런데 지금의 현실은 어떤가? 지금 우리 사회는 고도 성장의 견인차 역할을 한 이들을 도매금으로 용도 폐기하려 들고 있지 않은가. 이 문제와 관련해 이명박은 우리 사회가 좀 더 지혜로운 성장 주역 세대를 뒷전으로 물러나게 하는 것은 국가적인 손해라고 본다.

공자와 사마천, 위징, 우방과 같은 위대한 인물들도 모두 불혹의 나이를 넘어 뜻한 바를 이루었다. 심지어 육순을 넘은 나이에 인생 역전을 이룬 사람도 있다.

이명박은 늘 기도하고 소망한다. 조국 근대화의 주역이었던 세대들이 다시 일어나야 한다고. 그들에게는 아직도 할 일이 남아 있다. 국가 기강을 바로 세우고, 경제를 살리고, 21세기 통일 한국 시대를 열어 나가야 하는 실로 막중한 임무가 남아 있는 것이다.

이명박은 서울시장이 된 뒤 여러 차례 미국에 출장을 간 적이 있었다. 그곳에서 그는 변화를 목격했다. 50대 이상의 사람들이 노트북 컴퓨터를 들고 다니는 광경을 자주 본 것이다. 그들은 인터넷과 관련된 새 지식을 익히느라 여념이 없었다. 사실 얼마 전까지만 해도 미국의 샐러리맨들은 인생을 3분의 1은 열심히 일하고, 50대 이후는 연금으로 생활하는 식이었다. 하지만 이런 구도에 변화가 생겼다. 사회 전체가 중년의 에너지 부활을 위해 애쓰기 시작한 것이다.

구세대와 신세대의 조화는 정부 차원에서 이루어져야 할 중요한 과제라는 게 이명박의 생각이다. 한때 벤처 열풍을 타고 호황을 누렸던 기업들이 거품이 걷히면서 위기를 맞은 것은 바로 정부의 근시안적인 정책 때문이었다. 아무리 디지털 시대라지만 컴퓨터와 정보력만으로는 부족하다. 무(無)에서 경제를 일으켰던 경험 있는 세대가 경제의 한 축을 담당해 신구 조화의 해법을 찾아야 나라가 지속적인 발전을 이룰 수 있다고 보는 것이다.

젊은 세대들은 아이디어는 풍부하다. 그러나 아이디어를 비즈니스로 발전시켜 나가는 기업가 정신과 노하우는 중장년층에 비해 부족하다. 한 시대를 칼로 잘라 단절시켜야만 새로운 시대가 열리는 것은 결코 아니다. 이명박은 중장년들이 다시 뛰어 준다면 우리 경제를 일으키는 데 큰 활력소가 되리라 믿어 의심치 않는다.

이명박은 언젠가부터 우리 사회에 '이태백(20대 태반이 백수라는 속어)', '사오정(45세에 정년퇴직한다는 속어)'이라는 현상이 생긴 것을 보며 무척 안타까웠다. 2007년 기준으로 한국의 실업률은 3.5퍼센트에 이르고, 특히 15~29세 청년 실업률은 외환위기 이전인 1996년에 4.6퍼센트이던 것이 7퍼센트대에 이르고 있다.

일자리(Decent Jobs) 창출이 대통령 선거의 큰 이슈 중 하나가 된 것도 이를 잘 반영한 것이다. 그는 대학을 졸업한 후 한동안 실업자 신세를 면치 못했다. 대학에 다닐 때 6·3사태를 주동한 인물로 낙인 찍히면서 이력서를 내는 곳마다 번번이 떨어졌기 때문이다. 가뜩이나 어려운 형편에 대학을 졸업하고도 직장을 구하지 못했던 눈물의 경험을 한 그였다. 때문에 40년의 세월이 지난 지금에 젊은이 실업자에 대해 누구보다 마음이 아픈 그다.

그가 연간 7퍼센트의 경제 성장을 이룩해야 한다고 주장하는 것은 이런 까닭이다. 혹자는 터무니없는 숫자놀음이라고 비난하기도 하고, 비현실적인 생각이라며 냉소적으로 말하기도 한다. 하지만 이명박은 설사 그것이 현실적으로 달성하기 어려운 목표일지라도 반드시 이루어 내야 한다는 생각이다. 그래야만 7퍼센트에 이르는 청년 실업을 해소하고, 청년 실업이 해소되었을 때 개개인 가정에 평화가 찾아들고 우리 사회 전체가 활기를 띠게 될 수 있다는 믿음을 가지고 있다.

2005년 6월, 대우그룹을 일구었던 김우중 회장이 해외 유랑 생활을 끝내고 귀국했다. 그가 검찰에서 조사받는 장면을 TV로 지켜보던 이명박은 가슴이 아팠다. 김우중 회장과는 전경련 모임을 비롯한 공·사석을 통해 많은 만남을 가졌다. 그때마다 느낀 것은 김우중 회장이 매우 공격적이고 야심 있는 기업가란 점이었다. 그는 언젠가 외국의 한 공항에서 김우중 회장을 만난 기억을 잊지 않고 있다. 그때 김우중 회장은 임원 한 사람만 달랑 데리고 출장을 와 있었다.

"한국의 기업인들에게는 분명 도전 의식이 있어. 밤낮을 가리지 않고 일하고, 오지를 마다 않고 달려가는 저 모습에는 거대한 뭔가를 이루어 내려는 뜨거운 열정이 담겨 있어."

이명박은 출장 가방을 든 김우중 회장을 바라보며 그렇게 중얼거렸다.

도전. 그렇다. 인생은 과연 도전인 것이다. 도전하는 삶은 얼마나 아름다운가! 특히 젊은 사람일수록 야망은 커야 하고 도전 의식은 야무져야 한다.

이명박은 기회가 있을 때마다 강조한다. 우리나라의 미래는 젊은이들에게 달려 있고, 사회는 그들이 더 높은 이상과 꿈을 가지고 도전할 수 있는 분위기를 만들어 주어야 한다고. 그런데 작금의 현실은 어떠한가? 청년들은 일을 하고 싶어도 일자리를 구하지 못해 고통받고 있다. 대학을 졸업하고도 일이 없어 놀고 있는 고급 인력이 수두룩하다. 젊은이들이 직장을 구하지 못해 생계를 걱정해야 하는 이 암울한 현실을 어떻게 받아들여야 하는가?

이명박은 서울시장이 된 뒤 청년들에게 일자리를 마련해 주는 각종 정책을 개발하도록 지시했다. 일자리를 젊은이들이 미래뿐만 아니라 나라의 장래를 위해 매우 중요한 문제로 보았기 때문이다.

젊은 시절 그는 봉급 생활자가 되는 것이 소원이었다. 하루 벌어서 하루 먹는 생활, 제대로 된 직업이 없어 일거리를 찾아 헤매야 했던 시절이었다.

이명박은 서울시 공무원 채용 시험에 수만 명이 몰리고, 대기업의 신규사원 채용 경쟁률이 평균 100 대 1이 넘는 작금의 현실을 타개하는 유일한 방법은 경제 성장을 이루는 것이라 생각한다. 그러나 안타깝게도 우리의 실업 정책은 근시안적이다. 선진국의 실업 문제는 고용 정책으로부터 출발한다. 경기가 하락하면 가차없이 고용 인력을 줄이고, 경기가 상승하면 대폭 확대시킨다. 이러한 과정에서 노사 분쟁이 일어나는 경우는 극히 드물다. 그 대신 실업 수당 등 제도적 장치를 잘 활용하여 고용 문제를 탄력적으로 운용하고 있다.

청년 실업 문제와 관련해 이명박은 정부 당국이 좀 더 지혜롭게 대처해야 한다고 충고한다. 그중 하나가 산업 현장의 인력 배치부터 틀을 다시 짜는 일이다. 일례로 유통 시장에서 고객에게 신뢰를 주어야 하는 일은 40~50대 주부들에게 맡기는 것이 바람직하다. 실제 생활 경험에서 터득한 지혜를 소비자들에게 전달할 수 있기 때문이다. 그러나 현실은 대부분 20~30대 젊은 여성들이 그 일을 맡고 있다. 젊은 여성들도 물론 잘해낼 수 있다. 문제는 나이 든 여성이라고 무시해서는 안 된다는 것이다. 오히려 영업장의 성격에 따라 생활의 연륜이 쌓인 여성이 더 효용 가치를 발휘하는 수도 있다.

이와 함께 실업 문제를 극복하기 위해서는 젊은 층의 사고 또한 바뀌어야 한다고 충고한다. 무조건 큰 회사에 취직하겠다는 생각을 바꾸면 일할 기회를 좀 더 쉽게 얻을 수 있다. 실제로 대규모 실업 사태가 빚어지는 요즘도 중소기업에서는 인력난을 겪고 있다.

작은 회사라도 자신이 잘할 수 있다고 판단되면 과감하게 뛰어들어야 한다. 큰 회사든 작은 회사든 일의 경험은 필요하고, 또 중요하기 때문이다.

보드카와 천연 가스

1980년대 초, 이명박은 러시아의 시베리아 벌판에 무한정 묻혀 있는 풍부한 천연 가스를 우리나라로 들여올 계획을 세운 적이 있었다. 그러나 현대의 경영진은 한결같이 회의적인 반응을 보였다. 국교도 맺지 않은 나라에서 에너지를 끌어 오는 것이 도대체 가능한 일이냐는 것이었다.

모두들 그렇게 회의적인 반응을 보였지만 이명박은 정주영 회장을 설득했다. 당시는 소련이 개혁 정책을 펴고 있던 때였다. 이러한 소련의 정치적·경제적 상황을 면밀히 연구한 끝에 그것이 가능하다는 결론을 내리고 정주영 회장을 적극 설득한 것이었다.

깊이 생각하던 정주영 회장은 마침내 이명박의 제의를 받아들였다. 이후 모스크바를 방문한 이명박 일행은 고르바초프 대통령을 만났다. 고르바초프는 이명박의 시베리아 천연 가스 개발 계획에 깊은 관심을 보이며 에너지 개발 담당 장관을 만나도록 주선했다. 이명박 일행은 고르바초프 대통령이 내어준 자가용 경비행기를 타고 해당 장관을 만나러 시베리아 벌판을 날아갔다. 모스크바에서 시베리아까지 가는 동안 이명박은 이국 땅에서 모진 추위와 싸우며 생명의 뿌리를 내리고 있는 한인들을 목격했다. 고향을 그리워하는 눈물마저도 얼어붙게 만드는 동토의 나라에서 강인한 생명력으로 불굴의 삶을 살아가는 동포들을 생각하자니 마음이 숙연해졌다. 그런 생각에 이르자 더욱 천연 가스 개발 건을 성사시켜야겠다는 의지가 불타 올랐다.

이명박 일행이 만난 구 소련의 에너지 담당 장관은 술이 센 사람으로 정평이 나 있었다. 그 사람과 이야기를 풀어 나가려면 반드시 술을 함께 마셔야 한다는 정보도 입수했다. 이명박은 시베리아의 한 식당에서 그 장관과 보드카를 앞에 두고 마주 앉았다. 이명박은 평소 술을 잘 마시지 않는 편이기에 술에 일가견이 있다는 중역을 대동했다. 하지만 그 중역은 독한 보드카에 못 이긴 나머지 얼마 못 버티고 나가떨어졌다. 부득불 장관과의 대작은 이명박의 차지가 되었다.

원 샷! 또 원 샷!

보드카는 소문대로 과연 독하기 짝이 없었다. 그러나 이명박은 물러서지 않았다. 머릿속에서 강한 집념이 불꽃 튀듯 이명박의 정신을 붙들었다. 장관은 막강한 주량을 자랑하듯 잇달아 건배를 제의했다. 이명박은 화답하듯 가볍게 들이켠 뒤 먼저 건배를 제의했다. 시간이 갈수록 장관의 얼굴은 붉게 물들어 갔고, 만족스러운 듯 호기로운 웃음을 터뜨려 댔다.

밤을 꼬박 새워 대작한 두 사람은 마침내 의기투합했다. 아침 10시에 다시 만나기로 하고 그와 헤어졌다. 거리로 나오니 시베리아는 훤했다. 백야였다.

눈부신 백야의 거리를 걸어 숙소에 들어온 이명박은 두꺼운 커튼을 모조리 둘러 치고 침대에 누웠다. 그렇게 많은 술을 마셨는데도 이상하게 정신이 말짱했다.

다음날 아침, 약속 시간에 맞추어 장관의 집무실로 찾아갔다. 그런데 이게 어찌 된 일인가? 비서가 죄송하다는 표정으로 이렇게 전했다.

"장관님께서 어젯밤 과음하셔서 아직 못 나오셨습니다. 오후 4시에 보자고 하십니다."

시간이 많이 남으니 숙소에 갔다가 다시 와야 할 것 같았다. 그러나 다음 순간 생각이 바뀌었다. 저녁에는 모스크바로 돌아가야 한다던 장관의 말이 떠올랐기 때문이었다. 약간의 착오라도 생기면 곤란한 상황이 벌어질 수 있겠다 싶었다.

이명박은 장관을 만날 때까지 집무실에서 기다리기로 마음먹었다. 점심을 먹고 기다리다 보니 장관은 약속된 4시보다 이른 시각에 사무실에 나왔다. 그는 이명박을 보는 순간 다짜고짜 부둥켜안으며 뺨에 키스를 했다. 통역을 맡은 교포가 활짝 웃으며 장관의 말을 전했다.

"장관님께서 지금껏 만난 외국인 중에서 회장님이 최고라며 찬탄하십니다."

이후 시베리아 천연 가스 개발 건은 일사천리로 진행되었다. 장관은 이명박의 말은 무엇이든 신뢰했고 적극적으로 협조했다. 하지만 안타깝게도 기본 약정서까지 체결된 그 사업은 소련이 붕괴되면서 사장되고 말았다.

이명박은 지금도 그 계획을 몹시 아쉬워한다. 당시 소련과 한국 정부가 협력하여 그 일을 추진했더라면 양국은 서로 경제 발전에 대전환을 맞았을 것이라고 그는 생각한다. 시베리아 천연 가스는 우리나라에서 비행기로 세 시간이면 닿을 수 있는 야쿠티야 자치공화국에 60억 톤이 매장되어 있는 것으로 확인했다. 이는 한국이 향후 50년을 쓰고도 남을 만큼 풍부한 양이다. 시베리아에서 출발해 중국, 북한을 거쳐 인천까지 이어지는 가스관을 설치해 이 가스를 들여온다면 위기를 맞고 있는 에너지난 해소에 큰 도움이 될 것이었다.

더욱이 이 프로젝트는 북한을 자연스럽게 끌어들임으로써 남북 경제 협력에도 획기적인 전기를 마련할 수 있을 것이다. 북한으로서는 천연 가스를 확보할 수 있을 뿐더러 파이프라인이 부설됨과 동시에 도로망까지 정비하는 효과를 얻을 수 있을 테니까 말이다.

이명박은 시베리아 천연 가스 개발의 꿈을 포기하지 않고 있다. 언젠가 기회가 주어진다면 그때 이루지 못한 꿈을 현실화해보고 싶은 것이다. 그 프로젝트는 남북한을 하나로 묶고, 동북아 국가들의 결속력을 강화하는 초대형 국제 협력 사업이 될 것이다. 그 사업을 우리 대한민국이 주도해야 한다. 그렇게 되면 경제적 효과는 물론 정치적·외교적으로도 엄청난 실리를 얻게 될 것이기 때문이다.

천연 보물 휴전선 155마일

　　이명박은 남북간의 긴장을 해소하고 경제 협력을 확대하기 위한 방법으로 비무장 지대를 적극 활용해야 한다고 강조해 왔다. 그는 이런 생각을 오래 전부터 다양한 경로를 통해 정부 측에 전달했지만, 너무 앞선 생각이라 여겼는지 별 반응을 얻어내지 못했다.

　　사실 비무장 지대는 엄청난 잠재력을 가지고 있다. 동서로 한반도를 가로지르는 비무장 지대는 총 면적이 약 10억 제곱미터에 달한다. 서울의 1.5배에 달하는 면적이고, 여의도보다 380배나 크다. 행정 구역 면에서 보면 서쪽으로는 한강 하구부터 시작해 개풍군, 연천군 평야 지대를 거쳐 철원 부근에서 산악 지대를 형성하면서 태백 준령을 넘어 해금강에서 동해와 만난다. 총 길이 250여 킬로미터, 너비 4킬로미터에 이르는 거대한 띠다.

　　이곳은 1953년 정전 협정이 체결된 이후 50여 년 동안 인간의 발길이 닿지 않아 천혜의 자연이 그대로 보존되어 있다. 지구상에서 유례를 찾아볼 수 없을 만큼 온갖 동식물이 서식하는 생태계의 보고이기도 하다.

비무장 지대의 공동 개발을 위해서는 수많은 절차와 규정에 대한 합의를 이끌어 내야 한다. 우선 남북 공동 개발 기획단을 구성하고, 발생하는 모든 이익을 함께 나눈다는 기본 원칙에 합의하는 것에서부터 논의를 시작해야 한다. 물론 이 사업은 철저하게 환경을 보존하는 평화적인 개발 사업에 국한시켜야 한다는 것이 이명박의 생각이다. 환경을 파괴하지 않으면서 서로에게 실익이 되는 사업부터 추진해야 한다는 것이다.

그가 생각하는 개발 계획은 다음과 같다.

우선 비무장 지대에 대규모 무공해 영농 단지를 조성한다는 계획이다. 공동 경작한 쌀을 북한이 가져가고 야채는 남쪽에서 가져가도록 한다. 이럴 경우 북한은 쌀을 확보할 수 있을 뿐만 아니라 발달된 영농 기술을 전수받을 수도 있으니 일거양득이 된다. 경제 사정과 기술 면을 감안해 공동 경작지 조성에 필요한 토목과 건설 공사는 남측이 맡고, 북측은 저렴한 노동력을 제공한다.

또 서해와 인접한 비무장 지대에는 화력 발전소를 건설한다. 거기서 얻어지는 전력은 남과 북이 필요한 만큼 나눠 쓰면 될 것이다.

그 다음 현실성 있는 사업으로 대규모 청정 산업 단지를 조성하는 것이다. 반도체와 전자, 소프트웨어 산업 등을 비무장 지대에 유치하면 남한의 기업들에게는 공장 부지난을 덜어 줄 수 있고, 북한은 기술력을 이전받는 이중 효과를 누릴 수 있다. 북한에서 우수하고 값싼 노동력을 제공받는다면 인건비 절감으로 인한 이윤 효과도 얻어 낼 수 있을 것이다.

생태계를 그대로 보존하면서 일반에 공개하는 생태 공원도 빠질 수 없다. 이울러 남북한 스포츠 교류를 위한 체육 시설을 건설하면 새로운 국제적 스포츠 센터로 사용될 수도 있다. 동북아 경제권의 발전을 위한 각종 회의와 다양한 문화가 서로 만나는 장소인 국제 규모의 컨벤션 센터도 들어설 수 있다. 이렇게 사람과 사람이 만나다 보면 서로의 마음이 섞여 감정의 실타래를 풀 수 있게 된다.

이명박은 또 비무장 지대에 남북한 젊은이들을 위한 대규모 공연장을 만들고 싶은 소망을 품고 있다. 공연장에서는 순수하게 젊음을 발산할 수 있는 그들만의 음악이 쿵쾅거리며 신나게 울려 퍼져야 한다. 전쟁의 상흔이 없는 세대끼리 만나 민족 화해의 기치를 내걸고 함께 어우러지는 자리, 그런 자리가 활성화되면 그 또한 남북 화해로 가는 디딤돌이 되지 않겠는가? 마음과 마음이 만나 허심탄회하게 서로를 이해하며 젊음을 나누다 보면, 우리 민족이 오랜 시간 이데올로기에 발목 잡혀 있는 현실에 대해 반성도 할 것이고, 밤새워 논쟁도 하게 될 것이다.

이 땅의 가장 아픈 상처로 남아 있는 비무장 지대를 개발해 진정한 민족 화합을 이루어 내는 일, 그것은 어쩌면 한반도에 사는 모든 이들의 소망일지도 모른다.

대한민국의 100년 먹거리는?

　이명박은 한국 경제는 새로운 성장 동력이 필요하다는 점을 느껴 왔다. 1970년대 중동 건설 붐 이후 한국의 제2의 경제 도약을 꿈꾸어 왔지만, 몇 차례의 정권을 거치면서 '경제 논리'가 '정치 논리'에 파묻혀 당리 당략이나 정권 유지를 위해 이용된 것에 안타까움을 가졌다.
　국민들은 정부가 바뀔 때마다 새로운 성장 동력을 찾아 줄 것을 간절히 바랐다. 늘어나는 실업자와 침체의 늪에 빠진 경제를 살려 낼 획기적인 정책을 마련해 줄 것을 주문했다. 하지만 그러한 바람은 번번이 공염불이 되고 말았다. 철이 지난 이념이 사회를 분열시키고, 성장 잠재력은 4퍼센트대로 추락하면서 역동성마저 떨어져 버린 것을 우려했다. 특히 국가 경제의 중추적 역할을 맡아야 할 중산층이 붕괴된 것은 정치적으로 민주주의의 위기로 이어지지 않을까 하는 걱정도 했다.
　그는 국민이 정부에게 가장 원하는 바는 경제를 살리고, 흡어진 국론을 하나로 만들어 내는 국민 통합이라는 점을 깊이 인식하고 있다. 또 실업의 고통에 빠져 있는 사람들에게 새로운 일자리를 마련해 주고, 자영 업자와 중소기업이 힘차게 경제 현장에서 일할 수 있는 경제 환경을 조성해 주는 것이 정부의 시급한 과제라는 생각이다.

이명박은 이 같은 문제를 해소하기 위해서는 먼저 정신적으로 변화하는 인류 문명의 전환기에 순응해야 한다고 믿고 있다. 디지털 혁명과 글로벌 시대로 진입하면서 개인의 삶에 시·공간적 제약이 크게 줄어든 것은 개인의 삶과 공동체의 생활, 나아가 국가 경영까지도 변화해야 하는 시대적 요청에 직면해 있다는 것이다.

정보화와 세계화 시대에는 경제적 욕구 충족만으로는 국민들의 소망을 충족시키기에는 미흡하다는 생각도 가지고 있다. 하드웨어만 갖추었다고 시스템이 완성되는 것은 아니기 때문이다. 하드웨어에 담길 소프트웨어가 없다면 그것은 혼이 없는 육체와 같은 것이다. 그래서 그는 경제 발전과 더불어 문화적 욕구도 충족되어야 한다는 점을 강조했다. 문화와 정보 산업을 결합시켜 창의적이고 새로운 지식 정보 문화 산업을 발전시켜 나아가야 한다는 게 그의 굳은 신념이다.

세계 경제 환경은 국경 없는 치열한 경쟁 속에서 지역간 역동적인 통합이 이루어지고 있다. 미국-EU-동아시아의 경제적 3극 체제를 비롯해, 넓게는 자유무역의 WTO 체제, 좁게는 자유무역협정(FTA)에 의한 경제 블록화가 진행되고 있는 것이 한 예이다. 이 같은 무한 경쟁 시대에서는 어떤 국가도 지역화와 세계화라는 거대한 두 흐름의 소용돌이 속에서 자유로울 수 없다.

이명박은 대한민국이 동북아와 세계 질서의 한 축으로 자리매김하기 위해 무엇을 어떻게 해야 할 것인지에 대한 좌표를 설정하는 전략적 선택의 기로에 서 있다고 생각하고 있다. 지금 그 선택의 기로에서 잘못된 길을 택한다면, 앞으로 적어도 한 세대 이상 대한민국은 어둠의 긴 터널을 걸어가야 할지도 모른다는 것이 그의 생각이다.

세계는 무한 경쟁의 시대다. 모두들 자신들의 먹을거리를 확보하기 위해 끝없는 노력을 기울이고 있다. 우리는 무엇으로 우리의 먹을거리를 확보해 둘 것인가? 이제 모두가 현명한 선택을 해야 한다. 그것이 곧 대한민국 100년의 먹을거리를 마련하는 길일 것이다.

일류 국가로 가는 길

대한민국은 건국 이래, 산업화 시대를 거쳐 민주화 시대의 길을 모범적으로 걸어왔다. 불과 한 세대 만에 경제 발전과 민주화를 제도적으로 완성하였던 것이다.

이명박은 이 같은 제도적 변화의 시기를 넘어 이제는 문화와 의식의 내실화를 통해 선진화로 가야 할 때라고 믿고 있다. 산업화는 이루었지만 아직 민간과 시장의 기능이 정부를 따라가지 못하고 있고, 민주화는 달성했지만 권리 주장만 있지 책임 의식은 미약하다는 것이 그의 생각이다. 일류 국가가 되려면 산업화와 민주화 과정에서 남겨진 이 같은 과제를 해소할 때 비로소 가능하다는 것이다.

이명박이 그리는 세계 일류 국가란 일류의 시민 의식과 문화, 일류의 과학 기술과 산업을 통해 경제 발전과 사회 통합이 실현되는 나라다. 중산층이 두텁고, 누구나 희망을 가지며, 누구나 노력하면 성취할 수 있고, 실패해도 재기할 수 있는 따뜻한 공동체가 바로 일류 국가라는 생각이다.

언젠가 그에게 "일류 국가는 어떤 나라인가?"라고 물었을 때, 그는 "잘사는 국민, 따뜻한 사회, 강한 나라"라고 말한 적이 있다. 이어서 그는 자신이 꿈꾸는 일류 국가를 만들기 위해서는 경쟁이 보장되는 자율적인 시장이 만들어져야 하고, 신성장 동력을 창출하여 기업 경쟁력을 강화하고, 투자 활성화를 통해 일자리를 창출해야 가능하다고 구체적으로 말했다.

이를 위해서는 교육 개혁과 과학 기술 개발을 통해 혁신적 투자가 이루어져 인재 대국과 과학 강국의 확립이 전제되어야 한다는 생각이다. 생각의 힘을 키우고, 기초 과학 연구를 통해 나오는 원천 기술을 확보하여 지식 경제의 발판을 튼튼하게 마련해야 한다는 것이다. 여기에는 성숙한 시민 의식이 밑바탕에 깔려 있는 따뜻한 공동체를 만드는 것도 매우 중요한 선결 과제라고 그는 말했다.

사회 전반에 걸쳐 법의 지배를 확립하고, 노사가 함께하는 중산층 사회를 만들어야 하며, 일과 교육, 그리고 여가를 연계하는 능동적 복지와 패자 부활이 가능한 기회의 나라가 되어야 일류 국가로 나아갈 수 있다는 것이다.

그는 자신의 이런 생각을 '대한민국 747'이란 말로 압축해 표현했다. 연간 7퍼센트 경제 성장으로 300만 개의 일자리를 창출하고, 10년 내 4만 달러 소득을 달성하여, 10년 내 세계 7대 강국으로 올라서겠다는 것이다. 이를 위해서는 세금을 줄여 소비를 진작시키고, 규제를 풀어 경제 활동의 폭을 넓혀 주며, 법질서를 바로 세워 공정한 게임의 법칙이 적용되는 사회 분위기를 조성해야 한다는 것도 그의 일류 국가론이다.

물론 정부와 국민은 말만 앞세우는 '구두선(口頭禪)'이 아니라 몸으로 실천하는 '실용 정신'이 전제되어야 한다. 그는 현대건설에 몸담았던 시절에 말만 앞세우는 경영인을 몹시 싫어했다. 이룰 수 없는 환상적인 계획으로 회사를 속이는 경영인은 결국 스스로 자멸하는 것을 똑똑히 지켜보았다. 실현 가능한 계획을 짜고, 이를 이루기 위해 혼신을 다하는 경영인은 반드시 성공했다.

그는 경제적 발전과 함께 국가를 지탱해 주는 확고한 정신(Pathos)이 확립되어야 한다고 생각한다. 서로가 서로를 아껴 주고, 서로의 행복을 진심으로 기원해 주는 공동체적 의식이 바로 그것이다. 그는 자신의 이런 생각을 '따뜻한 시장경제주의'라고 표현했다. 이익 추구를 전제로 하는 경제 활동은 인간미가 끼어들 틈이 없다. 하지만 인간미가 없는 경제 활동은 죽느냐 사느냐 하는 경계선만이 존재하는 정글의 법칙과도 같다. 철저한 시장주의에 서로 공존하고자 하는 따뜻한 포용성이 존재한다면 함께 성공하는 사회가 될 것이다.

그는 개인과 기업의 자유를 최대한 존중하면서, 경쟁은 보장하되 탈락자는 국가와 사회가 보호하는 그런 국가 공동체가 일류 국가라고 생각하는 것이다. 정당한 방법으로 돈을 번 부자들이 존경받고 동시에 노블레스 오블리주의 책무를 지는 사회, 능력에 맞게 모두가 일하는 사회, 일하는 것이 최고의 복지인 사회, 국민 한 사람 한 사람이 살맛 나는 인정 넘치는 사회가 바로 이명박이 꿈꾸는 '따뜻한 시장경제주의'이다.

여기에 법과 제도를 통해 확립된 '민주적 실천주의'가 전제되어야 함은 물론이다. 말뿐인 이론보다는 생각을 행동으로 표현하는 실천을 통해 민주적 의사를 달성하는 사회가 되어야 한다는 것이다. 그는 많은 반대에도 무릅쓰고 청계천 복원과 서울시 대중 교통을 개혁했다. 대운하 건설 사업도 일방적으로 밀어붙이기보다는 민주적 토론 과정과 정확한 계산을 통해 국민적 지지를 받은 다음에 추진하겠다는 생각이다.

이명박의 흑묘백묘론

언젠가 필자는 이명박에게 "진정한 리더십이 무엇이냐?"고 물은 적이 있다. 그는 "약속이나 비전은 누구나 말할 수 있지만, 아무나 실천할 수는 없다. 진정한 리더십은 자신이 생각하는 비전을 실천하고, 약속을 이행하는 것이다"고 말했다. 이를 위해서 리더는 열린 사고와 다양성을 수용할 수 있는 '창조적 개방주의 정신'을 가져야 한다고 덧붙였다.

이명박은 한동안 우리 사회가 친미와 반미로 국론이 분열된 모습을 보면서 서글픈 생각마저 들었다. 더욱이나 친미론자를 사대주의자라고 몰아붙이는 것을 보면서, 친미든 반미든 그 모든 것이 우리에게 힘이 없기 때문에 빚어지는 사대주의적 의식의 발로가 아닌가 하는 느낌을 가졌다.

그는 "대한민국에 필요한 것은 친미냐, 반미냐 하는 편 가르기보다는 국익을 우선하여 세계로 나아가는 정신을 가지는 것이 더 시급하다"고 생각했다. 우리가 강해지면 누구도 우리를 얕잡아 볼 수 없고, 우리가 중심이 되어 세계를 주도할 수 있다는 것이다. 우리에게 이익이 된다면 외교도 실리주의와 실용주의를 전제로 해야 한다는 게 그의 확고한 신념이다.

이명박은 언젠가 중국을 방문하고 돌아와 주변 사람들에게 농담조로 이런 말을 한 적이 있다.

"중국이 왜 자본주의를 하지 않고 사회주의 국가로 남아 있는지 이해가 잘 안 돼. 세계 각국을 둘러봐도 중국 사람들만큼 장사에 밝은 민족도 없는데 말이야. '비단 장사 왕 서방'이라는 말이 생긴 것도 중국 사람들의 철저한 상인 정신을 담은 옛말인데……."

그러면서 그는 아마도 중국은 지구상에서 가장 강한 자본주의 국가가 될지도 모른다고 예상했다.

그가 예측한 대로 중국의 변화는 이미 눈앞에서 현실로 나타나고 있다. 덩샤오핑이 흑묘백묘론을 주창하면서 시장 개방을 시작한 지 반세기도 안 되어 중국은 세계 경제의 중심에 자리 잡아 가고 있다. 서구 국가의 사람들에게 유사품이 넘치는 중국은 '짝퉁 천국'이라고 폄하되었지만, 이명박은 언젠가 그 짝퉁 제품이 진짜 명품으로 돌변해 세계 시장을 휩쓸 날이 올지도 모른다고 생각했다. 이미 시장주의로 탈바꿈하고 있는 중국의 눈부신 경제 발전에 서구 국가들은 벌써 경악하기 시작한 것이다.

이명박은 중국의 변화를 보면서 우리도 더 이상 낡은 이념의 틀 속에 갇혀 있어서는 안 된다고 생각했다. 자유주의 대 사회주의, 시장주의 대 국가주의, 보수주의 대 진보주의 등 종래의 대결 패러다임은 이미 그 의미를 상실했다는 것이 그의 믿음이다. 이명박은 세계는 엄청난 속도로 변하는데 우리는 과거에만 머물러 있다는 사실이 안타까웠다. 이제 이념과 지역의 벽을 넘어 넓은 세계로 나아가야 할 시기이기 때문이다.

이명박의 개방적 사고는 경제 분야에만 국한되는 것이 아니다. 그는 외교에서도 철저한 실리 외교가 전제되어야 한다는 생각이다. 친미와 반미로 편을 갈라 논쟁만 벌이는 것은 무의미하며, 우리에게 이익이 된다면 그 누구와도 호혜적으로 친구가 될 수 있다는 열린 마음을 가져야 한다는 것이다. FTA 시대가 시작되면서 전세계에 자유무역주의와 보호무역주의가 새로운 모습으로 나타나고 있다.

2012년부터 우리에게 적용되는 교토 의정서에 따른 이산화탄소 배출 규제는 우리 경제에 심각한 위기를 초래할 수도 있다. 신·재생 에너지 분야의 발빠른 투자를 통해 이에 대비하지 않으면 한반도에 있는 공장들은 모두 문을 닫아야 할지도 모른다. 이렇게 눈앞으로 닥쳐 오는 위기를 돌파하기 위해서는 적극적이고 개방된 사고가 전제되어야 한다는 것이 이명박의 생각이다.

국가 시스템의 선진화

"지난 10년간 반(反)시장적, 반기업적 분위기 때문에 기업들이 투자를 꺼려 왔다. 앞으로 기업인이 투자할 수 있도록 경제 환경이 완전히 바뀔 것이다."

이명박은 대통령에 당선된 후 가진 첫 기자 회견에서 이렇게 말했다. 그리고 그는 "산업화에서 민주화로, 민주화에서 선진화로 대한민국을 바꾸겠다"고 천명했다.

이명박이 그리는 선진화된 국가 시스템은 어떤 것일까?

그가 생각하는 선진 국가는 법과 질서가 제대로 지켜지고 정치인과 기업인, 국민이 선진화된 의식을 가진 국가이다.

그는 어느 자리에서 자신의 선진국 관(觀)을 이렇게 말했다.

"노무현 정부는 출범할 당시에 경제 목표를 국민소득 2만 달러로 설정했다. 국민소득 2만 달러는 선진국에 진입하기 위한 필요 조건은 될 수 있다. 그러나 소득 수준이 곧 선진국이 되는 필요 충분 조건은 아니다. 선진국은 소득 수준에 의해 결정되는 것이 아니며, 그전에 국가 시스템의 선진화가 우선되어야 한다."

몇 해 전 이명박이 미국에서 교포들을 상대로 강의를 할 때였다. 한 교포가 질문을 던졌다.

"한국은 이제 국민소득 1만 달러 시대에 접어들었습니다. 언제쯤 일인당 GNP 2만 달러를 이루어 선진국으로 진입할 것인지 예상해 주실 수 있겠습니까?"

질문을 받은 이명박은 말했다.

"여러분, 모두 아시다시피 중동 국가들은 오일 달러로 막대한 돈을 벌었습니다. 덕분에 GNP는 세계 최고 수준에 올랐지요. 하지만 세계 각국은 아무도 중동 국가들을 선진국이라고 인정하지 않습니다. 한국 역시 마찬가지라고 생각합니다. 한국이 국민소득 2만 달러 시대를 연다고 해도 곧바로 선진국이 되는 것은 아닙니다."

그의 말뜻은 이러했다. 국민소득이 높다고 반드시 선진국은 아니며, 소득 수준이 높아짐과 동시에 법과 질서, 그리고 사회의 시스템이 누구에게나 공정하게 적용되고, 국민 대다수가 고양된 문화 의식을 갖추었을 때 비로소 선진국이 되었다고 볼 수 있다는 뜻이었다.

더불어 선진국이 되기 위해서는 사회 지도층, 특히 정치 지도자들의 역할이 매우 크다는 점을 강조했다. 이명박은 실례로 싱가포르를 들었다.

싱가포르는 작은 나라지만 국제 사회에서 선진국 대접을 받고 있다. 물론 일각에서는 싱가포르를 선진국으로 인정하지 않기도 한다. 엄격한 형벌 제도 때문이다. 싱가포르에서는 교통 위반을 해도 수백 달러의 벌금을 물리고, 전근대적인 태형 제도도 남아 있다. 그럼에도 싱가포르가 국제 사회에서 선진국 대우를 받는 이유는 국가 시스템이 잘 작동되고 있기 때문이다. 법질서를 지키지 않으면 누구든 불이익을 받게 만든 국가 시스템이 국민들에게 철저한 준법 정신을 갖게 했고, 선진국 소리를 듣게 만든 것이다.

그렇다면 한국도 강한 형벌 제도를 도입하면 선진국이 될 수 있을까? 이명박은 그렇지 않다고 본다. 중요한 것은 국민의 의식 수준이지, 제도에 있는 것은 아니기 때문이다. 오히려 지위의 높고 낮음을 막론하고 모든 국민들이 공평하게 법을 적용받는 투명한 국가 시스템이야말로 선진국으로 가는 첩경으로 본다.

1980년대 중반, 이명박은 오늘날 싱가포르의 제도와 시스템을 만든 리콴유 총리를 만났다. 당시는 싱가포르도 한국처럼 고도 성장을 하고 있을 때였다.

고도의 성장의 오늘은 어디에나 있게 마련인데, 싱가포르는 높이 치솟은 임금 문제로 골머리를 앓고 있었다. 임금이 오르자 인도, 말레이시아, 인도네시아 등지에서 노동자들이 싱가포르를 향해 몰려들었다. 1990년대 들어 한국의 임금이 높아지자 동남아와 중국 근로자들이 몰려든 것과 비슷한 현상이었다.

이렇게 되자 리콴유 총리는 구조 조정을 단행했다. 저임금 체제를 유지해야 수익이 보장되는 사업은 인도네시아나 말레이시아로 이주를 추진했다. 구조 조정의 여파로 당연히 경제 성장

률은 급격히 떨어졌다. 그 후 다소 회복 기미를 보이기는 했지만, 2000년 이후 13억 인구를 앞세운 중국의 부상으로 싱가포르는 현재 심각한 도전에 직면해 있다. 저임금 시대에 누렸던 혜택이 고스란히 중국으로 넘어간 까닭이다.

이명박은 싱가포르의 과거와 현재가 한국과 매우 흡사하다는 사실을 깨달았다. 한국도 1980년대까지는 비교적 높은 경제 성장률을 유지했다. 그러나 1990년대 이후 중국 시장의 무차별 공세와 국내 임금 상승으로 위기를 맞고 있다. 이러한 위기의 결정체가 바로 1997년 몰아닥친 IMF 사태였다.

중요한 것은 싱가포르와 한국의 유사한 점도 있지만, 큰 차이점도 있다는 것이다. 그것은 위기에 대처하는 정부 관료들의 자세에 있다. 위기를 인식한 싱가포르 관료들은 총체적 해결책을 찾기에 혈안이 되어 있다. 정부는 물론이고, 공기업까지도 민간 기업의 경영 마인드를 도입해 이익 창출에 매진하는 것을 이명박은 두 눈으로 목격했다. 그런데 우리는 지금 어디로 가고 있는가?

경제는 위기 상황으로 곤두박질치는데 정부의 정책은 혼선을 빚고 있고, 정치권은 온갖 소모적인 정쟁에 귀하고 아까운 시간을 허비하고 있다. 21세기는 무한 경쟁 시대다. 변화의 속도에 뒤처지면 오직 추락만이 있을 뿐임을 하루 빨리 인식해야 할 것이다.

따라서 이명박은 국가 정책의 방향이 경제적 선순환 고리를 만드는 데 최우선으로 집중되어야 한다는 생각이다. 수염이 석 자라도 먹어야 양반이라는 속담처럼 먹고사는 문제가 해결되어야 국가가 안정된다는 게 그의 확고한 믿음이다. 그래서 그는 '경제 살리기'를 제1원칙에 두었다.

경제적 선순환 정책 시스템은 누구에게나 똑같은 기회를 제공하고, 공정한 룰을 제공하는 방향으로 만들어져야 한다. 예를 들면 가난한 사람에게 빵을 나누어 주기보다는 빵을 살 수 있는 일터를 제공하는 것이 더 중요하다는 게 그의 생각이다. 빵을 나누어 주면 일시적으로 배고픔을 달랠 수 있을지는 모르나 자생력을 잃게 만들어 급기야 노예로 전락시키지만, 빵을 살 수 있는 재원을 얻도록 일터를 제공하면 영원히 스스로 빵을 얻을 수 있는 기회를 갖는다는 것이다.

또한 가난한 사람이든, 부자든 똑같은 경쟁을 벌일 수 있는 공정한 기회를 제공해야 한다. 정당한 경쟁에서 패하면 패자도 스스로 승복하지만, 불공정한 경쟁으로 패하면 승자와 패자는 갈등만 할 뿐이다. 때문에 사회에 만연된 불공정한 룰을 제거하는 것이 정부가 해야 할 일이다. 공정한 경쟁이 보장되는 국가를 만들기 위해서는 정부의 변화만으로는 이루어지기 어렵다. 정부와 기업, 그리고 국민이 함께 공정한 국가의 틀을 만드는 데 동참할 때 선진 국가로 변모할 수 있다는 것이다.

그가 생각하는 국가 정책의 선순환 시스템은 정부의 불공정한 제도와 법 개선→기업 투자 활성화→일자리 증가→소비자 가처분소득 확대→경기 회복→기업 이익 증가라는 순환 고리를 만들어 낼 것이라고 기대한다. 여기에 국가는 기업과 함께 미래 성장 동력인 신산업을 발굴해 국민들에게 경제 활동 참여의 기회를 최대한 제공한다면, 국가 전체가 튼튼한 골격을 가진다는 확신을 가지고 있다.

　이 같은 선순환 시스템에서 정부와 함께 중요한 역할을 맡게 되는 또 다른 축은 기업이다. 이명박은 "경제가 산다는 것은 기업이 투자하는 것"이라고 누차 강조했다. 정부도 기업의 투자 심리를 이끌어 내기 위해 R&D 투자에 대한 세금 감면 등의 지원책을 마련해야 하며, 기업은 투자를 통한 확대 재생산의 경영 원칙을 수립할 때 국가 전체의 경제가 활기를 띠게 될 것이다.

　외국인의 투자 유치에 대한 그의 생각도 분명하다. 언젠가 이명박은 자신과 두터운 친분을 가진 싱가포르의 리콴유 전 수상이 취한 외국 투자 회사에 대한 법인세 감면책을 높이 평가한 적이 있다. 리콴유 전 수상은 외국인 투자 법인에 대해 법인세를 20퍼센트로 대폭 낮추어 경제 발전에 결정적 동기를 부여했다.

　이명박은 국가 경제에 활기를 불어넣기 위해서는 대기업도 중요하지만, 중소기업의 육성도 절실하다는 생각을 가지고 있다. 중소기업의 창업 절차를 간소화해 보다 많은 기업이 설립될 수 있는 환경을 조성하고, 중소기업 법인세를 현행보다 5퍼센트 가량 낮추는 한편 고용 촉진을 위해 정규직 인건비 증가액의 5퍼센트에 대해 세액 공제 혜택을 주는 등 획기적인 중소기업 세제 지원 방안도 필요하다고 믿고 있다.

　하지만 이명박은 기업에 대해서는 두 가지 생각을 가지고 있다. 생산적 경제 활동에 대해서는 적극적으로 지원할 방침이지만, 비생산적 경제 활동에 대해서는 강경한 규제가 뒤있어야 한다는 것이 그것이다.

 기업의 성장을 막는 '경제력 집중' 문제와 공정 경쟁의 룰을 어기는 독과점에 대해서는 법과 제도를 지금보다도 더욱 엄격히 적용해야 한다는 것이 그의 신념이다. 정부의 역할은 국민 경제 활동의 숨은 조력자에 머물러야 하고, 국민 경제의 든든한 응원군이어야 한다는 것이 그의 확고한 국가 경영관이다.

대한민국 CEO 이명박
국가 흑자경영 신화는 있다

2008년 1월 22일 1판 1쇄 찍음
2008년 1월 25일 1판 1쇄 펴냄

지은이 | 정선섭
펴낸이 | 정선섭

펴낸곳 | EM리서치
등 록 | 300-2006-191호
주 소 | 서울시 종로구 종로 1가 24번지
        르메이에르 종로타운 B동 1715호
전 화 | (02) 2075-7714
팩 스 | (02) 2075-7718
이메일 | chaebul@chaebul.com
http//www.chaebul.com

편집·제작 | 홍영사
총판처 : 경제서적 (02) 736-0640

ISBN | 978-89-959710-0-0 03340

값 10,000원

* 잘못된 책은 교환해 드립니다.